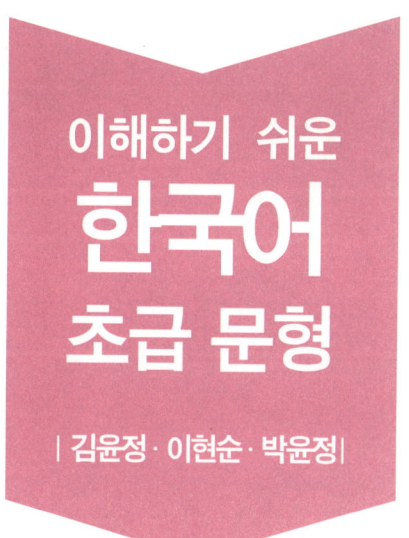

이해하기 쉬운
한국어 초급 문형

| 김윤정 · 이현순 · 박윤정 |

한국문화사

서문

최근에 한국어 학습 지역이 아시아를 넘어 세계 전역으로 확대되어 나가면서 한국어 학습 목적도 매우 다양해지고 있습니다. 일부는 단순히 취미로 한국어를 배우는가 하면 일부는 한국어 학습 후에 한국 기업에 취직을 원하기도 합니다. 또한 더 나아가 학문적으로 깊이 있는 공부를 원하는 학습자도 있습니다. 어떠한 목적으로 한국어를 학습하든 지간에 성인 학습자들이 한국어를 공부할 때 가장 중점을 두어야 하는 부분은 문법입니다. 문법에 대한 정확한 이해와 사용이 뒷받침되어야 올바른 한국어를 구사할 수 있기 때문입니다. 그러한 점을 염두에 두고 지난 2015년에 중급 이상 학습자들의 문형 학습에 도움을 주고자 『이해하기 쉬운 한국어 중급 문형』을 출판하였습니다. 그리고 이번에는 기초에서부터 정확한 문법 이해와 활용을 할 수 있도록 초급 학습자들을 위한 교재를 출판하게 되었습니다. 한국어를 배우려고 하는 초급 단계의 학습자가 보다 쉽게 한국어를 이해하고 습득하는 데에 조금이나마 도움이 되기를 바랍니다.

본서 '이해하기 쉬운 한국어 초급 문형'의 특징을 정리하면 다음과 같습니다.
첫째, 초급 과정에서 필요한 문법 사항을 총 정리하였습니다.
초급에 해당하는 문형 중에서 117개의 문형을 동사, 형용사, 명사의 순으로 제시하였으며, 그 외에 문형은 아니지만 초급 과정에서 익혀야 할 불규칙이나 단위명사 등은 부록으로 분류하여 제시하였습니다.
둘째, 영어 번역을 함께 수록하였습니다.
초급 학습자가 아직 한국어에 익숙하지 않은 점을 감안하여 각 문형의 의미 설명뿐만 아니라 모든 예문에도 영어 번역을 달아 보다 쉽게 이해할 수 있도록 하였습니다.
셋째, 어미 활용 변화를 실었습니다.
한국어는 어미와 조사가 매우 복잡하게 발달된 언어로서 외국인들이 배우기에 상당히 어렵습니다. 그래서 학습 초기 단계에서부터 정확한 형태의 한국어를 구사할 수 있도록 품사별로, 그리고 시제별로 그 활용을 표로 정리하여 제시하였습니다.

넷째, 유사 문형을 비교하였습니다.

외국인 학습자들이 호소하는 한국어 학습의 어려움 중 하나는 초급에서 중급으로 올라가면서 유사 문법 항목들이 점점 많아져 그 미묘한 의미 차이나 문법적 제약을 제대로 숙지하기가 힘들다는 점입니다. 그래서 초급 단계에서부터 서로 비슷한 문형들의 차이점을 구분하고 활용할 수 있도록 가능한 한 상세히 설명하였고 예문을 통해 확실히 인지할 수 있도록 하였습니다.

다섯째, 해당 문형과 관련 있는 문형을 안내하였습니다.

해당 문형을 공부하면서 함께 알고 있어야 하는 문형을 〈참고〉에서 안내함으로써 학습의 효율을 높이려고 하였습니다.

여섯째, 연습문제를 실었습니다.

학습한 문형에 대한 이해 정도를 학습자 스스로 확인해 볼 수 있도록 연습문제를 모두 네 가지 유형으로 구분하여 제시하였습니다.

끝으로 본서 발행에 도움을 주신 한국문화사 여러분, 특히 꼼꼼한 편집과 교정을 해 주신 이은하 과장님께 감사의 마음을 전합니다. 또한 영어 번역을 성심성의껏 감수해 준 선문대학교 심푸쿠 우에조노 학생에게도 고마움을 표합니다.

저자 일동

Introduction

Along with the recent increase of the number of people who are learning the Korean language across the world beyond Asia, the purposes of learning the Korean language have also been diversified. Some people are learning the Korean language simply as a hobby, or some people wish to get a job in Korean companies after learning the Korean language. Also, there are Korean language learners who want deeper academic studies in undergraduate or graduate schools. Whatever objectives they are aiming to reach, most adult Korean language learners should put their emphasis on grammar when they are learning Korean. It's because good command of a language is possible only if it is backed up with accurate understanding and use of grammar. With this in mind, we published 'Easy-to-understand Intermediate Korean Grammar' in 2015 in order to provide help to intermediate-level learners with their studying of grammar. And this time we have come to publish a book which is intended for elementary learners to get a clear understanding and make a correct use of the Korean language from the beginning. We hope that this book will be of some help for beginner-level learners to understand and acquire the Korean language more easily.

Some of the key characteristics of this book 'Easy-to-understand Elementary Korean Grammar' are as follows.

First, all the essential grammar patterns that should be covered at a beginning level have been included in this book.

We have organized 117 grammar patterns in the order of verbs, adjectives and nouns. In addition, we have presented other important contents that are not grammar patterns but are required to be learned at a beginning level such as irregular conjugations, unit nouns, etc. in the appendix at the back of the book.

Second, English translations have been presented.

Having in mind the fact that elementary learners are not yet acquainted with Korean, we endeavored to offer English translations for all examples as well as the meaning explanations of each grammar pattern in an effort to help students understand more easily.

Third, ending conjugations have been presented.

Korean is a language which has a large number of complex endings and particles making it very difficult for foreigners to learn. Therefore, we have organized and presented in table form a variety of ending conjugations of the corresponding grammar pattern in terms of parts of speech and tense, which will help students have an accurate command of Korean even from the beginning level.

Fourth, similar grammar patterns have been compared.

One of the difficulties which foreign students have in learning the Korean language is that they have to face many grammar patterns which seem to be similar as they move up to more advanced level. They say that they can't precisely grasp the subtle differences in meaning and usage among those similar patterns or particular grammatical restrictions of each grammar pattern. Therefore, we have included detailed comparisons of similar grammar patterns along with example sentences so that students can recognize the differences among them clearly and use them correctly depending on the situation.

Fifth, other related patterns of the target grammar pattern have been presented.

We have introduced patterns that are good to know along with the pattern concerned as reference at the end of each unit in an effort to improve learning efficiency.

Sixth, exercises have been included at the back of the book.

We have presented exercises which are classified into 4 types in order for students to check how much they understand the newly learned target grammar patterns.

In conclusion, we would like to express our gratitude to everyone in Hankook Munhwasa, especially to Lee Eun Ha, the manager of the editorial department, for her meticulous editing and proofreading. In addition, we would like to thank our student Shimpuku Uezono at Sunmoon University for his sincere proofreading of the English translations in this book.

The Authors

차례

▶ [동사], [형용사], [명사] 순서로 찾으십시오.
The patterns are organized in the order of [Verb], [Adjective], [Noun].

▶ 가나다 순서로 찾으십시오.
The patterns are also organized in Korean alphabetical order.

번호	문형 - ㄱ	
001	[동]거나, [형]거나	3
002	[동]겠-, [형]겠-	4
003	[동]고, [형]고, [명](이)고	9
004	[동]고 (나서)	11
005	[동]고 싶다	12
006	[동]고 있다	14
007	[동]기, [형]기	16
008	[동]기 때문에, [형]기 때문에, [명](이)기 때문에	19
009	[동]기 위해(서)	21
010	[동]기 전(에)	22
011	[동]기로 하다	24

번호	문형 - ㄴ	
012	[동]ㄴ/은 적이 있다/없다	25
013	[동]ㄴ/은 지	26
014	[동]ㄴ/은 후(에)	27
015	[동]네(요), [형]네(요), [명](이)네(요)	28
016	[동]는 [명]	31
017	[동]는 것 같다	32
018	[동]는 게 좋다	34
019	[동]는 (도)중(에)	35
020	[동]는 동안(에)	36
021	[동]는데, [형]ㄴ데/은데/는데, [명]인데	37
022	[동]는데(요), [형]ㄴ데(요)/은데(요)/는데(요), [명]인데(요)	41
023	[동]니까/으니까, [형]니까/으니까, [명](이)니까	43

번호	문형 - ㄹ	
024	[동]ㄹ/을 것 같다, [형]ㄹ/을 것 같다, [명]일 것 같다	46
025	[동]ㄹ/을 것이다, [형]ㄹ/을 것이다, [명]일 것이다	49

026	[동]ㄹ/을 때, [형]ㄹ/을 때, [명]일 때	52
027	[동]ㄹ/을 수 있다/없다	54
028	[동]ㄹ/을 줄 알다/모르다	56
029	[동]ㄹ게(요)/을게(요)	57
030	[동]ㄹ까/을까 봐(서), [형]ㄹ까/을까 봐(서), [명]일까 봐(서)	59
031	[동]ㄹ까(요)?/을까(요)?, [형]ㄹ까(요)?/을까(요)?, [명]일까(요)?	61
032	[동]ㄹ래(요)/을래(요)	64
033	[동]러/으러 (가다/오다/다니다)	66
034	[동]려고/으려고	68
035	[동]려고/으려고 하다	71
036	[동]려고(요)/으려고(요)	72

번 호	문 형 - ㅁ	
037	[동]ㅁ/음, [형]ㅁ/음, [명]임	74
038	[동]면/으면, [형]면/으면, [명](이)면	77
039	[동]면/으면 안 되다, [형]면/으면 안 되다	79
040	[동]면/으면 좋겠다, [형]면/으면 좋겠다, [명](이)면 좋겠다	80
041	[동]면서/으면서	83
042	못 [동]	84

번 호	문 형 - ㅂ	
043	[동]ㅂ니까?/습니까?, [형]ㅂ니까?/습니까?	85
044	[동]ㅂ니다/습니다, [형]ㅂ니다/습니다	87
045	[동]ㅂ시다/읍시다	90

번 호	문 형 - ㅅ	
046	[동]세요/으세요	91
047	[동]시/으시-, [형]시/으시-, [명](이)시- 〈평서문〉	93
048	[동]시/으시-, [형]시/으시-, [명](이)시- 〈의문문〉	95
049	[동]십시오/으십시오	97

번 호	문 형 - ㅇ	
050	[동]아/어/여 보다	98
051	[동]아/어/여 주다 〈1〉	100
052	[동]아/어/여 주다/드리다 〈2〉	101
053	[동]아/어/여 주다/드리다 〈3〉	103
054	[동]아도/어도/여도 되다, [형]아도/어도/여도 되다, [명]여도/이어도 되다	104
055	[동]아서/어서/여서 〈순서〉	106
056	[동]아서/어서/여서, [형]아서/어서/여서, [명]여서/이어서 〈이유〉	107
057	[동]아야/어야/여야 되다/하다, [형]아야/어야/여야 되다/하다, [명]여야/이어야 되다/하다	110
058	[동]아요/어요/여요, [형]아요/어요/여요 〈평서문〉	111
059	[동]아요/어요/여요 〈청유문〉	113

번호		문형	
060	[동]아요?/어요?/여요?, [형]아요?/어요?/여요?		114
061	안 [동], 안 [형]		116
062	[동]았/었/였-, [형]았/었/였-, [명]였/이었-		118
063	[동]았으면/었으면/였으면 좋겠다, [형]았으면/었으면/였으면 좋겠다, [명]였으면/이었으면 좋겠다		120

번호		문형 - ㅈ	
064	[동]지 말다		123
065	[동]지 못하다		124
066	[동]지 않다, [형]지 않다		126
067	[동]지만, [형]지만, [명](이)지만		128
068	[동]지요, [형]지요, [명](이)지요		132
069	[동]지요?, [형]지요?, [명](이)지요?		136

번호	[형]	문형	
070	[형]게		139
071	[형]ㄴ/은/는 [명]		140
072	[형]ㄴ/은/는 것 같다		141
073	[형]면서(도)/으면서(도), [명](이)면서(도)		142
074	[형]아지다/어지다/여지다		144

번호	[명]	문형	
075	[명]가/이		145
076	[명]가/이 되다		146
077	[명]가/이 아니다		147
078	[명]과/와		149
079	[명]까지		150
080	[명]나/이나		152
081	[명]는/은		153
082	[명]도		155
083	[명] 동안(에)		157
084	[명] 때		158
085	[명] 때문에		159
086	[명]랑/이랑		161
087	[명]로/으로		162
088	[명]를/을		163
089	[명]를/을 위해(서)		164
080	[명]마다		165
091	[명]만		166
092	[명]밖에 + 부정 표현		167
093	[명]보다		168
094	[명]부터		169
095	[명1]부터 [명2]까지		171
096	[명]에 〈장소/위치〉		173

097	[명]에 〈시간〉	175
098	[명]에 〈기준〉	176
099	[명]에게	177
100	[명]에게서	179
101	[명]에서	181
102	[명1]에서 [명2]까지	183
103	[명]예요/이에요	185
104	[명]예요?/이에요?	186
105	[명1]의 [명2]	187
106	[명1]인 [명2]	189
107	[명]인 것 같다	189
108	[명]입니까?	191
109	[명]입니다	192
110	[명] 전(에)	194
111	[명] 중(에)	195
112	[명] 중(에서)	197
113	[명]처럼	198
114	[명]하고	199
115	[명]한테	200
116	[명]한테서	202
117	[명] 후(에)	203

부록

부록1	불규칙 동사, 불규칙 형용사 Irregular Verbs, Irregular Adjectives	207
부록2	숫자〈한자어 숫자〉 Numbers 〈Sino-Korean Numbers〉	214
부록3	숫자〈고유어 숫자〉 Numbers 〈Native Korean Numbers〉	216
부록4	단위명사 Unit Nouns	219
부록5	여기, 거기, 저기 Expressions for Locations	221
부록6	이/그/저 [명] Determiners	221
부록7	이것/그것/저것 Demonstrative Pronouns	223
부록8	존대 표현 Honorific Expressions	224
부록9	접속사 Conjunctions	227

01 연습문제 / 235
02 연습문제 / 245
03 연습문제 / 255
04 연습문제 / 260

01 연습문제 모범답안 / 268
02 연습문제 모범답안 / 270
03 연습문제 모범답안 / 271
04 연습문제 모범답안 / 271

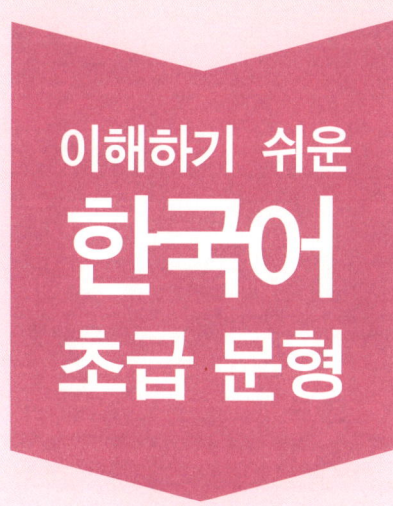

001   [동]거나, [형]거나

문형 / ㄱ

의미

두 가지 이상의 행동이나 상태를 나열할 때 사용하는데, 그중에서 하나에 해당한다는 의미이다.

'-거나' is used to indicate a choice between two or more actions or states listed that pertain to the subject of the clause.

예문 (1) 가: 주말에 보통 무엇을 합니까?
What do you usually do on the weekend?

나: 집에서 쉬거나 등산을 합니다.
I rest at home or go hiking.

(2) 가: 어떤 사람이 이번 대회에 참가할 수 있어요?
Who can participate in this contest?

나: 한국 사람과 결혼했거나 한국에서 취직해서 살고 있는 사람이 참가할 수 있어요.
Those who got married to a Korean or those who are employed and live in Korea can participate.

(3) 가: 내일 날씨가 어떨까요?
How will the weather be tomorrow?

나: 아마 흐리거나 비가 올 거예요.
It will probably be cloudy or rainy.

(4) 가: 엄마가 하신 방법으로 요리를 했는데 맛이 없어요.
I cooked in the same way as my mom did but the food does not taste good.

나: 아마 재료가 달랐거나 요리 시간이 달랐을 거예요.
Probably the ingredients you used were different, or the time you spent in cooking them was different.

❖ '[동/형]거나'의 경우 앞뒤 [동사/형용사]가 같을 때는 '[명]나/이나'로 바꿀 수 있다.

When the same verb or adjective is used across multiple choices, the difference in choices may be indicated with the use of '[N]나/이나' for the corresponding nouns of the given choices without any difference in meaning. (The repetitive usage of the verb or adjective is avoided.)

예문 (1) 주말에는 시내에 가거나 산에 가요.
→ 주말에는 시내나 산에 가요.

(2) 아마 재료가 달랐거나 요리 시간이 달랐을 거예요.
→ 아마 재료나 요리 시간이 달랐을 거예요.

형태

	과거 [동]았거나/었거나/였거나	현재 [동]거나
가다	가 + 았거나 → 갔거나	가 + 거나
먹다	먹 + 었거나	먹 + 거나
일하다	일하 + 였거나 → 일했거나	일하 + 거나
닫다	닫 + 았거나	닫 + 거나
듣다*	들 + 었거나	듣 + 거나
살다	살 + 았거나	살 + 거나
입다	입 + 었거나	입 + 거나
돕다*	도 + 오 + 았거나 → 도왔거나	돕 + 거나
굽다*	구 + 우 + 었거나 → 구웠거나	굽 + 거나
벗다	벗 + 었거나	벗 + 거나
붓다*	부 + 었거나	붓 + 거나
쓰다*	쓰 + 었거나 → 썼거나	쓰 + 거나
따르다*	따르 + 았거나 → 따랐거나	따르 + 거나
오르다*	오 + ㄹㄹ + 았거나 → 올랐거나	오르 + 거나
	[형]았거나/었거나/였거나	[형]거나
싸다	싸 + 았거나 → 쌌거나	싸 + 거나
적다	적 + 었거나	적 + 거나
조용하다	조용하 + 였거나 → 조용했거나	조용하 + 거나
길다	길 + 었거나	길 + 거나
좁다	좁 + 았거나	좁 + 거나
곱다*	고 + 오 + 았거나 → 고왔거나	곱 + 거나
춥다*	추 + 우 + 었거나 → 추웠거나	춥 + 거나
좋다	좋 + 았거나	좋 + 거나
하얗다*	하야 + ㅣ + 았거나 → 하얬거나	하얗 + 거나
크다*	ㅋ + 었거나 → 컸거나	크 + 거나
다르다*	다 + ㄹㄹ + 았거나 → 달랐거나	다르 + 거나

참고

1. [명]나/이나

   ▶ 자세한 설명은 문형080을 보세요.

002   [동]겠-, [형]겠-

의미

1. [동사의 경우] 주어가 1인칭 '나=말하는 사람'으로, 말하는 사람의 의도나 의지를 나타낸다.

   When '[V]겠-' is used in first person with 'I=the speaker' as the subject of the clause, '[V]겠-' expresses the subject's(=speaker's) intention or will to perform a particular action.

▶▶ **예문** (1) 가: 뭐 먹을래?
　　　　　　　What will you eat?
　　　　　나: 오늘은 (나는) 라면을 먹겠어.
　　　　　　　Today I will eat Ramen.
　　　　(2) 가: 토마토케첩 뚜껑이 안 열려요.
　　　　　　　The tomato ketchup cap will not open.
　　　　　나: 그래요? 제가 열어 보겠습니다. 저한테 주세요.
　　　　　　　Really? I will try opening it. Please give it to me.
　　　　(3) 가: 오늘 지각이네요. 지각하면 안 돼요.
　　　　　　　You are late today. You must not be late.
　　　　　나: 선생님, 죄송합니다. 앞으로 절대로 지각하지 않겠습니다.
　　　　　　　I am sorry, teacher. I will (make sure to) never be late again in the future.

❖ 의미 1번의 경우, '[동]ㄹ게(요)/을게(요)'로 바꿀 수 있다.

When '[V]겠-' is used with the meaning given by usage 1 above, it may be replaced with '[V]ㄹ게(요)/을게(요)' without much difference in meaning.

▶▶ **예문** (1) 오늘은 (나는) 라면을 먹겠어.
　　　　　　→ 오늘은 (나는) 라면을 먹을게.
　　　　(2) 선생님, 죄송합니다. 앞으로 절대로 지각하지 않겠습니다.
　　　　　　→ 선생님, 죄송합니다. 앞으로 절대로 지각하지 않을게요.

2. [동사의 경우] 주어가 2인칭 '너=듣는 사람'으로, 상대방의 의향을 물어볼 때 사용한다.

'[V]겠-' is used in second person with 'you=the listener' as the subject when the speaker inquires the subject's(=listener's) intention or will to perform a particular action.

▶▶ **예문** (1) 가: 무엇을 드시겠어요?
　　　　　　　What would you like to eat?
　　　　　나: 저는 물냉면이요.
　　　　　　　I'll have Mul-naengmyeon.
　　　　(2) 가: 내일 몇 시에 출발하겠습니까?
　　　　　　　What time will you be departing tomorrow?
　　　　　나: 아침 7시쯤 출발하겠습니다.
　　　　　　　I will be departing at around 7 a.m. tomorrow morning.
　　　　(3) 가: 이번 주말에 같이 서울에 가겠어?
　　　　　　　Will you go to Seoul with me this weekend?

나: 이번 주말? 좋아, 가자.
　　This weekend? Sure, let's go.

✤ 의미 2번의 경우, '[동]ㄹ래(요)?/을래(요)?'로 바꿀 수 있다.
　When '[V]겠-' is used with the meaning given by usage 2 above, it may be replaced with '[V]ㄹ래(요)?/을래(요)?' without much difference in meaning.

▶▶ 예문　(1) 내일 몇 시에 출발하겠습니까?
　　　　　　　→ 내일 몇 시에 출발할래요?
　　　　(2) 이번 주말에 같이 서울에 가겠어?
　　　　　　　→ 이번 주말에 같이 서울에 갈래?

3. [동사, 형용사의 경우] 주어가 2인칭이나 3인칭(=지금 말하거나 듣는 사람이 아닌 경우)으로, 말하는 사람의 추측을 나타낸다.

When '[V/A]겠-' is used in the second(=you) or third(=outside the speaker or listener) persons as the subject of the clause, '[V/A]겠-' expresses the speaker's guess or conjecture regarding the subject.

▶▶ 예문　(1) 가: 철수야, 8시야. 학교에 늦겠다. 빨리 일어나!
　　　　　　　Cheolsu, it's 8 o'clock. You will be late for school. Get up quickly!
　　　　　　나: 알았어요, 엄마.
　　　　　　　I know, mom.
　　　　(2) 가: 켈리 씨의 여동생도 예쁘겠어요. 그렇죠?
　　　　　　　Kelly's younger sister must be pretty too. Right?
　　　　　　나: 네, 켈리 씨가 예쁘니까 동생도 예쁠 거예요.
　　　　　　　Yes, since Kelly is pretty, I think her younger sister should also be pretty.
　　　　(3) [일기예보 아나운서] 내일은 하루 종일 비가 오겠습니다.
　　　　　　　[Weather forecast announcer] Tomorrow it will rain all day long.

✤ 의미 3번의 경우, '[동/형]ㄹ/을 것 같다'로 바꿀 수 있다.
　When '[V/A]겠-' is used with the meaning given by usage 3 above, it may be replaced with '[V/A]ㄹ/을 것 같다' without much difference in meaning.

▶▶ 예문　(1) 철수야, 8시야. 학교에 늦겠다. 빨리 일어나!
　　　　　　　→ 철수야, 8시야. 학교에 늦을 것 같다. 빨리 일어나!
　　　　(2) 켈리 씨의 여동생도 예쁘겠어요. 그렇죠?
　　　　　　　→ 켈리 씨의 여동생도 예쁠 것 같아요. 그렇죠?

❖ 말하는 사람이 완료된 상황이나 과거의 상태에 대해 추측하여 말할 때는 '[동/형]았겠-/었겠-/였겠-'을 사용한다.

'[V/A]았겠-/었겠-/였겠-' is used to express the speaker's conjecture about already completed situations or past states that pertain to the subject of the clause.

▶▶ **예문** (1) 가: 지금 몇 시예요? 비행기가 도착했을까요?
　　　　　　　What time is it now? Do you think the plane arrived?

　　　　　 나: 지금 3시니까 도착했겠어요.
　　　　　　　Since it is 3 now, the plane must have arrived.

　　　 (2) 가: 한국은 3월이니까 개나리꽃이 피었겠습니다.
　　　　　　　As it is March in Korea, the forsythias must have bloomed.

　　　　　 나: 그럼요. 이미 피었을 거예요.
　　　　　　　Of course. They must have already.

　　　 (3) 가: 어제 축구 하다가 다리를 다쳤어요.
　　　　　　　I hurt my leg while I was playing soccer yesterday.

　　　　　 나: 어디 봅시다. 많이 다쳤네요. 어제 많이 아팠겠어요.
　　　　　　　Let me take a look. You hurt a lot. You must have been in so much pain yesterday.

4. 관용적으로 쓰이는 표현이 있다.

'-겠-' is used in idiomatic expressions (that are not limited to the following).

▶▶ **예문** (1) 처음 뵙겠습니다. 만나서 반갑습니다.
　　　　　　　How do you do? Nice to meet you.

　　　 (2) 가: 맛있게 드세요.
　　　　　　　Enjoy your meal.

　　　　　 나: 네, 잘 먹겠습니다.
　　　　　　　Thank you for the meal. (Literally meaning, 'I will eat (the food) well', it is used to express one's appreciation towards those who prepared the food before eating.)

　　　 (3) 엄마, 학교에 다녀오겠습니다.
　　　　　　　Mom, I'm off to school.

　　　 (4) 가: 내일부터 지각하면 안 돼요. 알았어요?
　　　　　　　You must not be late from tomorrow. Do you understand?

　　　　　 나: 네, 알겠습니다.
　　　　　　　Yes, I understand.

형태

	[동]겠습니다	**[동]겠어요**
기다리다	기다리 + 겠습니다	기다리 + 겠어요
앉다	앉 + 겠습니다	앉 + 겠어요
받다	받 + 겠습니다	받 + 겠어요
듣다	듣 + 겠습니다	듣 + 겠어요
만들다	만들 + 겠습니다	만들 + 겠어요
집다	집 + 겠습니다	집 + 겠어요
돕다	돕 + 겠습니다	돕 + 겠어요
굽다	굽 + 겠습니다	굽 + 겠어요
웃다	웃 + 겠습니다	웃 + 겠어요
짓다	짓 + 겠습니다	짓 + 겠어요
쓰다	쓰 + 겠습니다	쓰 + 겠어요
따르다	따르 + 겠습니다	따르 + 겠어요
오르다	오르 + 겠습니다	오르 + 겠어요

	[형]겠습니다	**[형]겠어요**
느리다	느리 + 겠습니다	느리 + 겠어요
작다	작 + 겠습니다	작 + 겠어요
멀다	멀 + 겠습니다	멀 + 겠어요
좁다	좁 + 겠습니다	좁 + 겠어요
곱다	곱 + 겠습니다	곱 + 겠어요
어렵다	어렵 + 겠습니다	어렵 + 겠어요
좋다	좋 + 겠습니다	좋 + 겠어요
하얗다	하얗 + 겠습니다	하얗 + 겠어요
예쁘다	예쁘 + 겠습니다	예쁘 + 겠어요
빠르다	빠르 + 겠습니다	빠르 + 겠어요

참고

1. [동] ㄹ게(요)/을게(요)
    ▶ 자세한 설명은 문형029를 보세요.

2. [동] ㄹ래(요)/을래(요)
    ▶ 자세한 설명은 문형032를 보세요.

3. [동/형] ㄹ/을 것 같다
    ▶ 자세한 설명은 문형024를 보세요.

003 [동]고, [형]고, [명](이)고

의미

시간의 순서와 관계없는 두 문장을 연결할 때 사용한다.

'-고' is used as a connector for two or more actions, states, or facts that have no sequential or chronological relationship between them. (The subject may vary across clauses.)

예문 (1) 주말에 빨래해요. 그리고 청소해요.
　　　　　I do laundry on the weekend. And I clean (on the weekend).

　　　→ 주말에 빨래하고 청소해요.
　　　　　I do laundry and clean on the weekend.

(2) 날씨가 춥습니다. 그리고 바람이 붑니다.
　　　The weather is cold. And it is windy.

　→ 날씨가 춥고 바람이 붑니다.
　　　The weather is cold, and it is windy.

(3) 아빠는 회사원이야. 그리고 엄마는 선생님이야.
　　　My dad is an office worker. And my mom is a teacher.

　→ 아빠는 회사원이고 엄마는 선생님이야.
　　　My dad is an office worker, and my mom is a teacher.

(4) 가: 이번 주말에 뭐 할 거예요?
　　　What will you do this weekend?

　나: 빨래와 청소를 하고 친구를 만날 거예요.
　　　I will do laundry and cleaning, and I will meet my friend.

(5) 가: 지난 주말에 뭐 했어요?
　　　What did you do last weekend?

　나: 토요일에는 친구를 만났고 일요일에는 집에서 쉬었어요.
　　　On Saturday I met my friend, and on Sunday I rested at home.

(6) 가: 동생의 얼굴 생김새가 어때요?
　　　What does your younger brother/sister look like?

　나: 제 동생은 얼굴이 둥글고 눈이 커요.
　　　He/She has a round face and big eyes.

형태

	과거	현재
	[동]았고/었고/였고	[동]고
가다	가 + 았고 → 갔고	가 + 고
먹다	먹 + 었고	먹 + 고
일하다	일하 + 였고 → 일했고	일하 + 고
받다	받 + 았고	받 + 고
듣다*	들 + 었고	듣 + 고
만들다	만들 + 었고	만들 + 고
집다	집 + 었고	집 + 고
돕다*	도 + 오 + 았고 → 도왔고	돕 + 고
굽다*	구 + 우 + 었고 → 구웠고	굽 + 고
웃다	웃 + 었고	웃 + 고
짓다*	지 + 었고	짓 + 고
쓰다*	ㅆ + 었고 → 썼고	쓰 + 고
따르다*	따ㄹ + 았고 → 따랐고	따르 + 고
오르다*	오 + ㄹㄹ + 았고 → 올랐고	오르 + 고
	[형]았고/었고/였고	[형]고
느리다	느리 + 었고 → 느렸고	느리 + 고
작다	작 + 았고	작 + 고
행복하다	행복하 + 였고 → 행복했고	행복하 + 고
멀다	멀 + 었고	멀 + 고
좁다	좁 + 았고	좁 + 고
곱다*	고 + 오 + 았고 → 고왔고	곱 + 고
어렵다*	어려 + 우 + 었고 → 어려웠고	어렵 + 고
좋다	좋 + 았고	좋 + 고
하얗다*	하야 + ㅣ + 았고 → 하얬고	하얗 + 고
예쁘다*	예ㅃ + 었고 → 예뻤고	예쁘 + 고
빠르다*	빠 + ㄹㄹ + 았고 → 빨랐고	빠르 + 고
	[명]였고/이었고	[명](이)고
가수	가수 + 였고	가수 + (이)고
학생	학생 + 이었고	학생 + 이고

※ 받침이 없는 명사의 경우에 '-이-'를 생략하는 경우가 많다.

참고

1. [동]아서/어서/여서 〈순서〉
    ▶ 자세한 설명은 문형055를 보세요.

004　　[동]고 (나서)

의미

두 개 이상의 동작을 시간적인 순서에 따라 연결할 때 사용한다.
- 앞부분과 뒷부분의 주어가 동일하다.

'-고 (나서)' is used as a connector to connect two or more actions in chronological order.
- The subject must be the same across all clauses.

예문　(1) 아침 식사를 하고 나서 커피를 마십니다.
　　　　→ 아침 식사를 하고서 커피를 마십니다.
　　　　→ 아침 식사를 하고 커피를 마십니다.
　　　　I eat my breakfast, and then I drink coffee.

　　　(2) 가: 지금 출발할까요?
　　　　　Shall we leave now?
　　　　나: 아니요. 비가 그치고 나서 출발합시다.
　　　　　No. Let's leave after it stops raining.

　　　(3) 가: 미영아, 밥 먹고 학교 가야지!
　　　　　Miyeong, you must eat first, and then go to school!
　　　　나: 늦어서 안 돼요.
　　　　　I can't cause I'm late.

형태

	[동]고 (나서)
가다	가 + 고 (나서)
먹다	먹 + 고 (나서)
일하다	일하 + 고 (나서)
받다	받 + 고 (나서)
듣다	듣 + 고 (나서)
만들다	만들 + 고 (나서)
집다	집 + 고 (나서)
돕다	돕 + 고 (나서)
굽다	굽 + 고 (나서)
웃다	웃 + 고 (나서)
짓다	짓 + 고 (나서)
쓰다	쓰 + 고 (나서)
따르다	따르 + 고 (나서)
오르다	오르 + 고 (나서)

참고

1. [동]ㄴ/은 후(에)
   ▶ 자세한 설명은 문형014를 보세요.

005　[동]고 싶다

의미

1. 주어가 1인칭 '나=말하는 사람'으로, 말하는 사람 자신이 원하는 행동을 말할 때 사용한다.

This pattern is used by the speaker in first person to express a desired action of the subject(=speaker), corresponding to 'want to do ~' in English.

예문　(1) 가: 주말에 뭐 할까?
　　　　　　What should we do on the weekend?

　　　　나: 영화 볼까? 나는 영화를 보고 싶어.
　　　　　　Should we watch a movie? I want to watch one.

　　　(2) 가: 미영 씨, 어렸을 때 장래 희망이 뭐였어요?
　　　　　　Miyeong, what was your ideal job when you were young?

　　　　나: 저는 유명한 영화배우가 되고 싶었어요.
　　　　　　I wanted to become a famous movie star.

2. 주어가 2인칭 '너=듣는 사람'일 때는 상대방이 원하는 것이 무엇인지 물어볼 때 사용한다.

This pattern is used in second person when the speaker inquires the subject(=listener) about their desired action.

예문　(1) 가: 넌 뭐 먹고 싶어?
　　　　　　What do you want to eat?

　　　　나: 난 더워서 냉면 먹고 싶어. 너는?
　　　　　　I want to eat Naengmyeon cause it's hot. What about you?

　　　(2) 가: 엄마! 엄마는 뭘 사고 싶으세요?
　　　　　　Mom! What do you want to buy?

　　　　나: 응, 난 별로 사고 싶은 게 없다.
　　　　　　Well, there is nothing in particular that I want to buy.

♣ '[동]았으면/었으면/였으면 좋겠다'로 바꿀 수 있다.

This pattern may be replaced with '[V]았으면/었으면/였으면 좋겠다' without much difference in meaning.

▶▶▶ **예문** (1) 나는 영화를 보고 싶어.
  → 나는 영화를 봤으면 좋겠어.

  (2) 너는 뭐 먹고 싶어?
  → 너는 뭐 먹었으면 좋겠어?

♣ 주어가 3인칭(=지금 말하거나 듣는 사람이 아닌 경우)일 때는 '[동]고 싶어 하다'를 사용한다.

When the subject of the sentence is in third person(=outside the speaker or the listener), the form '[V]고 싶어 하다' is used.

▶▶▶ **예문** (1) 가: 영희야, 네 동생은 꿈이 뭐야?
  Yeonghee, what is your younger brother's/sister's dream?

  나: 내 동생은 과학자가 되고 싶어 해.
  He/She wants to become a scientist.

  (2) 가: 어떤 차를 원하십니까?
  What kind of car would you like?

  나: 저는 작은 차를 사고 싶은데 남편은 큰 차를 사고 싶어 해요.
  I want to buy a small car, but my husband wants to buy a big one.

형태

	[동]고 싶다
가다	가+고 싶다
앉다	앉+고 싶다
닫다	닫+고 싶다
듣다	듣+고 싶다
만들다	만들+고 싶다
잡다	잡+고 싶다
돕다	돕+고 싶다
굽다	굽+고 싶다
웃다	웃+고 싶다
짓다	짓+고 싶다
쓰다	쓰+고 싶다
따르다	따르+고 싶다
오르다	오르+고 싶다

참고

1. [동]았으면/었으면/였으면 좋겠다
   ▶ 자세한 설명은 문형063을 보세요.

006 [동]고 있다

의미

1. 어떤 동작이 진행 중이라는 의미이다.

This pattern is used to indicate that an action is currently in progress, corresponding to the progressive form '-ing' in English.

예문 (1) 가: 지금 뭐 하세요?
   What are you doing now?

   나: 책을 읽고 있어요.
   I am reading a book.

(2) 가: 왜 이렇게 문을 늦게 열어요? 초인종을 계속 눌렀어요.
   What took you so long to open the door? I kept ringing the doorbell.

   나: 미안해요. 음악을 듣고 있었어요.
   I am sorry. I was listening to music.

(3) 가: 여보세요? 민수 씨, 30분이나 기다렸는데 왜 안 와요?
   Hello? Minsu, why aren't you coming? I've been waiting for you for 30 minutes.

   나: 수미 씨, 미안해요. 지금 가고 있어요.
   Sumi, I am sorry. I am heading there now.

2. [일부 동사(입다, 쓰다, 끼다, 신다, 벗다, 들다 등)에 쓰여] 어떤 동작을 한 후에 그 상태가 그대로 유지되고 있음을 나타낸다.

This pattern is also used with verbs that involve the resulting state of a single action that is maintained, not limited to the following. These include verbs related to the wearing/removal of clothing/accessories such as 입다(to put on clothing), 쓰다(to wear headgear or eyewear), 끼다(to wear a ring or gloves), 신다(to put on footwear or socks), 벗다(to remove clothing/accessories), and others such as 들다(to carry around in one's hands), etc.

예문 (1) 가: 수업 시간에 모자를 쓰고 있으면 안 돼요?
   Can't I have a hat on during class?

   나: 네, 안 돼요. 벗어요.
   No, you can't. Take it off.

(2) 가: 저기 빨간 원피스를 입고 있는 사람이 누구예요?
   Who is the person wearing the red dress over there?

   나: 저 사람이요? 민수 씨의 여자 친구예요.
   Her? She is Minsu's girlfriend.

3. 어떤 지속적인 행위를 나타낸다.

This pattern is also used to indicate a certain action that is continuous.

예문 (1) 가: 어디에서 살고 있어요?
Where are you living?

나: 전 서울에서 살고 있어요.
I am living in Seoul.

(2) 가: 무슨 일을 하세요?
What type of work do you do?

나: 저는 작은 회사에 다니고 있어요.
I work for a small company.

❖ **주어가 사람일 경우 '[동]고 있다'의 높임 표현은 '[동]고 계시다'이다.**

The honorific form '[V]고 계시다' is used in place of the form '[V]고 있다' when the subject of the sentence is a person.

예문 (1) 너는 뭐 하고 있었어?
What were you doing?

→ 아버지, 뭐 하고 계셨어요?
Father, what were you doing?

(2) 친구가 책을 읽고 있어요.
My friend is reading a book.

→ 어머니께서 책을 읽고 계세요.
Mother is reading a book.

형태

	[동]고 있다
가다	가+고 있다
먹다	먹+고 있다
닫다	닫+고 있다
듣다	듣+고 있다
만들다	만들+고 있다
잡다	잡+고 있다
돕다	돕+고 있다
굽다	굽+고 있다
웃다	웃+고 있다
짓다	짓+고 있다
쓰다	쓰+고 있다
따르다	따르+고 있다
오르다	오르+고 있다

007 [동]기, [형]기

> **의미**

[동사]와 [형용사]를 [명사]로 만들 때 사용한다.
'-기' is used to convert a verb or an adjective into one of their corresponding noun forms.

1. [동사]나 [형용사]를 [명사]로 만들어 조사(-가/이, -는/은, -를/을, -과/와, -에, -에서, -로/으로…)나 '-이다'와 결합시켜 사용한다.

Particles such as '-가/이, -는/은, -를/을, -과/와, -에, -에서, -로/으로, etc.' or '-이다' may be attached to the end of '[V/A]기' and be used in a sentence.

▶▶ **예문** (1) 가: 취미가 뭐예요?
　　　　　　　　What is one of your hobbies?
　　　　　나: 노래하기가 제 취미입니다. / 제 취미는 노래하기입니다.
　　　　　　　　Singing is my hobby. / My hobby is singing.

　　　　(2) 가: 한국의 여름은 어떻습니까?
　　　　　　　　How are the summers in Korea?
　　　　　나: 덥기는 이곳과 비슷합니다.
　　　　　　　　It is about as hot in Korea as is here.

　　　　(3) 가: 가고 싶은 사람이 있습니까?
　　　　　　　　Is there anybody who wants to go?
　　　　　나: 글쎄요, 그곳에 가기를 원하는 사람은 없는 것 같습니다.
　　　　　　　　I'm not sure. I don't think there is anyone who wants to go there.

　　　　(4) 가: 건강을 위해서 무엇을 해요?
　　　　　　　　What do you do for your health?
　　　　　나: 계단 오르기로 건강을 지키고 있어요.
　　　　　　　　I maintain my health by walking up the stairs.

2. 규칙, 표어 등의 일반적인 사실을 서술하거나 속담 등 관용적인 표현에 사용한다.

'-기' is also used in expressions that describe general facts such as rules and mottos or for idiomatic expressions such as sayings.

▶▶ **예문** (1) 가: 영수 씨 집안의 가훈이 뭐예요?
　　　　　　　　Yeongsu, what is your family motto?
　　　　　나: '찡그리지 않고 항상 웃기'입니다.
　　　　　　　　It's 'Don't frown but always smile'.

(2) 가: 교실 규칙이 뭐죠?
　　　　What are the rules of the classroom?

　　나: '교실에서는 한국말 사용하기'입니다.
　　　　One of the rules is 'Speak in Korean in the classroom'.

(3) 가: '하늘의 별 따기'가 무슨 의미예요?
　　　　What is the meaning of 'Getting a star from the sky'?

　　나: '하늘의 별 따기'는 하늘의 별을 딸 수 없는 것과 같이 아주 어려운 일이라는 의미야.
　　　　Just as how one is unable to (literally) get a star from the sky, it means attempting to perform a very difficult (if not impossible) task.

3. 이미 단어로 굳어져 사용되는 경우가 많다.

- 더하기, 빼기, 곱하기, 나누기, 말하기, 듣기, 읽기, 쓰기, 달리기, 보기, 내기, 빠르기, 크기, 굵기, 밝기 등이 있다.

　There are many fixed words that use '-기' as their common noun forms, not limited to the following.
　- Mathematical operators such as 더하기(addition), 빼기(subtraction), 곱하기(multiplication), and 나누기(division), others such as 말하기(speaking), 듣기(listening), 읽기(reading), 쓰기(writing), 달리기(running), 보기(example of a question/problem), 내기(betting), 빠르기(speed), 크기(size), 굵기(thickness), 밝기(brightness) and so on.

▶▶ **예문** (1) 가: 어떤 수업이 어려워요?
　　　　　　　Which class is difficult for you?

　　　　　나: 저는 말하기가 어려워요.
　　　　　　　Speaking (class) is difficult for me.

　　(2) 가: 3 더하기 7은 얼마입니까?
　　　　　　　What is 3 plus 7?

　　　　　나: 10입니다.
　　　　　　　It is 10.

　　(3) 가: 잃어버린 가방의 크기가 어떻게 됩니까?
　　　　　　　What is the size of the bag you lost?

　　　　　나: A4 종이가 들어갈 정도입니다.
　　　　　　　It is about the size of a sheet of A4 paper.

4. 자주 사용하여 문형으로 굳어진 경우가 있다.

- '[동]기(가) 쉽다/어렵다, [동]기(에) 좋다/나쁘다, [동/형]기(를) 바라다' 등이 있다.

　Fixed sentence structures that involve the usage of '-기' include the following.
　- 'It is easy/difficult to [V]~, be good/bad for [V]ing, hope that (the subject) will [V]/will be [A]', etc.

▶▶ **예문** (1) 저는 혼자 살아서 수박을 사서 먹기가 어려워요.
　　　　　　I am living alone, so it's difficult for me to buy and eat a watermelon.

　　(2) 가: 공부하기에 좋은 계절이 언제예요?
　　　　　　What season is good for studying?

나: 봄과 가을이 좋습니다.
　　Spring and autumn are good.

(3) 가: 달을 보면서 어떤 소원을 빌었어요?
　　What type of wish did you make as you looked at the moon?

나: 저는 동생이 대학에 **합격하기를 바라는** 소원을 빌었습니다.
　　I made a wish for my younger brother/sister to be accepted to college.

(4) 가: 지금 어디야? 나랑 1시에 **만나기**로 했잖아.
　　Where are you now? Didn't we promise that you would meet me at 1 o'clock?

나: 미안! 약속을 깜빡했어.
　　I'm sorry! I forgot about our meeting.

형태

[동]기	
가다	가 + 기
먹다	먹 + 기
받다	받 + 기
듣다	듣 + 기
만들다	만들 + 기
집다	집 + 기
돕다	돕 + 기
굽다	굽 + 기
웃다	웃 + 기
짓다	짓 + 기
쓰다	쓰 + 기
따르다	따르 + 기
오르다	오르 + 기

[형]기	
느리다	느리 + 기
작다	작 + 기
멀다	멀 + 기
좁다	좁 + 기
곱다	곱 + 기
어렵다	어렵 + 기
좋다	좋 + 기
하얗다	하얗 + 기
크다	크 + 기
빠르다	빠르 + 기

참고

1. [동/형] ㅁ/음
　▶ 자세한 설명은 문형037을 보세요.

008　[동]기 때문에, [형]기 때문에, [명](이)기 때문에

의미

앞부분이 뒤의 내용에 대한 이유를 나타낸다.
This pattern is used to indicate the reason for the occurrence of the second clause is given by the first clause. It corresponds to 'because/since/as ~' in English.

예문

(1) 가: 에이미 씨가 떡볶이를 좋아할까요?
　　　Do you think Amy will like Tteokbokki?
　나: 에이미 씨는 매운 음식을 잘 못 먹기 때문에 싫어할 것 같아요.
　　　I don't think she will like it because she can't handle eating spicy food well.

(2) 가: 왜 창문을 닫았어요?
　　　Why did you close the window?
　나: 밖이 시끄럽기 때문에 아기가 깰 것 같아서요.
　　　It is because it is noisy outside and I thought that the baby would probably wake up.

(3) 가: 학생이기 때문에 좋은 점이 뭐죠?
　　　What are some merits you have because you are a student?
　나: 버스나 지하철 같은 교통 요금이 할인 돼요.
　　　I receive a discount in public transportation fees, such as for buses and the subway.

(4) 가: 수영 씨는 같이 안 가요?
　　　Are you not coming with us, Suyeong?
　나: 네, 감기에 걸렸기 때문에 이번에는 집에서 쉬겠습니다.
　　　No, I will take a rest at home this time because I caught a cold.

(5) 가: 지난 주말에 부모님 댁에 다녀왔어요?
　　　Did you visit your parents' house last weekend?
　나: 아니요, 일이 바빴기 때문에 가지 못했습니다.
　　　No, I couldn't (go) because I was busy with work.

(6) 지난 월요일은 개교기념일이었기 때문에 학교에 가지 않았습니다.
　　Because it was the school anniversary last Monday, I didn't go to school.

● 명령문이나 청유문에는 사용하지 않는다.
　This pattern may not be used in imperative or propositive sentences.

예문 (1) 다음 주에 시험을 보기 때문에 이번 주말에는 공부 좀 하세요. (×)
　　　　→ 다음 주에 시험을 보니까 이번 주말에는 공부 좀 하세요. (○)
　　　　　Please study this weekend because you will be having a test next week.

(2) 날씨가 좋기 때문에 이번 주말에 산에 갈까요? (×)
→ 날씨가 좋으니까 이번 주말에 산에 갈까요? (○)
Because the weather is good, shall we go to the mountain this weekend?

(3) 오늘 날씨가 좋기 때문에 산책을 가자. (×)
→ 오늘 날씨가 좋으니까 산책을 가자. (○)
Because the weather is good today, let's go for a walk.

형태

	과거	현재
	[동]았기/었기/였기 때문에	[동]기 때문에
가다	가 + 았기 때문에 → 갔기 때문에	가 + 기 때문에
먹다	먹 + 었기 때문에	먹 + 기 때문에
요리하다	요리하 + 였기 때문에 → 요리했기 때문에	요리하 + 기 때문에
받다	받 + 았기 때문에	받 + 기 때문에
듣다*	들 + 었기 때문에	듣 + 기 때문에
만들다	만들 + 었기 때문에	만들 + 기 때문에
집다	집 + 었기 때문에	집 + 기 때문에
돕다*	도 + 오 + 았기 때문에 → 도왔기 때문에	돕 + 기 때문에
굽다*	구 + 우 + 었기 때문에 → 구웠기 때문에	굽 + 기 때문에
웃다	웃 + 었기 때문에	웃 + 기 때문에
짓다*	지 + 었기 때문에	짓 + 기 때문에
쓰다*	쓰 + 었기 때문에 → 썼기 때문에	쓰 + 기 때문에
따르다*	따르 + 았기 때문에 → 따랐기 때문에	따르 + 기 때문에
오르다*	오 + ㄹㄹ + 았기 때문에 → 올랐기 때문에	오르 + 기 때문에
	[형]았기/었기/였기 때문에	[형]기 때문에
느리다	느리 + 었기 때문에 → 느렸기 때문에	느리 + 기 때문에
작다	작 + 았기 때문에	작 + 기 때문에
깨끗하다	깨끗하 + 였기 때문에 → 깨끗했기 때문에	깨끗하 + 기 때문에
멀다	멀 + 었기 때문에	멀 + 기 때문에
좁다	좁 + 았기 때문에	좁 + 기 때문에
곱다*	고 + 오 + 았기 때문에 → 고왔기 때문에	곱 + 기 때문에
어렵다*	어려 + 우 + 었기 때문에 → 어려웠기 때문에	어렵 + 기 때문에
좋다	좋 + 았기 때문에	좋 + 기 때문에
하얗다*	하야 + ㅣ + 았기 때문에 → 하앴기 때문에	하얗 + 기 때문에
예쁘다*	예쁘 + 었기 때문에 → 예뻤기 때문에	예쁘 + 기 때문에
빠르다*	빠 + ㄹㄹ + 았기 때문에 → 빨랐기 때문에	빠르 + 기 때문에
	[명]였기/이었기 때문에	[명](이)기 때문에
가수	가수 + 였기 때문에	가수 + (이)기 때문에
학생	학생 + 이었기 때문에	학생 + 이기 때문에

※ 받침이 없는 명사의 경우에 '-이-'를 생략하는 경우가 많다.

참고

1. [동/형]니까/으니까, [명](이)니까
   ▶ 자세한 설명은 문형023을 보세요.

2. [동/형]아서/어서/여서, [명]여서/이어서 〈이유〉
   ▶ 자세한 설명은 문형056을 보세요.

009 [동]기 위해(서)

의미

앞부분이 뒷부분 동작의 목적을 나타낸다.

- '[동]기 위하여(서)'의 준말이다.

This pattern is used to indicate the purpose of the action performed in the clause following the pattern. It corresponds to 'in order to ~', 'for the sake of ~', etc. in English.

- This pattern is the shortened from of '[V]기 위하여(서)'.

예문

(1) 가: 학비 때문에 아르바이트를 하고 있어요?
   Are you working part-time to pay off the school expenses?
   나: 아니요, 방학 때 배낭여행을 가기 위해서 하고 있어요.
   No, I am working in order to be able to go backpacking during vacation.

(2) 가: 정수 씨는 먹기 위해서 살아요? 살기 위해서 먹어요?
   Do you live to eat or eat to live?
   나: 네? 하하하~. 제가 너무 잘 먹죠? 저는 먹기 위해 삽니다.
   What? Hahaha. I eat very well, don't I? I live to eat.

(3) 건강을 유지하기 위하여 매일 운동하는 것이 좋습니다.
   To maintain your health, it is recommended to exercise every day.

형태

	[동]기 위해(서)
가다	가 + 기 위해(서)
먹다	먹 + 기 위해(서)
받다	받 + 기 위해(서)
듣다	듣 + 기 위해(서)
만들다	만들 + 기 위해(서)
잡다	잡 + 기 위해(서)

돕다	돕 + 기 위해(서)
굽다	굽 + 기 위해(서)
웃다	웃 + 기 위해(서)
짓다	짓 + 기 위해(서)
쓰다	쓰 + 기 위해(서)
따르다	따르 + 기 위해(서)
오르다	오르 + 기 위해(서)

참고

1. [명]를/을 위해(서)
   ▶ 자세한 설명은 문형089를 보세요.

010 [동]기 전(에)

의미

앞의 행위보다 뒤에 나오는 행동이나 상황이 먼저 일어남을 나타낸다.

This pattern is used to indicate that the action or situation that occurs in the second clause occurs before what is stated in the first clause. It corresponds to 'before doing ~' in English.

예문

(1) 손을 씻습니다. 그리고 밥을 먹습니다.
   I wash my hands. And then I eat.
   → 밥을 **먹기 전에** 손을 씻습니다.
   Before I eat, I wash my hands.

(2) 창문을 열어요. 그리고 청소를 해요.
   I open the window. And then I clean.
   → 청소를 **하기 전에** 창문을 열어요.
   Before I clean, I open the window.

(3) 가: 준비운동을 해라. 그리고 수영을 해.
   Do warm-up exercises. And then swim.
   나: 네, 알겠어요. **수영하기 전에** 준비운동을 할게요.
   Yes, I understand. I will do warm-up exercises before I swim.

(4) 가: 졸업까지 삼 개월이 남았는데 벌써 취직을 한 친구가 있어요?
   Do you have any friends who have already secured a job with graduation being three months away?

나: 네, 아직 학교를 졸업하기 전이지만 취직을 한 친구들이 많아요.
Yes, I have many friends who secured a job although they have not graduated (from school) yet.

> ❖ '하다 동사(=[명] + 하다)'의 경우, '[명] 전(에)'로 바꿀 수 있다.
> In the case of '하다 verbs(=[N] + 하다)', '[V]기 전(에)' may be replaced with '[N] 전(에)' without any difference in meaning.
>
> ▶ **예문** (1) 수영하기 전에 꼭 준비운동을 해야 해요.
> You must do warm-up exercises before you swim.
> → 수영 전에 꼭 준비운동을 해야 해요.
> You must do warm-up exercises before swimming.
>
> (2) 식사하기 전 손을 깨끗이 씻으세요.
> Please wash your hands clean before you eat.
> → 식사 전 손을 깨끗이 씻으세요.
> Please wash your hands clean before eating.

형태

	[동]기 전(에)
사다	사 + 기 전(에)
먹다	먹 + 기 전(에)
받다	받 + 기 전(에)
듣다	듣 + 기 전(에)
열다	열 + 기 전(에)
입다	입 + 기 전(에)
돕다	돕 + 기 전(에)
굽다	굽 + 기 전(에)
웃다	웃 + 기 전(에)
짓다	짓 + 기 전(에)
쓰다	쓰 + 기 전(에)
따르다	따르 + 기 전(에)
오르다	오르 + 기 전(에)

참고

1. [명] 전(에)
   ▶ 자세한 설명은 문형110을 보세요.

2. [동] ㄴ/은 후(에)
   ▶ 자세한 설명은 문형014를 보세요.

011 [동]기로 하다

의미

어떤 행동을 할 것을 결심 또는 결정하거나 약속했다는 것을 나타낸다.
- '하다' 대신에 '결심하다, 결정하다, 약속하다'를 쓸 수 있다.
  This pattern is used to express one's resolution, decision, or promise to perform a particular action.
- '결심하다(to resolve), 결정하다(to decide), and 약속하다(to promise)' may be used in place of '하다'.

예문 (1) 가: 내년에 졸업이지요? 방학에 뭐 할 거예요?
   You will graduate next year, right? What are you going to do during the vacation?

나: 저는 영어 실력이 부족해서 이번 방학에 영어 공부를 하기로 했어요.　　〈결심〉
   I resolved myself to study English during this vacation because my English skills are lacking.　　〈resolution〉

(2) 가: 결혼하면 어디에서 살 거예요?
   If you are to get married, where would you live?

나: 여자 친구와 얘기했는데 제가 지금 살고 있는 집에서 살기로 했어요.　　〈결정〉
   I talked about it with my girlfriend, and we decided that we would live in my current place of residence.　　〈decision〉

(3) 가: 주말에 약속이 있어요?
   Do you have any plans on the weekend?

나: 네, 친구와 등산하기로 했어요.　　〈약속〉
   Yes, I've promised to go hiking with my friend.　　〈promise〉

형태

	[동]기로 하다
가다	가 + 기로 하다
먹다	먹 + 기로 하다
받다	받 + 기로 하다
듣다	들 + 기로 하다
만들다	만들 + 기로 하다
잡다	잡 + 기로 하다
돕다	돕 + 기로 하다
굽다	굽 + 기로 하다
웃다	웃 + 기로 하다
짓다	짓 + 기로 하다
쓰다	쓰 + 기로 하다
따르다	따르 + 기로 하다
오르다	오르 + 기로 하다

012 [동]ㄴ/은 적이 있다/없다

의미

과거의 경험 유무를 나타낸다.

This pattern is used to indicate the presence or lack of a given experience in the past of the subject of the clause.

예문

(1) 가: 한국에는 처음 오신 거예요?
   Is this the first time that you've come to Korea?

   나: 아니에요. 10년 전에 온 적이 있어요.
   No, I came here 10 years ago.

(2) 가: 요즘 이상한 전화가 많이 와요. 미영 씨도 조심하세요.
   Recently I've been getting many strange calls. You be careful too, Miyeong.

   나: 저도 그런 전화를 받은 적이 있어요. 전 그냥 끊어 버렸어요.
   I've also received those kinds of calls before. I would then just hang up (the phone).

(3) 가: 어제 영화 시사회에 갔는데 유명한 남자 배우랑 악수를 했어요.
   I went to a movie prerelease show yesterday, and I shook hands with a famous actor.

   나: 그래요? 부럽네요. 저는 유명한 사람을 한 번도 만난 적이 없어요.
   Really? I envy you. I've never met a famous person even once before.

(4) 가: 정말 멋있어요. 이런 멋진 자동차는 어디에서도 본 적이 없어요.
   Really awesome. I've never seen such a nice car like this anywhere else.

   나: 저도요. 한번 타 보고 싶네요.
   I agree. I would love to take it for a (test) ride.

형태

	[동]ㄴ/은 적이 있다/없다
가다	가 + ㄴ 적이 있다/없다
먹다	먹 + 은 적이 있다/없다
받다	받 + 은 적이 있다/없다
듣다*	들 + 은 적이 있다/없다
만들다*	만드 + ㄴ 적이 있다/없다
잡다	잡 + 은 적이 있다/없다
돕다*	도 + 우 + ㄴ 적이 있다/없다
굽다*	구 + 우 + ㄴ 적이 있다/없다
웃다	웃 + 은 적이 있다/없다
짓다*	지 + 은 적이 있다/없다
쓰다	쓰 + ㄴ 적이 있다/없다
따르다	따르 + ㄴ 적이 있다/없다
오르다	오르 + ㄴ 적이 있다/없다

013 [동]ㄴ/은 지

의미

동작이 완료되고 시간이 얼마나 경과했는지를 나타낼 때 사용한다.

- '[동]ㄴ/은 지 + [명]가/이 되다/지나다/넘다'의 형태가 일반적이다.

This pattern is used to indicate how much time has passed since a particular action was completed by the subject of the clause. This conjugation corresponds to '(It has been ~) since (the subject) did ~' in English.

- The form '[V] ㄴ/은 지 + [N]가/이 되다/지나다/넘다' is commonly used.

예문

(1) 가: 언제 한국에 왔습니까?
　　When did you come to Korea?

나: 한국에 **온 지** 6개월이 됐습니다.
　　It has been 6 months since I came to Korea.

(2) 가: 고향 음식을 안 **먹은 지** 얼마나 됐습니까?
　　How long has it been since you last had food from your hometown?

나: 고향 음식을 안 **먹은 지** 1년이 넘었습니다.
　　It's been more than 1 year since I last had food from my hometown.

(3) 가: 컵라면에 물을 **부은 지** 얼마나 지났어?
　　How much time has passed since we poured water into the cup ramen?

나: 이제 2분 지났으니까 1분만 더 기다려.
　　2 minutes have passed, so now wait for just one more minute.

형태

	[동]ㄴ/은 지
마시다	마시 + ㄴ 지
먹다	먹 + 은 지
받다	받 + 은 지
듣다*	들 + 은 지
만들다*	만드 + ㄴ 지
입다	입 + 은 지
돕다*	도 + 우 + ㄴ 지
굽다*	구 + 우 + ㄴ 지
씻다	씻 + 은 지
붓다*	부 + 은 지
쓰다	쓰 + ㄴ 지
치르다	치르 + ㄴ 지
오르다	오르 + ㄴ 지

014　[동]ㄴ/은 후(에)

의미

'앞의 동작이 끝난 다음'이라는 의미이다.
This pattern means 'after the previous action completes'. It corresponds to 'after doing ~' in English.

예문　(1) 오전에 비가 오다, 오후에 날씨가 개다
It rains in the morning, the weather gets clear in the afternoon

→ 오전에 비가 **온 후** 오후에 날씨가 개겠습니다.
After raining in the morning, the weather will clear up in the afternoon.

(2) 먼저 밥을 먹다, 그 후에 공원에서 산책을 하다
First eat, after that go for a walk in the park

→ 먼저 밥을 **먹은 후에** 공원에서 산책하자.
After eating first, let's go for a walk in the park.

(3) 저는 **결혼한 후에도** 계속 회사에 다닐 거예요.
I'll continue working for the company even after I get married.

(4) 가: 이게 뭐예요?
What is this?

나: 제가 만든 노래예요. **들은 후에** 평가 좀 부탁드릴게요.
It's the song I made. Please evaluate it after listening to it.

(5) 가: 이것은 어떻게 해서 먹는 겁니까?
How am I supposed to eat this?

나: 잘 보세요. 이렇게 뜨거운 물을 **부은 후** 잘 저어서 드시면 돼요.
Look carefully. You eat it after pouring hot water on it like this and stirring it well.

✦ '[동]ㄴ/은 뒤(에), [동]고 (나서)'로 바꿀 수 있다.
This pattern may be replaced with '[V] ㄴ/은 뒤(에)' or '[V]고 (나서)' without any difference in meaning.

예문　(1) 오전에 비가 **온 후** 오후에 날씨가 개겠습니다.

→ 오전에 비가 **온 뒤** 오후에 날씨가 개겠습니다.

→ 오전에 비가 **오고 (나서)** 오후에 날씨가 개겠습니다.

(2) 뜨거운 물을 **부은 후에** 잘 저어서 드시면 돼요.

→ 뜨거운 물을 **부은 뒤에** 잘 저어서 드시면 돼요.

→ 뜨거운 물을 **붓고 (나서)** 잘 저어서 드시면 돼요.

형태

	[동]ㄴ/은 후(에)
마시다	마시 + ㄴ 후(에)
먹다	먹 + 은 후(에)
받다	받 + 은 후(에)
듣다*	들 + 은 후(에)
만들다*	만드 + ㄴ 후(에)
입다	입 + 은 후(에)
돕다*	도 + 우 + ㄴ 후(에)
줍다*	주 + 우 + ㄴ 후(에)
씻다	씻 + 은 후(에)
붓다*	부 + 은 후(에)
쓰다	쓰 + ㄴ 후(에)
치르다	치르 + ㄴ 후(에)
오르다	오르 + ㄴ 후(에)

참고

1. [명] 후(에)
   ▶ 자세한 설명은 문형117을 보세요.

2. [동]고 (나서)
   ▶ 자세한 설명은 문형004를 보세요.

3. [동]기 전(에)
   ▶ 자세한 설명은 문형010을 참조하세요.

015 [동]네(요), [형]네(요), [명](이)네(요)

의미

1. 말하는 사람이 직접 경험한 사실에 대해 감탄하면서 말할 때 사용한다.

   This pattern is used by the speaker when expressing surprise, admiration, or wonder regarding something that is directly experienced or learned about the subject of the sentence.

   ▶ 예문 (1) 가: 저는 매일 두 시간씩 운동해요.
   I exercise for two hours every day.

   나: 와! 정말이요? 운동을 열심히 하네요!
   Wow! Really? You exercise really hard!

(2) 가: 주말도 아닌데 왜 이렇게 길이 막혀요?
Even though it is not the weekend, why is there so much traffic?

나: 글쎄요. 아! 저기 교통사고가 났네요.
I'm not sure. Ah! It looks like there was a car accident over there.

(3) 가: 이 구두 어때? 어제 산 구두야.
How are these shoes? I bought them yesterday.

나: 정말 예쁘네! 나도 새 구두를 사고 싶어.
They sure are really pretty! I also want to buy new shoes.

(4) 가: 이 사진은 유치원 때 찍은 사진이에요.
This is a photo of me when I was in kindergarten.

나: 지금은 이렇게 큰데 아이 때는 키가 작았네요.
You are so tall now, but when you were a child, you sure were small.

(5) 가: 백화점에 사람들이 많네. 무슨 일일까?
There sure are lots of people in the department store. What's going on?

나: 가 보자. 아! 세일 기간이네.
Let's go and check it out. Ah! It looks like they're having a sale.

(6) 가: 저건 부모님의 결혼사진이에요? 어머니께서 미인이셨네요.
Is that your parents' wedding photo? Your mother sure was a beauty.

나: 그렇죠? 저도 그렇게 생각해요.
Right? I think so too.

2. 상대방이 하는 말에 동의할 때 사용한다.
This pattern is also used when the speaker agrees with what the other person says.

» 예문 (1) 가: 다섯 살인 아들이 어른인 저보다 더 먹어요. 정말 많이 먹지요?
My five-year-old son eats more than me, a grown-up. Doesn't he eat a lot?

나: 네, 정말 많이 먹네요!
Yes, he sure really does (eat a lot)!

(2) 가: 여기까지 오느라고 고생했어요. 저희 집이 멀지요?
Thank you for making efforts to come all the way here. My house is far away, isn't it?

나: 네, 정말 머네요.
Yes, it sure really is (far away).

(3) 가: 제 친구는 참 좋은 친구예요. 제게 무슨 일이 있으면 언제나 도와줘요.
My friend is really a good guy. He always helps me whenever something bad happens to me.

나: 그래요? 정말 좋은 친구네요.
Does he? He is a really good friend indeed.

3. **['-겠네(요)?'의 형태로 써서] 말하는 사람이 추측한 것에 대해 듣는 사람의 동의를 구하면서 물어볼 때 사용한다.**

This pattern is also used in the form '-겠네(요)?' when the speaker inquires the listener about the speaker's presumption or guess in hopes of receiving agreement from the listener.

▶▶ **예문** (1) 가: 저는 가수가 되고 싶어요.
　　　　　　I want to become a singer.

　　　　나: 그래요? 그럼 노래를 잘하시겠네요?
　　　　　　Really? Doesn't that mean you must be good at singing?

　　　(2) 가: 부모님이 키가 크시니까 자녀들도 키가 크겠네요?
　　　　　　Since you as parents are tall, shouldn't the children be tall too?

　　　　나: 네, 아들만 둘인데 모두 키가 커요.
　　　　　　Yes, we only have two sons, and they are both tall.

　　　(3) 가: 이번 주에 시험이 끝나면 다음 주부터 방학이겠네?
　　　　　　If the exams finish this week, vacation must start from next week, right?

　　　　나: 응, 방학이야. 하지만 방학 중에도 공부를 하러 학교에 가야 해.
　　　　　　Yes, it'll be vacation. But I'll have to go to school to study even during the vacation.

형태

	과거	현재
	[동]았네(요)/었네(요)/였네(요)	[동]네(요)
가다	가 + 았네(요) → 갔네(요)	가 + 네(요)
먹다	먹 + 었네(요)	먹 + 네(요)
일하다	일하 + 였네(요) → 일했네(요)	일하 + 네(요)
닫다	닫 + 았네(요)	닫 + 네(요)
듣다*	들 + 었네(요)	듣 + 네(요)
살다*	살 + 았네(요)	사 + 네(요)
입다	입 + 었네(요)	입 + 네(요)
돕다*	도 + 오 + 았네(요) → 도왔네(요)	돕 + 네(요)
굽다*	구 + 우 + 었네(요) → 구웠네(요)	굽 + 네(요)
벗다	벗 + 었네(요)	벗 + 네(요)
붓다*	부 + 었네(요)	붓 + 네(요)
쓰다*	쓰 + 었네(요) → 썼네(요)	쓰 + 네(요)
따르다*	따르 + 았네(요) → 따랐네(요)	따르 + 네(요)
오르다*	오 + ㄹㄹ + 았네(요) → 올랐네(요)	오르 + 네(요)
	[형]았네(요)/었네(요)/였네(요)	[형]네(요)
싸다	싸 + 았네(요) → 쌌네(요)	싸 + 네(요)
적다	적 + 었네(요)	적 + 네(요)
조용하다	조용하 + 였네(요) → 조용했네(요)	조용하 + 네(요)
길다*	길 + 었네(요)	기 + 네(요)
좁다	좁 + 았네(요)	좁 + 네(요)

곱다*	고 + 오 + 았네(요) → 고왔네(요)	곱 + 네(요)
춥다*	추 + 우 + 었네(요) → 추웠네(요)	춥 + 네(요)
좋다	좋 + 았네(요)	좋 + 네(요)
하얗다*	하야 + ㅣ + 았네(요) → 하앴네(요)	하얗 + 네(요)
크다*	ㅋ + 었네(요) → 컸네(요)	크 + 네(요)
다르다*	다 + ㄹㄹ + 았네(요) → 달랐네(요)	다르 + 네(요)
	[명]였네(요)/이었네(요)	**[명](이)네(요)**
누나	누나 + 였네(요)	누나 + (이)네(요)
동생	동생 + 이었네(요)	동생 + 이네(요)

※ 받침이 없는 명사의 경우에 '-이-'를 생략하는 경우가 많다.

016 [동]는 [명]

의미

[동사]가 뒤에 나오는 [명사]를 수식할 때 사용한다.
Corresponding to determiners in English, '[V]는' is used to modify the following noun with the verb.

예문 (1) 지금 **버스가 가요**. 그 버스가 몇 번이에요? → 지금 **가는 버스**가 몇 번이에요?
A bus is leaving now. What number is the bus? → What is the number of the bus that is leaving now?

(2) 지금 **라면을 먹어요**. 라면이 매워요. → 지금 **먹는 라면**이 매워요.
I am eating ramen now. The ramen is spicy. → The ramen that I am eating now is spicy.

(3) 어제 **피자를 먹었어요**. 그 피자가 맛있었어요. → 어제 **먹은 피자**가 맛있었어요.
I ate pizza yesterday. The pizza was delicious. → The pizza that I ate yesterday was delicious.

(4) 작년에 **친구를 만났습니다**. 그 친구가 보고 싶습니다. → 작년에 **만난 친구**가 보고 싶습니다.
I met a friend last year. I miss that friend. → I miss the friend whom I met last year.

(5) 내일 친구들과 **영화를 볼 거예요**. 그 영화는 한국 영화예요. → 내일 친구들과 **볼 영화**는 한국 영화예요.
I am going to watch a movie with my friends tomorrow. The movie is a Korean movie.
→ The movie that I am going to watch with my friends tomorrow is a Korean movie.

(6) 이것은 집의 모형입니다. 내년에 **집을 지을 겁니다**. → 이것은 내년에 **지을 집**의 모형입니다.
This is a model of a house. I will build the house next year. → This is a model of the house that I will build next year.

형태

	과거 [동]ㄴ/은	현재 [동]는	미래 [동]ㄹ/을
사다	사+ㄴ	사+는	사+ㄹ
먹다	먹+은	먹+는	먹+을
받다	받+은	받+는	받+을
듣다*	들+은	듣+는	들+을
만들다*	만드+ㄴ	만드+는	만드+ㄹ
잡다	잡+은	잡+는	잡+을
돕다*	도+우+ㄴ	돕+는	도+우+ㄹ
굽다*	구+우+ㄴ	굽+는	구+우+ㄹ
웃다	웃+은	웃+는	웃+을
짓다*	지+은	짓+는	지+을
쓰다	쓰+ㄴ	쓰+는	쓰+ㄹ
따르다	따르+ㄴ	따르+는	따르+ㄹ
오르다	오르+ㄴ	오르+는	오르+ㄹ

참고

1. [형]ㄴ/은/는 [명]
   ▶ 자세한 설명은 문형071을 보세요.

2. [명1]인 [명2]
   ▶ 자세한 설명은 문형106을 보세요.

017   [동]는 것 같다

의미

말하는 사람이 어떤 동작이나 상태에 대해 추측하여 말할 때 사용한다.
This pattern is used by the speaker to express a presumption or guess about a particular action taken by or the state of the subject of the clause.

▶▶ 예문 (1) 가: 이거 비 오는 소리 아니에요? 밖에 비가 오는 것 같아요.
　　　　　　　Isn't this the sound of rain? It seems to be raining outside.
　　　　나: 그러네요. 우산을 안 가지고 왔는데 어떻게 하죠?
　　　　　　　That seems to be the case. I didn't bring an umbrella, so what should I do?

　　　(2) 가: 지금 케이크를 만드는 것 같아요. 이거 케이크 맞아요?
　　　　　　　It looks like you are making a cake. This is a cake, right?

나: 네, 친구 생일이어서 케이크를 만들고 있어요.
Yes, I am making a cake because it's my friend's birthday today.

(3) 가: 땅이 젖어 있어요. 지난밤에 비가 온 것 같아요.
The ground is wet. It seems that it rained last night.

나: 그래요? 전혀 빗소리를 듣지 못했는데….
Really? I couldn't hear any sound of rain….

(4) 가: 사과가 여기에 있었는데 어디 갔지?
There was an apple here (earlier), so where did it go?

나: 조금 전까지 영수가 부엌에 있었는데…. 영수가 먹은 것 같아.
Until a moment ago Yeongsu was in the kitchen…. It seems that Yeongsu ate it.

(5) 가: 하늘에 구름이 많이 끼었어요. 곧 비가 올 것 같아요.
The sky is very cloudy. It is likely to rain soon.

나: 그럼 이 우산을 가져가세요.
Then take this umbrella with you.

(6) 가: 민수 씨가 이 선물을 좋아할까요?
Do you think Minsu will like this present?

나: 글쎄요. 아마 좋아할 것 같아요.
Let me see. Well, I think he will probably like it.

형태

	과거	현재	미래
	[동]ㄴ/은 것 같다	[동]는 것 같다	[동]ㄹ/을 것 같다
오다	오+ㄴ 것 같다	오+는 것 같다	오+ㄹ 것 같다
먹다	먹+은 것 같다	먹+는 것 같다	먹+을 것 같다
믿다	믿+은 것 같다	믿+는 것 같다	믿+을 것 같다
듣다*	들+은 것 같다	듣+는 것 같다	들+을 것 같다
만들다*	만드+ㄴ 것 같다	만드+는 것 같다	만드+ㄹ 것 같다
입다	입+은 것 같다	입+는 것 같다	입+을 것 같다
돕다*	도+우+ㄴ 것 같다	돕+는 것 같다	도+우+ㄹ 것 같다
굽다*	구+우+ㄴ 것 같다	굽+는 것 같다	구+우+ㄹ 것 같다
씻다	씻+은 것 같다	씻+는 것 같다	씻+을 것 같다
짓다*	지+은 것 같다	짓+는 것 같다	지+을 것 같다
쓰다	쓰+ㄴ 것 같다	쓰+는 것 같다	쓰+ㄹ 것 같다
따르다	따르+ㄴ 것 같다	따르+는 것 같다	따르+ㄹ 것 같다
오르다	오르+ㄴ 것 같다	오르+는 것 같다	오르+ㄹ 것 같다

참고

1. [형]ㄴ/은/는 것 같다
   ▶ 자세한 설명은 문형072를 보세요.

2. [명]인 것 같다
▶ 자세한 설명은 문형107을 보세요.

018 [동]는 게 좋다

의미

1. [동사]에 해당되는 내용이 마음에 든다는 의미이다.
This pattern is used to express that the speaker likes the action corresponding to the verb that is taken by the subject of the clause.

예문 (1) 가: 민수 씨는 주말마다 집에 있는 것 같아요. 가끔 외출 안 하세요?
　　　　　Minsu, you seem to be always at home on the weekends. Don't you go out sometimes?
　　　　나: 저는 주말에 집에서 쉬는 게 좋아요.
　　　　　I like taking a break at home on the weekends.

(2) 가: 영희 씨는 요리해서 먹는 게 좋아요? 외식하는 게 좋아요?
　　　Yeonghee, do you like having home-cooked food? Or do you like eating out?
　　나: 저는 직접 요리해서 먹는 게 좋아요.
　　　I like eating the food that I directly cook.

(3) 가: 서울에 갈 때 지하철을 타요? 버스를 타요?
　　　Do you go to Seoul by subway? Or do you take the bus?
　　나: 저는 버스보다 지하철을 타는 게 좋아요.
　　　I like going by subway more than by bus.

2. ['[동]는 게 좋겠다'의 구성으로 쓰여] 말하는 사람이 상대방에게 조언을 하거나 자신의 생각을 조심스럽게 전할 때 사용한다.
The form '[V]는 게 좋겠다' is used when the speaker gives advice or conveys the speaker's own views carefully to the other person.

예문 (1) 가: 어제 잠을 잘 못 자서 너무 피곤하네요.
　　　　　I couldn't sleep well last night, so I feel really tired.
　　　　나: 그럼 빨리 집에 가서 쉬는 게 좋겠습니다. 무리하지 마세요.
　　　　　Then you should go home quickly and rest. Don't push yourself too hard.

(2) 가: 콜록콜록, 감기에 걸렸어요. 목이 너무 아파요.
　　　Cough, Cough! I caught a cold. My throat really hurts.

나: 감기가 아주 심하네요. 빨리 약을 먹는 게 좋겠어요.
It sure seems that you have a bad cold. You should take medicine quickly.

형태

	[동]는 게 좋다
가다	가 + 는 게 좋다
먹다	먹 + 는 게 좋다
받다	받 + 는 게 좋다
듣다	듣 + 는 게 좋다
만들다*	만드 + 는 게 좋다
잡다	잡 + 는 게 좋다
돕다	돕 + 는 게 좋다
굽다	굽 + 는 게 좋다
웃다	웃 + 는 게 좋다
짓다	짓 + 는 게 좋다
쓰다	쓰 + 는 게 좋다
따르다	따르 + 는 게 좋다
오르다	오르 + 는 게 좋다

019 [동]는 (도)중(에)

의미

어떤 동작을 하는 중간 또는 그 사이에 다른 동작이 일어날 때 사용한다.
This pattern is used when another action occurs in the middle of an action or between actions. It corresponds to 'while/during (doing ~)', 'in the middle of (doing ~)' in English.

예문

(1) 수업을 듣는 도중에 휴대 전화를 사용하면 안 돼요.
You must not use your cell phones while in the middle of class.

(2) 조금 전에 여기에 오는 중에 저 앞에서 선생님을 만났어.
While I was coming here a little while ago, I met my teacher over there.

(3) 세미나 하는 중 전화벨이 울려서 곤란했다.
I felt embarrassed as the phone rang during the seminar.

(4) 가: 뭐 하고 있어?
What are you doing?

나: 지금 텔레비전을 보는 중이야.
I am in the middle of watching TV now.

(5) 가: 지금 뭐 하고 있었어요?
What were you doing just now?

나: 내일 회의 준비하는 중이었어요.
I was in the middle of preparing for tomorrow's meeting.

형태

	[동]는 (도)중(에)
가다	가 + 는(도)중(에)
앉다	앉 + 는(도)중(에)
닫다	닫 + 는(도)중(에)
듣다	듣 + 는(도)중(에)
만들다*	만드 + 는(도)중(에)
잡다	잡 + 는(도)중(에)
돕다	돕 + 는(도)중(에)
줍다	줍 + 는(도)중(에)
웃다	웃 + 는(도)중(에)
짓다	짓 + 는(도)중(에)
쓰다	쓰 + 는(도)중(에)
따르다	따르 + 는(도)중(에)
오르다	오르 + 는(도)중(에)

참고

1. [명] 중(에)
   ▶ 자세한 설명은 문형111을 보세요.

020   [동]는 동안(에)

의미

'앞의 동작이나 상태가 계속되는 사이'라는 의미이다.
- '있다, 없다'에도 사용된다.

This pattern is used to express 'for the duration of the continuation of the action or state that is given by the verb'.
- It is also used for '있다, 없다'.

예문

(1) 가: 비행기를 타고 한국에 오는 동안 비행기에서 뭐 했어요?
While you were flying to Korea, what did you do in the plane?

나: 처음에는 책을 읽었는데 나중에는 졸려서 잤어요.
In the beginning I was reading a book, but later I felt sleepy, so I slept.

(2) 가: 내가 요리하는 동안에 네가 청소 좀 할래?
While I cook, would you do the cleaning?

나: 그래. 알았어.
OK. I got it.

(3) 가: 제가 **없는 동안에** 고생 많이 하셨습니다.
Thank you for your hard work while I was gone.

나: 별말씀을요. 일이 많지 않아서 괜찮았어요.
You're welcome. There was not that much work, so it was fine.

(4) 가: 내년까지 한국에서 살 거예요.
I am going to be living in Korea until next year.

나: 그래요? 한국에서 **사는 동안** 많은 경험을 해 보시기 바랍니다.
Really? I hope you will try to have many experiences while you live in Korea.

형태

	[동]는 동안(에)
일하다	일하 + 는 동안(에)
먹다	먹 + 는 동안(에)
받다	받 + 는 동안(에)
듣다	듣 + 는 동안(에)
만들다*	만드 + 는 동안(에)
입다	입 + 는 동안(에)
돕다	돕 + 는 동안(에)
줍다	줍 + 는 동안(에)
씻다	씻 + 는 동안(에)
짓다	짓 + 는 동안(에)
쓰다	쓰 + 는 동안(에)
치르다	치르 + 는 동안(에)
오르다	오르 + 는 동안(에)

참고

1. [명] 동안(에)
   ▶ 자세한 설명은 문형083을 보세요.

021 [동]는데, [형]ㄴ데/은데/는데, [명]인데

의미

앞말이 뒷말의 배경이나 상황, 대조, 이유를 나타낸다.
This pattern is used when the first clause expresses the background or circumstances of the second clause, or when it expresses contrast to or the reason for the occurrence of the second clause.

1. 뒷부분의 사실에 대한 배경 또는 상황을 앞부분에서 설명하는 경우이다.

This pattern is used when the background or circumstances of what is stated in the second clause is explained by the first clause.

> **예문** (1) 가: 밖에 비가 오는데 우산을 가지고 왔어요?
> It is raining outside, and did you bring an umbrella?
>
> 나: 아니요, 안 가지고 왔어요.
> No, I didn't.
>
> (2) 가: 영수 씨한테 언제 전화가 왔어요?
> When did you receive a call from Yeongsu?
>
> 나: 제가 어제 저녁을 먹는데 그때 전화가 왔어요.
> I was having dinner yesterday, and I received his call then.
>
> (3) 가: 옷이 예쁜데 얼마예요?
> The dress is pretty, but how much is it?
>
> 나: 14,000원입니다.
> It's 14,000 won.
>
> (4) 가: 저는 이번 시험이 어려웠는데 수영 씨는 어땠어요?
> This past exam was difficult for me, but how was it for you, Suyeong?
>
> 나: 저도 어려웠어요.
> It was difficult for me too.
>
> (5) 가: 커피가 없는데 어떡하죠?
> There is no coffee, so what should we do?
>
> 나: 그럼 아무거나 주세요.
> Then give me anything.

2. 대조의 의미로 사용되기도 한다.

This pattern is also used to express contrast or comparison.

> **예문** (1) 친구는 교회에 가는데 나는 안 갑니다.
> My friend goes to church, but I don't.
>
> (2) 가: 영희 씨도 옷을 샀어요?
> Yeonghee, did you also buy clothes?
>
> 나: 아니요, 수미 씨는 샀는데 저는 안 샀어요.
> No, Sumi bought some, but I didn't.
>
> (3) 한국의 봄은 따뜻한데 바람이 많이 불어요.
> In Korea it's warm in the spring, but it's very windy.
>
> (4) 가방이 멋있는데 너무 비싸요.
> The bag is nice but too expensive.

(5) 가: 저 사람 누구예요?
　　　Who is that person?

　　나: 예전에 희수 씨의 남자 친구였는데 지금은 아니에요.
　　　He was Heesu's boyfriend before, but now he is not.

✤ 의미 2번의 경우, '[동/형]지만, [명](이)지만'으로 바꿀 수 있다.

When this pattern is used with the meaning given by usage 2 above, it may be replaced with '[V/A]지만, [N](이)지만' without much difference in meaning.

》 **예문** (1) 친구는 교회에 가는데 나는 안 갑니다.
　　　　　→ 친구는 교회에 가지만 나는 안 갑니다.
　　　(2) 한국의 봄은 따뜻한데 바람이 많이 불어요.
　　　　　→ 한국의 봄은 따뜻하지만 바람이 많이 불어요.

---

3. 이유의 의미로 사용되기도 한다.

- 이 경우에 문장이 '-ㄹ까요?/을까요?, -ㅂ시다/읍시다, -세요/으세요'로 끝난다.

This pattern is also used to indicate the reason for the occurrence of the second clause.
- In this case the sentence ends with '-ㄹ까요?/을까요?, -ㅂ시다/읍시다, -세요/으세요'.

》 **예문** (1) 비가 오는데 창문 좀 닫아 주세요.
　　　　　It is raining, so please close the window.

　　　(2) 가: 날씨가 좋은데 산책 갈까요?
　　　　　　The weather is great, so shall we go for a walk?

　　　　나: 네, 좋아요. 지금 나갑시다.
　　　　　　Yeah, that sounds good. Let's go now.

　　　(3) 음식이 많은데 같이 먹읍시다.
　　　　　There is lots of food, so let's eat together.

　　　(4) 오늘이 제 생일인데 우리 집에 꼭 오세요.
　　　　　Today is my birthday, so please come to my house.

✤ 의미 3번의 경우, '[동/형]니까/으니까, [명](이)니까'로 바꿀 수 있다.

When this pattern is used with the meaning given by usage 3 above, it may be replaced with '[V/A]니까/으니까, [N](이)니까'.

》 **예문** (1) 비가 오는데 창문 좀 닫아 주세요.
　　　　　→ 비가 오니까 창문 좀 닫아 주세요.
　　　(2) 음식이 많은데 같이 먹읍시다.
　　　　　→ 음식이 많으니까 같이 먹읍시다.

형태

	과거	현재
	[동]았는데/었는데/였는데	[동]는데
가다	가 + 았는데 → 갔는데	가 + 는데
먹다	먹 + 었는데	먹 + 는데
일하다	일하 + 였는데 → 일했는데	일 + 하는데
받다	받 + 았는데	받 + 는데
듣다*	들 + 었는데	듣 + 는데
만들다*	만들 + 었는데	만드 + 는데
집다	집 + 었는데	집 + 는데
돕다*	도 + 오 + 았는데 → 도왔는데	돕 + 는데
굽다*	구 + 우 + 었는데 → 구웠는데	굽 + 는데
웃다	웃 + 었는데	웃 + 는데
짓다*	지 + 었는데	짓 + 는데
쓰다*	쓰 + 었는데 → 썼는데	쓰 + 는데
따르다*	따르 + 았는데 → 따랐는데	따르 + 는데
오르다*	오 + ㄹㄹ + 았는데 → 올랐는데	오르 + 는데
	[형]았는데/었는데/였는데	[형]ㄴ데/은데/는데
느리다	느리 + 었는데 → 느렸는데	느리 + ㄴ데
작다	작 + 았는데	작 + 은데
행복하다	행복하 + 였는데 → 행복했는데	행복하 + ㄴ데
맛있다	맛있 + 었는데	맛있 + 는데
멀다*	멀 + 었는데	머 + ㄴ데
좁다	좁 + 았는데	좁 + 은데
곱다*	고 + 오 + 았는데 → 고왔는데	고 + 우 + ㄴ데
어렵다*	어려 + 우 + 었는데 → 어려웠는데	어려 + 우 + ㄴ데
좋다	좋 + 았는데	좋 + 은데
하얗다*	하야 + ㅣ + 았는데 → 하얬는데	하야 + ㄴ데
예쁘다*	예뻐 + 었는데 → 예뻤는데	예쁘 + ㄴ데
빠르다*	빠 + ㄹㄹ + 았는데 → 빨랐는데	빠르 + ㄴ데
	[명]였는데/이었는데	[명]인데
가수	가수 + 였는데	가수 + 인데
가방	가방 + 이었는데	가방 + 인데

참고

1. 비교

[동]는데, [형]ㄴ데/은데/는데, [명]인데	[동/형]니까/으니까, [명](이)니까
- '이유'의 의미와 함께 '상황 설명'을 하는 의미도 있어 부드러운 느낌을 준다. This pattern expresses a relatively softer feeling because it contains an 'explanation of the circumstances' in addition to 'the reason', for the occurrence of the second clause.	- '이유'를 분명히 밝혀 말할 때 사용한다. This pattern is used when explicitly clarifying 'the reason' for the occurrence of the second clause. (→ Emphasis on 'the reason')

예문1 더운데 창문 좀 열어 주세요. It's hot, so please open the window. 예문2 날씨가 좋은데 산책 갈까요? The weather is great, so shall we go for a walk?	예문1 더우니까 창문 좀 열어 주세요. Because it's hot, please open the window. 예문2 날씨가 좋으니까 산책 갈까요? Because the weather is great, shall we go for a walk?

▶ '[동/형]니까/으니까, [명](이)니까'의 자세한 설명은 문형023을 보세요.

2. [동/형]지만, [명](이)지만

▶ 자세한 설명은 문형067을 보세요.

022 [동]는데(요), [형]ㄴ데(요)/은데(요)/는데(요), [명]인데(요)

의미

1. 상대방의 말을 듣고 대답할 때 사용한다. 더 이상 말하지 않음으로써 자신의 의견이나 감정을 노출하지 않고 상대방에게 뒷말을 생각하게 한다.

This pattern is used by the speaker when answering after listening to the other person. By ending the sentence midway without revealing the speaker's opinions or views of a matter, it allows the listener to imagine what the speaker omitted (or implied).

예문 (1) 가: 퇴근 후에 한 잔 어때?
　　　　　How about a drink after work?

　　　　나: 오늘 나는 야근을 해야 하는데. (시간이 없는데 어쩌지?)
　　　　　I have to work overtime tonight. (What should I do because I have no time?)

　　(2) 가: 여보세요? 과장님 좀 바꿔 주세요.
　　　　　Hello? I would like to talk to the manager.

　　　　나: 과장님께서는 지금 안 계신데요. (어떻게 할까요?)
　　　　　He is not in right now. (How may I help you then?)

2. 자신의 생각이나 감정을 혼잣말처럼 할 때 사용한다.

This pattern is also used by the speaker to express one's own thoughts or feelings as if talking to oneself.

예문 (1) 어떡하지? 길이 막혀서 늦을 것 같은데….
　　　　What should I do? I'll probably be late due to heavy traffic….

　　(2) 가: 나는 저 영화 보고 싶지 않은데….
　　　　　I don't feel like watching that movie….

나: 뭐 해요? 빨리 표를 사야죠.
Hey, what are you doing? We have to buy the tickets quickly.

3. 의외라고 생각하는 어떤 사실을 감탄하듯이 표현할 때 사용한다.
This pattern is also used by the speaker as if to express surprise, admiration, or wonder towards something that the speaker considers to be unexpected of the subject of the clause.

▶▶ **예문** (1) 가: 제 발표 어땠어요?
How was my presentation?

나: 와우! 준비를 많이 **했는데요**. 너무 잘했어요.
Wow! You sure prepared a lot. It was really well done.

(2) 가: 저 남자 **멋있는데요**.
That man is awesome/handsome.

나: 네, 정말 멋있네요.
Yes, he is really (awesome/handsome) indeed.

형태

	과거	현재
	[동]았는데(요)/었는데(요)/였는데(요)	**[동]는데(요)**
가다	가 + 았는데(요) → 갔는데(요)	가 + 는데(요)
먹다	먹 + 었는데(요)	먹 + 는데(요)
일하다	일하 + 였는데(요) → 일했는데(요)	일 + 하는데(요)
받다	받 + 았는데(요)	받 + 는데(요)
듣다*	들 + 었는데(요)	들 + 는데(요)
만들다*	만들 + 었는데(요)	만드 + 는데(요)
집다	집 + 었는데(요)	집 + 는데(요)
돕다*	도 + 오 + 았는데(요) → 도왔는데(요)	돕 + 는데(요)
굽다*	구 + 우 + 었는데(요) → 구웠는데(요)	굽 + 는데(요)
웃다	웃 + 었는데(요)	웃 + 는데(요)
짓다*	지 + 었는데(요)	짓 + 는데(요)
쓰다*	쓰 + 었는데(요) → 썼는데(요)	쓰 + 는데(요)
따르다*	따르 + 았는데(요) → 따랐는데(요)	따르 + 는데(요)
오르다*	오 + ㄹㄹ + 았는데(요) → 올랐는데(요)	오르 + 는데(요)
	[형]았는데(요)/었는데(요)/였는데(요)	**[형]ㄴ데(요)/은데(요)/는데(요)**
느리다	느리 + 었는데(요) → 느렸는데(요)	느리 + ㄴ데(요)
작다	작 + 았는데(요)	작 + 은데(요)
행복하다	행복하 + 였는데(요) → 행복했는데(요)	행복하 + ㄴ데(요)
맛있다	맛있 + 었는데(요)	맛있 + 는데(요)
멀다*	멀 + 었는데(요)	머 + ㄴ데(요)
좁다	좁 + 았는데(요)	좁 + 은데(요)
곱다*	고 + 오 + 았는데(요) → 고왔는데(요)	고 + 우 + ㄴ데(요)
어렵다*	어려 + 우 + 었는데(요) → 어려웠는데(요)	어려 + 우 + ㄴ데(요)

좋다	좋+았는데(요)	좋+은데(요)
하얗다*	하야+ㅣ+았는데(요) → 하얬는데(요)	하야+ㄴ데(요)
예쁘다*	예쁘+었는데(요) → 예뻤는데(요)	예쁘+ㄴ데(요)
빠르다*	빠+ㄹㄹ+았는데(요) → 빨랐는데(요)	빠르+ㄴ데(요)
	[명]였는데(요)/이었는데(요)	**[명]인데(요)**
가수	가수+였는데(요)	가수+인데(요)
가방	가방+이었는데(요)	가방+인데(요)

문형 / ㄴ

023   [동]니까/으니까,   [형]니까/으니까,   [명](이)니까

의미

1. 앞부분이 뒷부분의 이유나 원인임을 나타낸다.

This pattern is used to indicate that the first clause is the reason or cause for the occurrence of the second clause.

예문 (1) 비가 와요. 그러니까 서두릅시다.
It is raining. So let's hurry up.

→ 비가 오니까 서두릅시다.
Because it is raining, let's hurry up.

(2) 약을 먹었어요. 그러니까 곧 괜찮아질 거예요.
I took medicine. So I should become okay soon.

→ 약을 먹었으니까 곧 괜찮아질 거예요.
Because I took medicine, I should become okay soon.

(3) 가: 많이 힘들어요?
Are you very tired?

나: 네, 날씨가 더우니까 금방 지치는 것 같아요.
Yes, because the weather is hot, I think I'm getting exhausted quickly.

(4) 가: 두 사람은 싸우는 모습을 볼 수 없네요.
I sure can't see the image of both of you fighting.

나: 우리는 초등학생 때부터 친구니까 서로 말 안 해도 이해해요.
Because we've been friends since we were elementary school students, we understand each other even without saying anything.

2. [동사일 때만 쓰여] 앞의 상황이나 행동의 결과로 뒤의 사실을 알게 되었을 때 사용한다.

[Only used with verbs] This pattern is used by the speaker to express discovering or learning a fact described by the second clause, upon the result of the circumstances or action given by the first clause.

▶▶ **예문** (1) 가: 데이비드, 거기 날씨는 어때?
　　　　　　　David, how is the weather there?

　　　　　나: 8월이 **되니까** 너무 무더워. 돌아다닐 수가 없어.
　　　　　　　Now that it became August, it's too sultry. I can't get around (to places).

　　　　(2) 가: 어제 집에 도착했을 때 몇 시였어요?
　　　　　　　When you arrived home yesterday, what time was it?

　　　　　나: 집에 **도착하니까** 밤 12시였어요.
　　　　　　　Upon arriving home, (I saw that) it was midnight.

　　　　(3) 가: 왜 그 버스 타지 않고 그냥 내려?
　　　　　　　Why did you just get off without taking that bus?

　　　　　나: 버스를 **타니까** 자리가 없었어. 그래서 다음 차를 타려고 내렸지.
　　　　　　　When I got on the bus, (I saw that) there were no seats. So I got off to take the next bus.

　　　　(4) 가: 오늘 놀랐지?
　　　　　　　You were surprised today, right?

　　　　　나: 응, 아침에 교실에 **들어가니까** 아무도 없잖아. 얼마나 당황했는지 몰라.
　　　　　　　Yes, upon entering the classroom, (I saw that) there was nobody there. You have no idea how confused I was.

● 의미 2번의 경우, '-았/었/였-'과 결합하지 않는다.

When this pattern is used with the meaning given by usage 2 above, it may not be combined with endings '-았/었/였-'.

▶▶ **예문**　집에 **도착했으니까** 밤 10시였어요. (×)
　　　　　집에 **도착하니까** 밤 10시였어요. (○)

형태

	과거 [동]았으니까/었으니까/였으니까	현재 [동]니까/으니까
가다	가 + 았으니까 → 갔으니까	가 + 니까
먹다	먹 + 었으니까	먹 + 으니까
일하다	일하 + 였으니까 → 일했으니까	일하 + 니까
받다	받 + 았으니까	받 + 으니까
듣다*	들 + 었으니까	들 + 으니까
만들다*	만들 + 었으니까	만드 + 니까
집다	집 + 었으니까	집 + 으니까
돕다*	도 + 오 + 았으니까 → 도왔으니까	도 + 우 + 니까
굽다*	구 + 우 + 었으니까 → 구웠으니까	구 + 우 + 니까
웃다	웃 + 었으니까	웃 + 으니까
짓다*	지 + 었으니까	지 + 으니까
쓰다*	쓰 + 었으니까 → 썼으니까	쓰 + 니까

따르다*	따르 + 았으니까 → 따랐으니까	따 + 르니까
오르다*	오 + ㄹㄹ + 았으니까 → 올랐으니까	오르 + 니까
	[형]았으니까/었으니까/였으니까	**[형]니까/으니까**
느리다	느리 + 었으니까 → 느렸으니까	느리 + 니까
작다	작 + 았으니까	작 + 으니까
행복하다	행복하 + 였으니까 → 행복했으니까	행복하 + 니까
멀다*	멀 + 었으니까	머 + 니까
좁다	좁 + 았으니까	좁 + 으니까
곱다*	고 + 오 + 았으니까 → 고왔으니까	고 + 우 + 니까
어렵다*	어려 + 우 + 었으니까 → 어려웠으니까	어려 + 우 + 니까
좋다	좋 + 았으니까	좋 + 으니까
하얗다*	하야 + l + 았으니까 → 하얬으니까	하야 + 니까
예쁘다	예쁘 + 었으니까 → 예뻤으니까	예쁘 + 니까
빠르다*	빠 + ㄹㄹ + 았으니까 → 빨랐으니까	빠르 + 니까
	[명]였으니까/이었으니까	**[명](이)니까**
가수	가수 + 였으니까	가수 + (이)니까
학생	학생 + 이었으니까	학생 + 이니까

※ 받침이 없는 명사의 경우에 '-이-'를 생략하는 경우가 많다.

참고

1. 비교

[동/형]니까/으니까, [명](이)니까	[동/형]아서/어서/여서, [명]여서/이어서 [동/형]기 때문에, [명](이)기 때문에
- 뒤에 '-ㄹ까요?/을까요?, -ㅂ시다/읍시다, -세요/으세요'를 쓸 수 있다. This pattern may be used with '-ㄹ까요?/을까요?, -ㅂ시다/읍시다, -세요/으세요.'	- 뒤에 '-ㄹ까요?/을까요?, -ㅂ시다/읍시다, -세요/으세요'를 쓸 수 없다. This pattern may not be used with '-ㄹ까요?/을까요?, -ㅂ시다/읍시다, -세요/으세요.'
예문 날씨가 좋으니까 산에 갈까요? (○) Because the weather is good, shall we go to the mountains? 날씨가 좋으니까 산에 갑시다. (○) Because the weather is good, let's go to the mountains. 날씨가 좋으니까 산에 가세요. (○) Because the weather is good, please go to the mountains.	예문 날씨가 좋아서 산에 갈까요? (×) 날씨가 좋기 때문에 산에 갈까요? (×) 날씨가 좋아서 산에 갑시다. (×) 날씨가 좋기 때문에 산에 갑시다. (×) 날씨가 좋아서 산에 가세요. (×) 날씨가 좋기 때문에 산에 가세요. (×)

▶ '[동/형]기 때문에, [명](이)기 때문에'의 자세한 설명은 문형008을 보세요.

▶ '[동/형]아서/어서/여서, [명]여서/이어서 <이유>'의 자세한 설명은 문형056을 보세요.

024 [동]ㄹ/을 것 같다, [형]ㄹ/을 것 같다, [명]일 것 같다

> **의미**

1. 추측하여 말할 때 사용한다.

- 확신의 정도가 낮은 경우에 사용한다.
  This pattern is used by the speaker when making a guess or presumption about the subject of the clause.
- This pattern is used when the speaker's certainty for the presumption is low.

▶ **예문** (1) 가: 부모님은 지금 뭐 하실까요?
　　　　　　What do you think your parents are doing now?
　　　　나: 지금 10시니까 회사에서 일하실 것 같아요.
　　　　　　Because it is 10 now, I think they are probably working in the company.

(2) 가: 좀 늦었지만 학교 식당으로 점심 먹으러 갈까요?
　　　It's a bit late, but shall we go to the school cafeteria for lunch?
　　나: 너무 늦어서 문을 닫았을 것 같은데요. 다른 식당으로 갑시다.
　　　It's too late, so it's probably closed. Let's go to the other restaurant.

(3) 가: 저기 걸려 있는 옷이 예쁘네요. 비쌀까요?
　　　That dress hanging over there looks pretty. Do you think it will be expensive?
　　나: 신상품이네요. 아마 비쌀 것 같아요.
　　　I see it's a new product. It is likely to be expensive.

(4) 가: 어제 놀이공원에 사람이 많았을까요?
　　　Do you think there were many people in the amusement park yesterday?
　　나: 글쎄요. 주말이었고 날씨도 좋았으니까 사람이 많았을 것 같아요.
　　　I'm not sure. It was the weekend, and the weather was great, so there were probably a lot of people.

(5) 가: 저 차는 누구 차예요?
　　　Whose car is that over there?
　　나: 저도 몰라요. 그런데 제 생각엔 철수 씨 차일 것 같아요.
　　　I don't know either. But I think it is probably Cheolsu's car.

2. ['죽을 것 같다'를 사용해서] 그 정도가 아주 심하다는 것을 나타내기도 한다.

The form '죽을 것 같다' is used by the speaker to indicate that the degree of the occurrence of an action or state is very severe (as if one would die).

>> **예문** (1) 가: 아직도 식사를 못했어요? 빨리 드세요.
   You couldn't eat yet? Please hurry up and eat.

   나: 네, 배가 고파서 죽을 것 같아요. (→ 아주 배가 고프다)
   Alright, I'm so hungry that I feel that I might die (from hunger). (→ I feel really hungry)

   (2) 가: 일이 너무 많았어요. 피곤해서 죽을 것 같아요. (→ 너무 피곤하다)
   There was too much work. I am so tired that I feel that I might die (from exhaustion).
   (→ I am really tired)

   나: 빨리 집에 가서 쉬세요.
   Go home and rest quickly.

형태

	과거	현재
	[동]았을/었을/였을 것 같다	[동]ㄹ/을 것 같다
가다	가+았을 것 같다 → 갔을 것 같다	가+ㄹ 것 같다
먹다	먹+었을 것 같다	먹+을 것 같다
일하다	일하+였을 것 같다 → 일했을 것 같다	일하+ㄹ 것 같다
만들다*	만들+었을 것 같다	만드+ㄹ 것 같다
받다	받+았을 것 같다	받+을 것 같다
듣다*	들+었을 것 같다	들+을 것 같다
집다	집+었을 것 같다	집+을 것 같다
돕다*	도+오+았을 것 같다 → 도왔을 것 같다	도+우+ㄹ 것 같다
굽다*	구+우+었을 것 같다 → 구웠을 것 같다	구+우+ㄹ 것 같다
웃다	웃+었을 것 같다	웃+을 것 같다
짓다*	지+었을 것 같다	지+을 것 같다
쓰다*	쓰+었을 것 같다 → 썼을 것 같다	쓰+ㄹ 것 같다
따르다*	따르+았을 것 같다 → 따랐을 것 같다	따르+ㄹ 것 같다
오르다*	오+ㄹㄹ+았을 것 같다 → 올랐을 것 같다	오르+ㄹ 것 같다
	[형]았을/었을/였을 것 같다	[형]ㄹ/을 것 같다
느리다	느리+었을 것 같다 → 느렸을 것 같다	느리+ㄹ 것 같다
작다	작+았을 것 같다	작+을 것 같다
조용하다	조용하+였을 것 같다 → 조용했을 것 같다	조용하+ㄹ 것 같다
멀다*	멀+었을 것 같다	머+ㄹ 것 같다
좁다	좁+았을 것 같다	좁+을 것 같다
곱다*	고+오+았을 것 같다 → 고왔을 것 같다	고+우+ㄹ 것 같다
어렵다*	어려+우+었을 것 같다 → 어려웠을 것 같다	어려+우+ㄹ 것 같다
좋다	좋+았을 것 같다	좋+을 것 같다
하얗다*	하야+ㅣ+았을 것 같다 → 하얬을 것 같다	하야+ㄹ 것 같다
예쁘다*	예쁘+었을 것 같다 → 예뻤을 것 같다	예쁘+ㄹ 것 같다
빠르다*	빠+ㄹㄹ+았을 것 같다 → 빨랐을 것 같다	빠르+ㄹ 것 같다
	[명]였을/이었을 것 같다	[명]일 것 같다
친구	친구+였을 것 같다	친구+일 것 같다
동생	동생+이었을 것 같다	동생+일 것 같다

> **참고**

1. [동]는 것 같다
    - ▶ 자세한 설명은 문형017을 보세요.

2. [형]ㄴ/은/는 것 같다
    - ▶ 자세한 설명은 문형072를 보세요.

3. [명]인 것 같다
    - ▶ 자세한 설명은 문형107을 보세요.

4. 비교

[동]는 것 같다, [형]ㄴ/은/는 것 같다	[동]ㄹ/을 것 같다, [형]ㄹ/을 것 같다
- 보다 확실하고 직접적인 근거를 바탕으로 강한 확신을 가지고 추측할 때 사용한다. This pattern is used when the speaker makes a supposition with strong certainty based on more definite and direct grounds.	- 막연하게 또는 간접적인 근거를 바탕으로 확신의 정도가 낮은 추측을 표현할 때 사용한다. This pattern is used to express the speaker's supposition with low certainty based on vague or indirect grounds.
예문1 가: 영수가 조용하네요. 　　　　Yeongsu is quiet. 　　　나: 네, 방에서 자는 것 같아요. 　　　　Yes, he seems to be sleeping in his room. 　　　　(→ 영수가 조용하다는 것을 직접 경험하고 나서 추측함) 　　　　(→ Supposition made after directly experiencing that there comes no sound from Yeongsu's room)	예문1 가: 영수는 지금 뭐 할까요? 　　　　What do you think Yeongsu is doing now? 　　　나: 많이 피곤해 했으니까 방에서 잘 것 같아요. 　　　　I think she is probably sleeping in his room because he felt worn out. 　　　　(→ 영수가 많이 피곤해 했다는 과거의 사실만을 가지고 막연히 추측함) 　　　　(→ Vague supposition made only with the past fact that Yeongsu was tired before)
예문2 가: 요즘 민희 씨 얼굴을 보기가 힘들어요. 　　　　It's difficult to see Minhee these days. 　　　나: 네, 요즘 시험 기간이라서 많이 바쁜 것 같아요. 　　　　Yeah, she seems to be very busy because it's recently been the examination period. 　　　　(→ 요즘 민희의 얼굴을 잘 보지 못한 자신의 직접적인 경험을 근거로 추측함) 　　　　(→ Supposition made based on the speaker's direct experience of not being able to see Minhee these days)	예문2 가: 요즘 민희 씨가 어떻게 지낼까요? 　　　　How do you think Minhee is doing these days? 　　　나: 글쎄요. 요즘 시험 기간이니까 아마 많이 바쁠 것 같아요. 　　　　I'm not sure. I think she is probably very busy because it's recently been the examination period. 　　　　(→ 민희와 관련된 경험이 없이 단지 요즘이 시험 기간이라는 상황적인 근거만 가지고 추측함) 　　　　(→ Supposition made only with the situational basis that it's recently been the exam period without having any direct experience related with Minhee)

025 [동]ㄹ/을 것이다, [형]ㄹ/을 것이다, [명]일 것이다

의미

1. 앞으로 하려고 하는 것에 대해 상대방에게 의향을 물어보거나 말하는 사람의 의지를 표현할 때 사용한다.

    This pattern is used by the speaker when asking the other person's opinion regarding what to do in the future or when expressing the speaker's will or intention to perform a particular action.

    예문 (1) 가: 휴가 기간 동안 무엇을 할 것입니까?
    What will you be doing during the vacation?

    나: 저는 이번 휴가 때 고향을 방문할 계획입니다.
    I am planning to visit my hometown during this vacation.

    (2) 가: 이번 행사에 몇 개국의 사람을 초대할 것입니까?
    For this event how many people from different countries will you be inviting?

    나: 모두 30개국의 사람을 초대하려고 합니다.
    I intend to invite people from 30 countries in total.

    (3) 가: 이번 프로젝트 계획을 언제 발표하려고 합니까?
    When do you intend on announcing the plans for this project?

    나: 이번 금요일 오전 회의 시간에 발표할 것입니다.
    I will announce it during meeting this Friday morning.

    (4) 가: 졸업 후의 계획이 무엇입니까?
    What are your plans after graduation?

    나: 저는 졸업하고 중국으로 유학을 갈 것입니다.
    I will go to China to study after graduation.

    > ● 의미 1번의 경우, [동사]만 사용한다. 또한 과거형을 사용하지 않는다.
    >
    > When this pattern is used with the meaning given by usage 1 above, only verbs are used. And the past form is not used.

2. 말하는 사람의 추측을 표현할 때 사용한다.

    This pattern is also used by the speaker when expressing one's guess or presumption about the subject of the clause.

    예문 (1) 일기 예보를 봤는데 이번 주말에 아마 비가 올 것입니다.
    I watched the weather forecast, and it will probably rain this weekend.

문형 / ㄹ

(2) 제가 안 했다면 그 분이 **요리하셨을 것입니다**.
    If I hadn't done it, he probably would have cooked.

(3) 가: 경쟁률이 어떨까요?
    How tough will the competition be?

   나: 이번에는 10:1로 작년보다 경쟁률이 **심할 것입니다**.
    The competition should be more fierce with a ratio of 10 to 1, which is higher than that of last year.

(4) 가: 누가 할 순서였습니까?
    Whose turn was it?

   나: 아마 수잔 씨의 **순서였을 것입니다**.
    It was probably Susan's turn.

> ❖ '-ㄹ/을 것입니다'를 사용하면 공식적이고 형식적인 문장이 된다. 일반적으로 대화할 때는 '-ㄹ/을 겁니다', '-ㄹ/을 거예요', '-ㄹ/을 거야'의 형태로 말한다.
>
> When the form '-ㄹ/을 것입니다' is used, the sentence becomes formal and official. Generally, the forms '-ㄹ/을 겁니다', '-ㄹ/을 거예요', '-ㄹ/을 거야' are used colloquially.

▶▶ **예문** (1) 저는 졸업하고 고향으로 **돌아갈 것입니다**.
    → 저는 졸업하고 고향으로 **돌아갈 겁니다**.
    → 저는 졸업하고 고향으로 **돌아갈 거예요**.
    → 나는 졸업하고 고향으로 **돌아갈 거야**.

  (2) 이번에는 10:1로 작년보다 경쟁률이 **심할 것입니다**.
    → 이번에는 10:1로 작년보다 경쟁률이 **심할 겁니다**.
    → 이번에는 10:1로 작년보다 경쟁률이 **심할 거예요**.
    → 이번에는 10:1로 작년보다 경쟁률이 **심할 거야**.

형태

	과거	현재 및 미래
	[동]았을/었을/였을 것이다	[동]ㄹ/을 것이다
기다리다	기다리 + 었을 것이다 → 기다렸을 것이다	기다리 + ㄹ 것이다
앉다	앉 + 았을 것이다	앉 + 을 것이다
요리하다	요리하 + 였을 것이다 → 요리했을 것이다	요리하 + ㄹ 것이다
받다	받 + 았을 것이다	받 + 을 것이다
듣다*	들 + 었을 것이다	들 + 을 것이다
만들다*	만들 + 었을 것이다	만드 + ㄹ 것이다
집다	집 + 었을 것이다	집 + 을 것이다
돕다*	도 + 오 + 았을 것이다 → 도왔을 것이다	도 ㅣ 우 ㅓ ㄹ 것이다
굽다*	구 + 우 + 었을 것이다 → 구웠을 것이다	구 + 우 + ㄹ 것이다
웃다	웃 + 었을 것이다	웃 + 을 것이다

짓다*	지 + 었을 것이다	지 + 을 것이다
쓰다*	쓰 + 었을 것이다 → 썼을 것이다	쓰 + ㄹ 것이다
따르다*	따르 + 았을 것이다 → 따랐을 것이다	따르 + ㄹ 것이다
오르다*	오 + ㄹㄹ + 았을 것이다 → 올랐을 것이다	오르 + ㄹ 것이다

	[형]았을/었을/였을 것이다	[형]ㄹ/을 것이다
느리다	느리 + 었을 것이다 → 느렸을 것이다	느리 + ㄹ 것이다
작다	작 + 았을 것이다	작 + 을 것이다
행복하다	행복하 + 였을 것이다 → 행복했을 것이다	행복하 + ㄹ 것이다
멀다*	멀 + 었을 것이다	머 + ㄹ 것이다
좁다	좁 + 았을 것이다	좁 + 을 것이다
곱다*	고 + 오 + 았을 것이다 → 고왔을 것이다	고 + 우 + ㄹ 것이다
어렵다*	어려 + 우 + 었을 것이다 → 어려웠을 것이다	어려 + 우 + ㄹ 것이다
좋다	좋 + 았을 것이다	좋 + 을 것이다
하얗다*	하야 + ㅣ + 았을 것이다 → 하얬을 것이다	하야 + ㄹ 것이다
예쁘다	예쁘 + 었을 것이다 → 예뻤을 것이다	예쁘 + ㄹ 것이다
빠르다*	빠 + ㄹㄹ + 았을 것이다 → 빨랐을 것이다	빠르 + ㄹ 것이다

	[명]였을/이었을 것이다	[명]일 것이다
순서	순서 + 였을 것이다	순서 + 일 것이다
방학	방학 + 이었을 것이다	방학 + 일 것이다

참고

1. 비교

[동]ㄹ/을 것이다	[동]겠다
- 말하는 사람이 객관적인 근거를 가지고 추측하여 말할 때 사용한다. 과거의 경험이나 이미 알고 있던 정보를 바탕으로 추측하며 그 정보는 말하는 사람 본인만 알고 있다. This pattern is used when the speaker has an objective basis for a presumption about the subject of the clause. The presumption is made based on the speaker's own past experience or information that is already known only by the speaker.	- 말하는 사람이 주관적 판단에 의해 추측하여 말할 때 사용한다. 발화 시점에서 보거나 들은 정보를 바탕으로 추측하며 듣는 사람 역시 그 정보를 공유한다. This pattern is used when the speaker makes a subjective judgement without a particular basis for a presumption about the subject of the clause. The presumption is made based on the information that both the speaker and the listener see or hear together at the moment of utterance.

예문 가: 이 영화가 재미있을까요?
     Do you think this movie will be good/interesting?
   나: 그 감독이 만들었으니까 재미있을 거예요.
     Because the movie was made by that director, it should be good/interesting.
	예문 가: 저 영화 재미있겠다!
	     That movie must be good/interesting!
	   나: 그럼 저 영화 볼까요?
	     Shall we watch it then?

- '가능이나 능력'의 의미로 사용할 수 없다. This pattern may not be used with the meaning of 'possibility or ability' that pertains to the subject of the clause. 예문1 가: 제 말을 이해할 것입니까? (×)	- '가능이나 능력'의 의미로 사용할 수 있다. This pattern may be used with the meaning of 'possibility or ability' that pertains to the subject of the clause. 예문1 가: 제 말을 이해하겠습니까? (○) Can you understand what I am saying?

나: 네, 이해할 거예요. (×) 예문2 가: 택시를 타면 약속 시간 안에 도착할 거예요? (×) 나: 네, 가능할 거예요. (○)	나: 네, 이해하겠어요. (○) Yes, I can understand. 예문2 가: 택시를 타면 약속 시간 안에 도착하겠어요? (○) If we take a taxi, do you think we will arrive within the appointed time? 나: 네, 가능하겠어요. (○) Yes, I think it's possible.
- 관용적인 표현에 사용하지 않는다. This pattern is not used in idiomatic expressions.	- 관용적인 표현에 사용한다. This pattern is used in idiomatic expressions. 예문 처음 뵙겠습니다. How do you do? 잘 먹겠습니다. Thank you for the meal. 다녀오겠습니다. I'm going./See you later.

▶ '[동]겠-'의 자세한 설명은 문형002를 보세요.

026   [동]ㄹ/을 때, [형]ㄹ/을 때, [명]일 때

의미

동작이나 상태가 일어나고 있는 그 순간 또는 그 동안을 나타낸다.
This pattern is used to indicate the moment of or the duration of an occurring action or state.

≫ 예문   (1) 책을 빌립니다. 그때 학생증이 필요합니다.
　　　　　I borrow a book. At that moment I need a student card.
　　　→ 책을 빌릴 때 학생증이 필요합니다.
　　　　　When I borrow a book, I need a student card.

(2) 부모님이 보고 싶었어요. 그때 가족사진을 봤어요.
　　　I missed my parents. Then I looked at my family photo.
　　→ 부모님이 보고 싶었을 때 가족사진을 봤어요.
　　　　When I missed my parents, I looked at my family photo.

(3) 가: 영수 씨는 밤에 잠이 안 올 때 뭐 해요?
　　　When you cannot fall sleep at night, what do you do, Yeongsu?
　　나: 저는 책을 봐요. 그러면 나도 모르게 잠이 와요.
　　　I read books. Then before I know it, I'm asleep.

(4) 가: 한국에서는 실수로 발을 **밟았을 때** 어떻게 말해야 합니까?
　　　In Korea what should I say when I step on someone's foot by mistake?

　　나: 상대방에게 '미안합니다'라고 말하면 됩니다.
　　　Then it would be good to say 'Sorry' to that person.

(5) 가: 잘 모르는 문제가 **있을 때** 어떻게 합니까?
　　　What do you do when you have a question you don't know how to solve?

　　나: 친구에게 묻거나 선생님께 여쭤 봅니다.
　　　I ask my friend or my teacher.

(6) 가: 미영 씨가 **초등학생이었을 때**도 이 과자가 있었어요?
　　　Were these cookies there too when you an elementary school student, Miyeong?

　　나: 네, 제가 **어렸을 때**부터 있었어요.
　　　Yes, those cookies have been there since I was young.

형태

	과거	현재
	[동]았을/었을/였을 때	[동]ㄹ/을 때
가다	가 + 았을 때 → 갔을 때	가 + ㄹ 때
먹다	먹 + 었을 때	먹 + 을 때
일하다	일하 + 였을 때 → 일했을 때	일하 + ㄹ 때
받다	받 + 았을 때	받 + 을 때
듣다*	들 + 었을 때	들 + 을 때
만들다*	만들 + 었을 때	만드 + ㄹ 때
집다	집 + 었을 때	집 + 을 때
돕다*	도 + 오 + 았을 때 → 도왔을 때	도 + 우 + ㄹ 때
굽다*	구 + 우 + 었을 때 → 구웠을 때	구 + 우 + ㄹ 때
웃다	웃 + 었을 때	웃 + 을 때
짓다*	지 + 었을 때	지 + 을 때
쓰다*	쓰 + 었을 때 → 썼을 때	쓰 + ㄹ 때
치르다*	치르 + 었을 때 → 치렀을 때	치르 + ㄹ 때
오르다*	오 + ㄹㄹ + 았을 때 → 올랐을 때	오르 + ㄹ 때
	[형]았을/었을/였을 때	[형]ㄹ/을 때
느리다	느리 + 었을 때 → 느렸을 때	느리 + ㄹ 때
작다	작 + 았을 때	작 + 을 때
행복하다	행복하 + 였을 때 → 행복했을 때	행복하 + ㄹ 때
멀다*	멀 + 었을 때	머 + ㄹ 때
곱다*	고 + 오 + 았을 때 → 고왔을 때	고 + 우 + ㄹ 때
어렵다*	어려 + 우 + 었을 때 → 어려웠을 때	어려 + 우 + ㄹ 때
좋다	좋 + 았을 때	좋 + 을 때
빨갛다*	빨가 + l + 았을 때 → 빨갰을 때	빨가 + ㄹ 때
예쁘다*	예쁘 + 었을 때 → 예뻤을 때	예쁘 + ㄹ 때
다르다*	다 + ㄹㄹ + 았을 때 → 달랐을 때	다르 + ㄹ 때

	[명]였을/이었을 때	[명]일 때
가수	가수 + 였을 때	가수 + 일 때
학생	학생 + 이었을 때	학생 + 일 때

참고

1. [명] 때
   ▶ 자세한 설명은 문형084를 보세요.

027 [동]ㄹ/을 수 있다/없다

의미

1. 능력의 유무를 나타낸다.
This pattern is used to express the subject's ability or inability to perform a particular action.

》예문 (1) 가: 민수 씨, 어떤 외국어를 잘해요?
　　　　　Minsu, what foreign language are you good at?
　　　나: 저는 어렸을 때 러시아에서 살았어요. 그래서 러시아어를 할 수 있어요.
　　　　　I lived in Russia when I was young. So I can speak Russian.

　　　(2) 가: 수잔 씨, 음식을 직접 만들어서 먹어요?
　　　　　Susan, do you directly make and eat your food?
　　　나: 네, 요리하는 것을 좋아해요. 한국 음식도 만들 수 있어요.
　　　　　Yes, I like cooking. I can also cook Korean food.

　　　(3) 가: 새처럼 하늘을 날 수 있으면 좋겠어요.
　　　　　I wish I could fly like a bird.
　　　나: 그럼 지금처럼 손을 사용할 수 없을 거예요.
　　　　　Then we would not be able to use our hands like we do now.

❖ **의미 1번의 경우, '[동]ㄹ/을 줄 알다/모르다'로 바꿀 수 있다.**
When this pattern is used with the meaning given by usage 1 above, it may be replaced with '[V]ㄹ/을 줄 알다/모르다' without much difference in meaning.

》예문 (1) 러시아어를 할 수 있어요.
　　　　　→ 러시아어를 할 줄 알아요.

　　　(2) 한국 음식도 만들 수 있어요.
　　　　　→ 한국 음식도 만들 줄 알아요.

2. 가능성의 유무를 나타낸다.

This pattern is also used to express the possibility or impossibility of something regarding the subject of the clause.

예문 (1) 가: 영수 씨가 제 차를 운전해 주세요. 술을 마셔서 운전할 수 없어요.
　　　　　　Please drive my car for me, Yeongsu. I cannot drive because I had some alcohol.

　　　　나: 그래요. 제가 운전할게요.
　　　　　　Okay. I will drive.

　　(2) 가: 여기에서 담배를 피울 수 있어요?
　　　　　　Can I smoke here?

　　　　나: 아니요, 여기에서 담배를 피울 수 없습니다.
　　　　　　No, you cannot smoke here.

　　(3) 가: 너무 일이 많아서 힘들어요. 좀 도와주세요.
　　　　　　I have too much work, so I'm tired. Please help me a little.

　　　　나: 미안해요. 나도 일이 많아서 지금은 도울 수 없어요.
　　　　　　I am sorry. I can't help you now because I also have a lot to do.

❖ 의미 2번의 경우, '[형]ㄹ/을 수 있다, [명]일 수 있다'도 사용할 수 있다.

When this pattern is used with the meaning given by usage 2 above, the forms '[A]ㄹ/을 수 있다, [N]일 수 있다' may also be used.

예문 (1) 가: 이 구두를 신으면 발이 안 아플까요?
　　　　　　If I wear these shoes, don't you think my feet will hurt?

　　　　나: 새 구두라서 처음엔 좀 아플 수 있어요.
　　　　　　They are new shoes, so your feet may hurt a little in the beginning.

　　(2) 가: 수연 씨가 회사에 있을까요?
　　　　　　Do you think Suyeon is at the office?

　　　　나: 쉬는 날일 수 있으니까 전화해 보고 가세요.
　　　　　　It is possible that today is her day off, so please call her first before you go.

형태

	[동]ㄹ/을 수 있다/없다
가다	가+ㄹ 수 있다/없다
먹다	먹+을 수 있다/없다
받다	받+을 수 있다/없다
듣다*	들+을 수 있다/없다
만들다*	만드+ㄹ 수 있다/없다

집다	집 + 을 수 있다/없다
돕다*	도 + 우 + ㄹ 수 있다/없다
굽다*	구 + 우 + ㄹ 수 있다/없다
웃다	웃 + 을 수 있다/없다
짓다*	지 + 을 수 있다/없다
쓰다	쓰 + ㄹ 수 있다/없다
따르다	따르 + ㄹ 수 있다/없다
오르다	오르 + ㄹ 수 있다/없다

참고

1. [동]ㄹ/을 줄 알다/모르다
   ▶ 자세한 설명은 문형028을 보세요.

028 [동]ㄹ/을 줄 알다/모르다

의미

어떤 일을 하는 방법을 알거나 모름을 나타낸다.
This pattern is used to express the subject 'knowing or not knowing how to perform a particular action'.

예문

(1) 가: 탁구 칠 줄 알아요?
　　　Do you know how to play table tennis?

　　나: 네, 알아요. 같이 칠까요?
　　　Yes, I do. Shall we play?

(2) 가: 창문을 열고 싶은데 열 수가 없어요.
　　　I want to open the window, but I can't open it.

　　나: 저도 열 줄 몰라요. 다른 사람에게 물어봅시다.
　　　I don't know how to open it either. Let's ask someone else.

(3) 가: 한국 음식 중에서 어떤 음식을 만들 수 있어요?
　　　Among Korean dishes which one can you make?

　　나: 전 잡채를 만들 줄 알아요. 다음에 같이 만들어서 먹읍시다.
　　　I know how to make Jabchae. Let's make and eat it together next time.

(4) 가: 저는 고기를 맛있게 구울 줄 아니까 제가 구울게요.
　　　I know how to roast meat well, so I will roast them.

　　나: 그래요? 그럼 전 채소를 씻을게요.
　　　Oh, yeah? Then I will wash the vegetables.

형태

[동]ㄹ/을 줄 알다/모르다

타다	타 + ㄹ 줄 알다/모르다
먹다	먹 + 을 줄 알다/모르다
받다	받 + 을 줄 알다/모르다
듣다*	들 + 을 줄 알다/모르다
만들다*	만드 + ㄹ 줄 알다/모르다
집다	집 + 을 줄 알다/모르다
돕다*	도 + 우 + ㄹ 줄 알다/모르다
굽다*	구 + 우 + ㄹ 줄 알다/모르다
씻다	씻 + 을 줄 알다/모르다
짓다*	지 + 을 줄 알다/모르다
쓰다	쓰 + ㄹ 줄 알다/모르다
따르다	따르 + ㄹ 줄 알다/모르다
오르다	오르 + ㄹ 줄 알다/모르다

029 [동]ㄹ게(요)/을게(요)

의미

1. 상대방에게 약속하거나 맹세할 때 사용한다.

This pattern is used by the speaker when making a promise or vow to the other person.

» **예문** (1) 가: 아빠, 금년에는 건강을 위해서 담배 좀 끊으세요.
　　　　　　Dad, please stop smoking this year for your health.

　　　　　나: 그래. 알았어. 금년에는 꼭 담배를 끊을게.
　　　　　　OK. I got it. I will stop smoking for sure.

　　　　(2) 가: 고향에 도착하자마자 꼭 연락하세요. 알았죠?
　　　　　　As soon as you arrive home, make sure to contact me. You understand?

　　　　　나: 네, 알았어요. 바로 연락드릴게요.
　　　　　　Okay, I know. I will be sure to contact you immediately.

2. 말하는 사람이 자신이 할 행동을 상대방에게 알릴 때 사용한다.

This pattern is also used when letting the other person know about a particular action that the speaker will perform.

» **예문** (1) 가: 곧 출발하려고 하는데 어디 가십니까?
　　　　　　We are planning on leaving soon, so where are you going?

　　　　　나: 죄송해요. 화장실 좀 다녀올게요. 금방 올게요.
　　　　　　I am sorry. I'm going to the bathroom. I'll be back soon.

(2) 가: 날씨가 너무 덥네요.
　　　It is too hot.

　　나: 에어컨을 켤까요? 제가 에어컨을 **켤게요**.
　　　Shall we turn on the air conditioner? I will turn it on.

> ● 주로 입말에 쓰이고, 1인칭에만 사용한다. 또한 의문문에 사용할 수 없다.
> This pattern is mainly used colloquially, only in first person(=I). It also may not be used in interrogative sentences.
>
> ▶ **예문** (1) **제가** 도와드릴게요. (○)
> 　　　　I will help you.
>
> 　　　　**영수 씨가** 도와드릴게요. (×)
>
> 　　(2) 올 때까지 정문 앞에서 **기다릴게요**. (○)
> 　　　　I will wait in front of the main gate until you come.
>
> 　　　　올 때까지 정문 앞에서 **기다릴게요**? (×)

형태

	[동]ㄹ게(요)/을게(요)
기다리다	기다리 + ㄹ게(요)
앉다	앉 + 을게(요)
받다	받 + 을게(요)
들다*	들 + 을게(요)
만들다*	만드 + ㄹ게(요)
집다	집 + 을게(요)
돕다*	도 + 우 + ㄹ게(요)
굽다*	구 + 우 + ㄹ게(요)
웃다	웃 + 을게(요)
짓다*	지 + 을게(요)
쓰다	쓰 + ㄹ게(요)
따르다	따르 + ㄹ게(요)
오르다	오르 + ㄹ게(요)

참고

1. 비교

[동]ㄹ게(요)/을게(요)	[동]겠어(요)
- 1인칭에 사용되어 말하는 사람의 의지를 표현한다. This pattern may be used in first person when indicating the speaker's will or intention to perform a particular action. **예문** 이번에 내가 **발표할게**. 〈1인칭 의지〉 　　　I will present this time. 〈First person's will〉	- 1인칭에 사용되어 말하는 사람의 의지를 표현한다. This pattern may be used in first person when indicating the speaker's will or intention to perform a particular action. **예문** 이번에 내가 **발표하겠어**. 〈1인칭 의지〉 　　　I will present this time. 〈First person's will〉

- 2인칭과 3인칭에 사용할 수 없다.	- 2인칭에 사용되어 상대방의 의향을 물어보거나 말하는 사람의 추측을 나타낸다.
This pattern may not be used in the second and third persons.	This pattern may be used in second person as the subject when the speaker inquires the listener's intention, or when the speaker makes a guess regarding the subject.
예문 무엇을 먹을게요? 〈2인칭, ×〉 내일 비가 올게요. 〈3인칭, ×〉	예문1 무엇을 먹겠어요? 〈2인칭 의지〉 What will you eat? 〈Second person's will〉 예문2 (너) 감기에 걸리겠다. 〈2인칭 추측〉 I think you will get cold. 〈The speaker's supposition regarding the second person〉
	- 3인칭에 사용될 경우 말하는 사람의 추측을 나타낸다.
	This pattern may be used in third person to indicate the speaker's guess regarding the subject.
	예문 내일 비가 오겠어요. 〈3인칭 추측〉 I think it will rain tomorrow. 〈The speaker's supposition regarding the third person〉

▶ '[동]겠-'의 자세한 설명은 문형002를 보세요.

030 [동]ㄹ까/을까 봐(서), [형]ㄹ까/을까 봐(서), [명]일까 봐(서)

의미

좋지 않은 상황이 일어날 것을 걱정하여 말할 때 사용한다.

This pattern is used when the speaker is worried about the occurrence of a bad situation given by the first clause.

예문 (1) 가: 더 살찌면 안 되는데 걱정이야.
　　　　　　I must not gain any more weight, so I am worried.

　　　　나: 살찔까 봐 걱정이면 6시 이후에 아무것도 먹지 마.
　　　　　　If you are worried that you will gain weight, don't eat anything after 6.

　　　(2) 가: 이번 시험에 불합격할까 봐서 얼마나 불안했는지 몰라. 그런데 붙었어.
　　　　　　I thought I wouldn't pass this exam, so you have no idea how anxious I was. But then I passed.

　　　　나: 그래? 축하해.
　　　　　　Really? Congrats.

(3) 가: 혼자 떠났을까 봐 얼마나 걱정했는지 몰라.
   You have no idea how much I was worried that you would leave by yourself.

   나: 어떻게 너를 두고 먼저 가겠니?
   How could I go first while leaving you?

(4) 가: 데이비드 씨는 김치를 안 좋아해요?
   You don't like Kimchi, David?

   나: 아니요, 좋아하는데 이 김치는 빨개서 매울까 봐서 안 먹어요.
   No, I like it, but this kimchi is quite red, so in case it is spicy I'm not eating it.

(5) 가: 한국으로 유학을 가는데 기분이 어때요?
   How do you feel about going to Korea to study?

   나: 한국 생활이 힘들까 봐 걱정이에요.
   I am worried that Korean life will be hard.

(6) 가: 보내 주신 음식 잘 먹었습니다. 아주 맛있었어요.
   Thank you for the food you sent me. It was really good.

   나: 그래요? 음식이 적었을까 봐 걱정하고 있었는데 모자라지는 않았어요?
   Really? I was worried that the amount of the food would be small, but it wasn't insufficient?

(7) 가: 저 사람은 영희 씨의 남자 친구예요. 그런데 왜요?
   That person is Yeonghee's boyfriend. But why?

   나: 저 사람이 미영 씨의 남자 친구일까 봐 걱정했어요. 제가 미영 씨를 좋아하거든요.
   I was worried that he is Miyeong's boyfriend. It's because I like Miyeong.

(8) 가: 아까 아이가 마신 우유가 상한 우유였을까 봐서 걱정했어요. 지금 아이는 괜찮아요?
   I was worried that the milk that your child drank earlier was sour. Is your child okay now?

   나: 네, 아무렇지도 않아요. 그러니까 걱정하지 마세요.
   It's nothing. So don't worry.

♣ '[동/형] ㄹ/을 것 같아(서), [명]일 것 같아(서)'로 바꿀 수 있다.

This pattern may be replaced with '[V/A] ㄹ/을 것 같아(서), [N]일 것 같아(서)' without much difference in meaning.

≫ 예문 (1) 살찔까 봐 걱정이면 6시 이후에 아무것도 먹지 마.
   → 살찔 것 같아 걱정이면 6시 이후에 아무것도 먹지 마.

(2) 좋아하는데 이 김치는 빨개서 매울까 봐서 안 먹어요.
   → 좋아하는데 이 김치는 빨개서 매울 것 같아서 안 먹어요.

(3) 저 사람이 미영 씨의 남자 친구일까 봐 걱정했어요. 제가 미영 씨를 좋아하거든요.
   → 저 사람이 미영 씨의 남자 친구일 것 같아 걱정했어요. 제가 미영 씨를 좋아하거든요.

형태

	과거	현재 및 미래
	[동]았을까/었을까/였을까 봐(서)	[동]ㄹ까/을까 봐(서)
기다리다	기다리 + 었을까 봐(서) → 기다렸을까 봐(서)	기다리 + ㄹ까 봐(서)
앉다	앉 + 았을까 봐(서)	앉 + 을까 봐(서)
여행하다	여행하 + 였을까 봐(서) → 여행했을까 봐(서)	여행하 + ㄹ까 봐(서)
받다	받 + 았을까 봐(서)	받 + 을까 봐(서)
듣다*	들 + 었을까 봐(서)	들 + 을까 봐(서)
만들다*	만들 + 었을까 봐(서)	만드 + ㄹ까 봐(서)
집다	집 + 었을까 봐(서)	집 + 을까 봐(서)
돕다*	도 + 오 + 았을까 봐(서) → 도왔을까 봐(서)	도 + 우 + ㄹ까 봐(서)
굽다*	구 + 우 + 었을까 봐(서) → 구웠을까 봐(서)	구 + 우 + ㄹ까 봐(서)
웃다	웃 + 었을까 봐(서)	웃 + 을까 봐(서)
짓다*	지 + 었을까 봐(서)	지 + 을까 봐(서)
쓰다*	쓰 + 었을까 봐(서) → 썼을까 봐(서)	쓰 + ㄹ까 봐(서)
따르다*	따르 + 았을까 봐(서) → 따랐을까 봐(서)	따르 + ㄹ까 봐(서)
오르다*	오 + ㄹㄹ + 았을까 봐(서) → 올랐을까 봐(서)	오르 + ㄹ까 봐(서)
	[형]았을까/었을까/였을까 봐(서)	[형]ㄹ까/을까 봐(서)
느리다	느리 + 었을까 봐(서) → 느렸을까 봐(서)	느리 + ㄹ까 봐(서)
작다	작 + 았을까 봐(서)	작 + 을까 봐(서)
불행하다	불행하 + 였을까 봐(서) → 불행했을까 봐(서)	불행하 + ㄹ까 봐(서)
멀다*	멀 + 었을까 봐(서)	머 + ㄹ까 봐(서)
좁다	좁 + 았을까 봐(서)	좁 + 을까 봐(서)
곱다*	고 + 오 + 았을까 봐(서) → 고왔을까 봐(서)	고 + 우 + ㄹ까 봐(서)
어렵다*	어려 + 우 + 었을까 봐(서) → 어려웠을까 봐(서)	어려 + 우 + ㄹ까 봐(서)
좋다	좋 + 았을까 봐(서)	좋 + 을까 봐(서)
하얗다*	하야 + ㅣ + 았을까 봐(서) → 하얬을까 봐(서)	하야 + ㄹ까 봐(서)
예쁘다*	예쁘 + 었을까 봐(서) → 예뻤을까 봐(서)	예쁘 + ㄹ까 봐(서)
빠르다*	빠 + ㄹㄹ + 았을까 봐(서) → 빨랐을까 봐(서)	빠르 + ㄹ까 봐(서)
	[명]였을까/이었을까 봐(서)	[명]일까 봐(서)
선수	선수 + 였을까 봐(서)	선수 + 일까 봐(서)
음식	음식 + 이었을까 봐(서)	음식 + 일까 봐(서)

031 [동]ㄹ까(요)?/을까(요)?, [형]ㄹ까(요)?/을까(요)?, [명]일까(요)?

의미

1. **[1인칭의 경우]** 화자가 어떤 행동을 하는 것에 대해 듣는 사람의 의견을 물을 때 사용한다.

   [In first person] This pattern is used by the speaker to ask for the listener's opinion regarding the subject of the clause.

▶ **예문** (1) 가: 밖에 바람이 많이 부네요.
　　　　　　　There are heavy winds outside.

　　　　　나: 그래요? 창문을 닫을까요?
　　　　　　　Really? Shall I close the window?

　　　　(2) 가: 커피 한 잔 드릴까요?
　　　　　　　Shall I give you a cup of coffee?

　　　　　나: 네, 감사합니다. 한 잔 주세요.
　　　　　　　Yes, thank you. Please give me one cup.

2. 상대방에게 어떤 행동을 같이 할 것을 제안할 때 사용한다.
This pattern is also used by the speaker when making a suggestion to the other to perform a particular action together with the speaker.

▶ **예문** (1) 가: 공포 영화를 볼까? 코미디 영화를 볼까?
　　　　　　　Should we watch a horror movie? Or should we watch a comedy movie?

　　　　　나: 코미디 영화를 보자.
　　　　　　　Let's watch a comedy movie.

　　　　(2) 가: 같이 점심을 먹을까요?
　　　　　　　Shall we have lunch together?

　　　　　나: 미안해요. 저는 약속이 있어요. 다음에 같이 먹어요.
　　　　　　　Sorry. I have plans. Let's eat together next time.

> ● 의미 1번과 2번의 경우에 [동사]에만 사용한다.
> When this pattern is used with the meanings given by usages 1 and 2 above, only verbs may be used.

3. 어떤 사실에 대해 듣는 사람의 예상이나 의견, 추측을 물어볼 때 사용한다.
This pattern is also used by the speaker to ask for the listener's prediction, opinion, or guess regarding the subject of the clause.

▶ **예문** (1) 가: 오늘 오후에 비가 올까요?
　　　　　　　Do you think it will rain in the afternoon?

　　　　　나: 하늘이 흐린 걸 보니까 비가 올 것 같아요.
　　　　　　　Seeing that the sky is cloudy, I think it will rain.

　　　　(2) 가: 민수 씨도 어제 뉴스를 봤을까요?
　　　　　　　Do you think Minsu also watched the news yesterday?

　　　　　나: 글쎄요. 봤을 것 같은데요.
　　　　　　　Well, I think he should have watched (the news).

(3) 가: 내일도 오늘처럼 날씨가 더울까요?
Do you think that tomorrow's weather will also be hot like that of today?

나: 아마 더울 거예요.
I think it will be hot.

(4) 가: 저 영화가 재미있을까?
Do you think that movie will be good?

나: 예고를 보니까 재미있을 것 같아.
Seeing the preview, I think it will be good.

(5) 가: 이게 누구의 책일까?
Whose book do you think this is?

나: 아, 그거 제 책이에요. 아까 놓고 갔어요.
Ah, that is my book. I left it here earlier.

형태

	과거	현재
	[동]았을까(요)?/었을까(요)?/였을까(요)?	[동]ㄹ까(요)?/을까(요)?
가다	가 + 았을까(요)? → 갔을까(요)?	가 + ㄹ까(요)?
앉다	앉 + 았을까(요)?	앉 + 을까(요)?
일하다	일하 + 였을까(요)? → 일했을까(요)?	일하 + ㄹ까(요)?
받다	받 + 았을까(요)?	받 + 을까(요)?
듣다*	들 + 었을까(요)?	들 + 을까(요)?
만들다*	만들 + 었을까(요)?	만드 + ㄹ까(요)?
집다	집 + 었을까(요)?	집 + 을까(요)?
돕다*	도 + 오 + 았을까(요)? → 도왔을까(요)?	도 + 우 + ㄹ까(요)?
굽다*	구 + 우 + 었을까(요)? → 구웠을까(요)?	구 + 우 + ㄹ까(요)?
웃다	웃 + 었을까(요)?	웃 + 을까(요)?
짓다*	지 + 었을까(요)?	지 + 을까(요)?
쓰다*	ㅆ + 었을까(요)? → 썼을까(요)?	쓰 + ㄹ까(요)?
따르다*	따르 + 았을까(요)? → 따랐을까(요)?	따르 + ㄹ까(요)?
오르다*	오 + ㄹㄹ + 았을까(요)? → 올랐을까(요)?	오르 + ㄹ까(요)?
	[형]았을까(요)?/었을까(요)?/였을까(요)?	[형]ㄹ까(요)?/을까(요)?
싸다	싸 + 았을까(요)? → 쌌을까(요)?	싸 + ㄹ까(요)?
적다	적 + 었을까(요)?	적 + 을까(요)?
조용하다	조용하 + 였을까(요)? → 조용했을까(요)?	조용하 + ㄹ까(요)?
멀다*	멀 + 었을까(요)?	머 + ㄹ까(요)?
좁다	좁 + 았을까(요)?	좁 + 을까(요)?
곱다*	고 + 오 + 았을까(요)? → 고왔을까(요)?	고 + 우 + ㄹ까(요)?
어렵다*	어려 + 우 + 었을까(요)? → 어려웠을까(요)?	어려 + 우 + ㄹ까(요)?
좋다	좋 + 았을까(요)?	좋 + 을까(요)?
하얗다*	하야 + ㅣ + 았을까(요)? → 하얬을까(요)?	하야 + ㄹ까(요)?
예쁘다*	예뻐 + 었을까(요)? → 예뻤을까(요)?	예쁘 + ㄹ까(요)?
빠르다*	빠 + ㄹㄹ + 았을까(요)? → 빨랐을까(요)?	빠르 + ㄹ까(요)?

	[명]였을까(요)?/이었을까(요)?	[명]일까(요)?
누구	누구 + 였을까(요)?	누구 + 일까(요)?
무엇	무엇 + 이었을까(요)?	무엇 + 일까(요)?

032 [동]ㄹ래(요)/을래(요)

의미

1. **['[동]ㄹ래(요)/을래(요)'의 형태로 써서] 말하는 사람이 어떤 일을 할 마음이 있음을 나타낸다.**

   [In the forms '[V] ㄹ래(요)/을래(요)'] This pattern indicates the speaker's inclination to perform a particular action.

   ▶▶ **예문** (1) 가: 영희야, 엄마 시장에 다녀올게.
   Yeonghee, I(=Mom) am going to the market.

   나: 저도 같이 갈래요.
   I will go with you.

   (2) 가: 어디에 앉으시겠습니까?
   Where would you like to sit?

   나: 저는 창가 자리에 앉을래요.
   I'll have a window seat.

   (3) 가: 미영아, 같이 극장에 가자.
   Miyeong, let's go to the cinema together.

   나: 미안해. 난 머리가 아파서 가지 않을래.
   Sorry. I am not going because I have a headache.

2. **['[동]ㄹ래(요)?/을래(요)?'의 형태로 써서] 듣는 사람의 의향을 물을 때 사용한다.**

   [In the forms '[V] ㄹ래(요)?/을래(요)?'] This pattern is also used by the speaker when inquiring the listener's inclination to perform a particular action.

   ▶▶ **예문** (1) 가: 아직 밥을 못 먹었어. 너무 배가 고파.
   I couldn't have a meal yet. I am so hungry.

   나: 그래? 빵이 있는데 먹을래?
   Really? I have some bread, so do you want to eat some?

   (2) 가: 책을 읽을래요? 영화를 볼래요?
   Do you want to read a book? Or do you want to watch a movie?

나: 전 책을 읽고 싶어요.
　　I want to read a book.

(3) 가: 우리 음악 들을까? 어떤 음악을 들을래?
　　Should we listen to music? What music do you want to listen to?

나: 난 클래식을 좋아해. 클래식 듣자.
　　I like classical music. Let's listen to classical music.

(4) 가: 제가 음식을 만들 거예요. 미영 씨는 케이크를 만들래요?
　　I am going to cook some food. Then would you make cake, Miyeong?

나: 좋아요. 제가 케이크를 만들게요.
　　All right. I will make cake.

형태

	[동]ㄹ래(요)/을래(요)	[동]ㄹ래(요)?/을래(요)?
기다리다	기다리 + ㄹ래(요)	기다리 + ㄹ래(요)?
앉다	앉 + 을래(요)	앉 + 을래(요)?
받다	받 + 을래(요)	받 + 을래(요)?
듣다*	들 + 을래(요)	들 + 을래(요)?
만들다*	만드 + ㄹ래(요)	만드 + ㄹ래(요)?
집다	집 + 을래(요)	집 + 을래(요)?
돕다*	도 + 우 + ㄹ래(요)	도 + 우 + ㄹ래(요)?
굽다*	구 + 우 + ㄹ래(요)	구 + 우 + ㄹ래(요)?
씻다	씻 + 을래(요)	씻 + 을래(요)?
짓다*	지 + 을래(요)	지 + 을래(요)?
쓰다	쓰 + ㄹ래(요)	쓰 + ㄹ래(요)?
따르다	따르 + ㄹ래(요)	따르 + ㄹ래(요)?
오르다	오르 + ㄹ래(요)	오르 + ㄹ래(요)?

참고

1. 비교

[동]ㄹ래요/을래요	[동]ㄹ게요/을게요
- 듣는 사람과 상관없이 말하는 사람의 강한 의지를 표현할 때 사용한다. 초점이 말하는 사람 자신에게 있으므로 듣는 사람의 의사를 전혀 고려하지 않는다. This pattern is used to express the speaker's strong will or plan which are irrespective of the listener. The focus is on the speaker, so the speaker does not take the listener's thoughts or wishes into consideration.	- 말하는 사람이 자신의 의지를 듣는 사람에게 약속하듯이 표현할 때 사용한다. 초점이 듣는 사람에게 있으므로 말하는 사람의 행동이 결과적으로 듣는 사람에게 피해를 주는 경우에는 사용할 수 없다. This pattern is used to express the speaker's will as if the speaker is making a promise to the listener. The focus is on the listener, so this pattern may not be used when the speaker's action would cause damage to the listener eventually.
예문1 가: 곧 방학인데 무슨 특별한 계획이 있어요? The vacation starts soon, so do you have any special plans?	예문1 가: 오늘은 제가 점심 살게요. I will treat you to lunch today.

나: 이번 방학에는 꼭 여행을 할래요. This vacation I am going to travel at any cost. **예문2** 가: 미영아, 방 청소 좀 해라. Miyeong, clean your room. 나: 싫어요, 엄마. 안 할래요. (○) No, Mom, I won't do it.	나: 정말이요? 고마워요. Really? Thank you. **예문2** 가: 미영아, 방 청소 좀 해라. Miyeong, clean your room. 나: 싫어요, 엄마. 안 할게요. (×)
- 2인칭을 주어로 의문문에 사용하여 상대방의 의향을 물을 때 사용한다. This pattern is used in second person as the subject when the speaker inquires the listener's inclination to perform a particular action. **예문** 이 피자 먹을래요? Will you eat this pizza? - 상대방에게 부드럽게 요청하거나 제안할 때 사용한다. This pattern is used in second person as the subject when the speaker softly requests or suggests the listener to perform a particular action. **예문1** 소금 좀 건네줄래요? 〈요청〉 Will you pass me the salt? 〈Request〉 **예문2** 이번 주말에 같이 등산할래요? 〈제안〉 Will you go hiking with me this weekend? 〈Suggestion〉	- 1인칭에만 사용한다. This pattern is used only in first person.

▶ '[동]ㄹ게요/을게요'의 자세한 설명은 문형029를 보세요.

033   [동]러/으러 (가다/오다/다니다)

의미

어떤 장소로 이동하는 목적을 나타낸다.

- 뒤에는 이동을 나타내는 [동사]가 온다.
  This pattern is used to express the subject's purpose in moving to a particular location, given by an action. It corresponds to '(moving to a place) to do ~' in English.
    - After [V]러/으러, only movement verbs such as 가다(to go), 오다(to come), 다니다(to commute/attend), etc. follow.

》 **예문** (1) 가: 어디에 가요?
  Where are you going?

  나: 머리 파마하러 미용실에 가요.
  I am going to a beauty salon to get a perm.

(2) 가: 거기에 사람이 많이 왔어요?
    Did many people come there?

   나: 네, 주말이라 **구경하러 온** 사람이 아주 많았습니다.
    Yes, because it was the weekend, a lot of people came to look around.

(3) 가: 목요일마다 어디에 가요?
    Where do you go every Thursday?

   나: 목요일마다 요리를 **배우러** 학원에 **다녀요**.
    I attend an academy to learn cooking on Thursdays.

(4) 가: 영수 씨는 어디에 갔어요?
    Where did Yeongsu go?

   나: 바람 **쐬러** 5층 옥상에 **올라갔어요**.
    He went up to the rooftop on the fifth floor to get some fresh air.

(5) 가: 이번 주말에 **쇼핑하러 갈까**?
    Shall we go shopping this weekend?

   나: 그래. 쇼핑도 하고 영화도 보자.
    Okay. Let's shop and watch a movie too.

● '-러/으러' 앞에 '가다, 오다, 다니다' 등의 이동 동사가 올 수 없다.

Movement verbs such as '가다(to go), 오다(to come), 다니다(to attend/commute)' may not be used with the '-러/으러'.

》》 예   가러 가다(×), 오러 가다(×), 다니러 가다(×)

형태

	[동]러/으러 (가다/오다/다니다)
공부하다	공부하 + 러 (가다/오다/다니다)
먹다	먹 + 으러 (가다/오다/다니다)
받다	받 + 으러 (가다/오다/다니다)
듣다*	들 + 으러 (가다/오다/다니다)
만들다*	만들 + 러 (가다/오다/다니다)
집다	집 + 으러 (가다/오다/다니다)
돕다*	도 + 우 + 러 (가다/오다/다니다)
굽다*	구 + 우 + 러 (가다/오다/다니다)
웃다	웃 + 으러 (가다/오다/다니다)
짓다*	지 + 으러 (가다/오다/다니다)
쓰다	쓰 + 러 (가다/오다/다니다)
치르다	치르 + 러 (가다/오다/다니다)
부르다	부르 + 러 (가다/오다/다니다)

034　[동]려고/으려고

의미

앞의 행동을 할 생각을 가지고 뒤의 행동을 할 때 사용한다.
This pattern is used by the speaker when performing a particular action given by the second clause, with its intention given by the first clause.

예문 (1) 저는 대학 4학년 때 배낭여행을 **가려고** 열심히 돈을 모으고 있습니다.
I am saving money diligently with the intention of going backpacking when I am a senior in college.

(2) 가: 경희 씨, 어디에 가요?
Kyonghee, where are you going?

나: 점심을 **먹으려고** 식당에 가고 있어요.
With the thought of having lunch, I'm on my way to a restaurant.

(3) 가: 지금 뭐 하고 있어?
What are you doing now?

나: 친구 생일이라서 케이크를 **만들려고** 재료를 준비하고 있어.
I am preparing the ingredients with the thought of making a cake because it's my friend's birthday (today).

(4) 가: 제이다 씨는 왜 한국어를 배웠어요?
Why did you learn Korean, Jayda?

나: 저는 한국 드라마를 **보려고** 한국어를 배웠어요. 한국 드라마가 재미있잖아요.
I learned Korean with the thought of watching Korean dramas. Korean dramas are so interesting as you know.

(5) 가: 그게 뭐예요?
What is that?

나: 친구에게 **주려고** 빵을 샀어요. 이 빵이 아주 맛있거든요.
I bought some bread with the thought of giving it to my friend. This bread tastes really good.

♣ '[동]기 위해(서)'로 바꿀 수 있다.
This pattern may be replaced with '[V]기 위해(서)' without much difference in meaning.

예문 (1) 점심을 **먹으려고** 식당에 가고 있어요.
　　→ 점심을 **먹기 위해** 식당에 가고 있어요.

(2) 저는 한국 드라마를 **보려고** 한국어를 배웠어요.
　　→ 저는 한국 드라마를 **보기 위해서** 한국어를 배웠어요.

형태

	[동]려고/으려고
가다	가 + 려고
먹다	먹 + 으려고
받다	받 + 으려고
듣다*	들 + 으려고
만들다*	만들 + 려고
집다	집 + 으려고
돕다*	도 + 우 + 려고
굽다*	구 + 우 + 려고
웃다	웃 + 으려고
짓다*	지 + 으려고
쓰다	쓰 + 려고
따르다	따르 + 려고
오르다	오르 + 려고

참고

1. [동]려고/으려고 하다
   ▶ 자세한 설명은 문형035를 보세요.

2. [동]려고(요)/으려고(요)
   ▶ 자세한 설명은 문형036을 보세요.

3. 비교

[동]려고/으려고	[동]러/으러
- 뒤의 행동을 하는 의도나 목적을 나타낸다. This pattern indicates the intention or purpose of performing the action given by the second clause.	- 뒤의 행동을 하는 목적을 나타낸다. This pattern indicates the purpose of performing the action given by the second clause.
예문 정수는 밥 먹으려고 식당에 갔다. (○) Jeongsu went to the restaurant to eat.	예문 정수는 밥 먹으러 식당에 갔다. (○) Jeongsu went to the restaurant to eat.
- 뒤에 이동 동사 이외의 동사도 올 수 있다. Verbs outside movement verbs may follow the pattern.	- 뒤에 '가다, 오다, 다니다' 등의 이동 동사가 와야 한다. Only movement verbs such as '가다, 오다, 다니다' follow the pattern.
예문 정수는 파티에 참가하려고 예쁜 옷을 샀다. (○) Jeongsu bought a pretty dress with the thought of attending the party.	예문 정수는 파티에 참가하러 예쁜 옷을 샀다. (×)
- 명령형과 청유형에 쓰지 않는다. This pattern is not used in the imperative and propositive.	- 명령형과 청유형에 쓸 수 있다. This pattern may be used in the imperative and propositive.
예문1 영희야, 공부하려고 우리 집에 와. (×) 〈명령형〉 예문2 영희야, 공부하려고 도서관에 가자. (×) 〈청유형〉	예문1 영희야, 공부하러 우리 집에 와. (○) 〈명령형〉 Yeonghee, come to my house to study. 〈Imperative〉

	예문2 영희야, **공부하러** 도서관에 **가자**. (○) 〈청유형〉 Yeonghee, let's go to the library to study. 〈Propositive〉
- '[이동 동사] + 려고/으려고'가 가능하다. '[movement verb] + 려고/으려고' is possible. 예문 **시내에 가려고** 버스를 탔다. (○) I got on the bus with the thought of going downtown.	- '[이동 동사] + 러/으러'가 불가능하다. '[movement verb] + 러/으러' is impossible. 예문 **시내에 가러** 버스를 탔다. (×)

▶ '[동]러/으러'의 자세한 설명은 문형033을 보세요.

4. 비교

[동]려고/으려고	[동]기 위해서
- 뒤의 행동을 하는 의도나 목적을 나타낸다. This pattern indicates the intention or purpose of performing the action given by the second clause.	- 뒤의 행동을 하는 목적을 나타낸다. This pattern indicates the purpose of performing the action given by the second clause.
예문1 친구를 **만나려고** 미국에 가요. (○) I am going to America to meet my friend. 예문2 건강을 **지키려고** 술을 끊었어요. (○) I quit drinking to maintain my health.	예문1 친구를 **만나기 위해서** 미국에 가요. (○) I am going to America to meet my friend. 예문2 건강을 **지키기 위해서** 술을 끊었어요. (○) I quit drinking to maintain my health.
- 입말에 많이 쓰인다. It is mainly used in speech.	- 글말에서 많이 쓰인다. It is mainly used in writing.
- 명령형, 청유형, 미래 시제, 당위성을 나타내는 '-아야/어야/여야 하다'와 함께 쓰지 않는다. It is not used with the imperative, propositive, future tense, and with '-아야/어야/여야 하다' that indicates necessity.	- 명령형, 청유형, 미래 시제, 당위성을 나타내는 '-아야/어야/여야 하다'와 함께 쓸 수 있다. It may be used with the imperative, propositive, future tense, and with '-아야/어야/여야 하다' that indicates necessity.
예문1 자연환경을 **보전하려고** 대책을 마련하세요. (×) 〈명령형〉 예문2 자연환경을 **보전하려고** 대책을 마련합시다. (×) 〈청유형〉 예문3 자연환경을 **보전하려고** 대책을 마련해야 한다. (×) 〈당위성〉 예문4 자연환경을 **보존하려고** 대책을 마련할 것입니다. (?) 〈미래 시제〉	예문1 자연환경을 **보전하기 위해서** 대책을 마련하세요. (○) 〈명령형〉 Please establish measures to preserve the environment. 〈Imperative〉 예문2 자연환경을 **보전하기 위해서** 대책을 마련합시다. (○) 〈청유형〉 Let's establish measures to preserve the environment. 〈Propositive〉 예문3 자연환경을 **보존하기 위해서** 대책을 마련해야 한다. (○) 〈당위성〉 We have to establish measures to preserve the environment. 〈Necessity〉 예문4 자연환경을 **보존하기 위해서** 대책을 마련할 것입니다. (○) 〈미래 시제〉 We will establish measures to preserve the environment. 〈Future tense〉

▶ '[동]기 위해(서)'의 자세한 설명은 문형009를 보세요.

035 [동]려고/으려고 하다

의미

1. 어떤 행동을 할 생각이 있다는 의미이다.

This pattern is used to express the speaker's intention or plans to perform a particular action.

» **예문** (1) 가: 민수 씨는 건강을 위해 운동을 하고 있어요?
　　　　　　Are you exercising for your health, Minsu?

　　　　　나: 아니요. 하지만 내일부터 운동을 시작하려고 해요.
　　　　　　No. But I intend to begin exercising from tomorrow.

　　　(2) 가: 아이가 밥을 먹지 않으려고 해서 걱정입니다.
　　　　　　I am worried because my child tries not to eat.

　　　　　나: 그래요? 저희 아이는 너무 먹으려고 해서 걱정인데요.
　　　　　　Really? I am worried because my child is trying to eat too much.

　　　(3) 가: 미영아, 언니 혼자 청소하는데 같이 좀 해라.
　　　　　　Miyeong, your older sister is cleaning by herself, so clean together with her.

　　　　　나: 엄마, 숙제를 끝내고 도우려고 했어요.
　　　　　　Mom, I intended to help her after I finished doing my homework.

2. 어떤 일이 곧 일어날 것 같다는 의미이다.

This pattern is also used to indicate that a particular action regarding the subject of the clause is likely to occur soon.

» **예문** (1) 가: 왜 이렇게 서둘러요?
　　　　　　Why are you in such a hurry like this?

　　　　　나: 기차가 떠나려고 해요. 빨리 뛰세요.
　　　　　　The train is about to leave. Run quickly.

　　　(2) 가: 아기가 왜 이렇게 울어요?
　　　　　　Why is the baby crying so hard like this?

　　　　　나: 막 잠들려고 하는데 밖에서 시끄러운 소리가 나서 깼어요.
　　　　　　The baby woke up because of some noise outside when he/she was about to fall asleep.

형태

	[동]려고/으려고 하다
가다	가 + 려고 하다
앉다	앉 + 으려고 하다

받다	받 + 으려고 하다
듣다*	들 + 으려고 하다
만들다*	만들 + 려고 하다
집다	집 + 으려고 하다
돕다*	도 + 우 + 려고 하다
굽다*	구 + 우 + 려고 하다
웃다	웃 + 으려고 하다
짓다*	지 + 으려고 하다
쓰다	쓰 + 려고 하다
따르다	따르 + 려고 하다
오르다	오르 + 려고 하다

036　[동]려고(요)/으려고(요)

의미

1. '[동]려고/으려고 하다'를 줄여서 말할 때 사용한다.
   This pattern is used as the shortened form of '[V]려고/으려고 하다'.

▶▶ 예문　(1) 가: 오늘은 어디에서 밥을 먹을 거야?
　　　　　　　 Where are you going to eat today?

　　　　　　나: 오늘은 학교 식당에서 먹으려고(←먹으려고 해). 너는?
　　　　　　　 I intend to eat at a school cafeteria. How about you?

　　　　(2) 가: 이게 뭐예요?
　　　　　　　 What is this?

　　　　　　나: 털실이에요. 제가 직접 목도리를 짜서 남자 친구에게 선물하려고요(←선물하려고 해요).
　　　　　　　 It's knitting wool. I plan on directly knitting a muffler myself and giving it to my boyfriend as a present.

2. 상대방이 어떤 행동을 할 것인지 미리 짐작하고 그것을 확인하기 위해 물어볼 때 사용한다.
   - 그 짐작이 맞을 수도 있고 틀릴 수도 있다.
   This pattern is also used by the speaker to confirm whether the listener will perform an action that is already presumed by the speaker upon inquiry.
   - The speaker's presumption may be correct or incorrect.

▶▶ 예문　(1) 가: 이게 뭐예요? 저한테 주시려고요?
　　　　　　　 What is this? Do you intend to give it to me?

나: 아니에요. 미안합니다. 이건 선생님께 드릴 선물이에요.
No. Sorry. This is a present I will give to my teacher.

(2) 가: 지금 밖에 나가려고?
You are going out now?

나: 네, 친구가 집 앞에 와서 잠깐 만나러 나가려고요.
Yes, I am going out to meet my friend for a bit cause he/she is waiting in front of the house.

(3) 가: 음악 들으려고요?
Do you intend to listen to music?

나: 네, 잠이 안 와서 음악 들으려고 해요.
Yes, I intend to listen to music because I can't fall sleep.

형태

	[동]려고(요)/으려고(요)
가다	가 + 려고(요)
먹다	먹 + 으려고(요)
받다	받 + 으려고(요)
듣다*	들 + 으려고(요)
만들다*	만들 + 려고(요)
집다	집 + 으려고(요)
돕다*	도 + 우 + 려고(요)
굽다*	구 + 우 + 려고(요)
웃다	웃 + 으려고(요)
짓다*	지 + 으려고(요)
쓰다	쓰 + 려고(요)
따르다	따르 + 려고(요)
오르다	오르 + 려고(요)

참고

1. [동]려고/으려고

   ▶ 자세한 설명은 문형034를 보세요.

2. [동]려고/으려고 하다

   ▶ 자세한 설명은 문형035를 보세요.

037 [동]ㅁ/음, [형]ㅁ/음, [명]임

의미

[명사]로 만드는 방법 중의 하나이다.
This is one method of converting '[V], [A], or [N]이다' into their corresponding noun forms.

1. 주어나 목적어 등의 기능을 한다.
This conjugation allows the newly formed noun to function as the subject or object of the clause.

▶▶ 예문 (1) 가: 친구 사이에 무엇이 가장 중요합니까?
　　　　　　　What is most important thing you have between friends?
　　　　　나: 믿음이 최고죠.
　　　　　　　Trust is the best.

　　　　(2) 가: '지나침은 부족함만 못하다.' 이런 말을 들었는데 무슨 뜻이에요?
　　　　　　　'Too much is just as bad as too little.' I heard this sentence, but what does it mean?
　　　　　나: 무슨 일을 하든지 과하지 않은 것이 좋다는 의미예요.
　　　　　　　It means that whatever you do you should do it in moderation.

　　　　(3) 우리 인생의 주인은 우리 자신임을 기억합시다.
　　　　　　Let us remember that it is we ourselves who are the owners of our lives.

2. [문장의 끝부분에 쓰여] 어떤 사실이나 정보를 알리는 경우에 사용한다.
- 주로 공고문, 경고문, 광고문, 법령, 메모 등에 사용한다.
[At the end of a sentence] This conjugation is used to notify people of a particular fact or information.
- Usually this conjugation is used in notices, warnings, advertisements, legislations, memos, etc.

▶▶ 예문

(1) 경고문　　여기부터는 개인 사유지이므로 출입을 금함.
　Warning　　From here on out, this is private land. Keep out.

(2) 메모　　'미국 친구한테서 아침에 전화 왔음. 엄마는 외출했다가 6시에 귀가함. 간식은 냉장고 안에 있음.'
　Memo　　'Got a call from an American friend. Mom is going out now and back home by 6. Snacks are in the fridge.'

(3) 게시판　　교수님 세미나 참석으로 오늘 역사 수업은 휴강임.
　Bulletin board　　History class is cancelled today due to the professor attending a seminar.

3. 완전히 [명사]로 굳어져 사전에 실린 어휘들이 있다.

- 삶(살다), 앎(알다), 울음(울다), 춤(추다), 얼음(얼다), 젊음(젊다), 웃음(웃다), 졸음(졸다), 기쁨(기쁘다), 아픔(아프다) 등이 있다.

  There are some fixed nouns produced from this conjugation that are listed as words found in the dictionary.
  - 삶(life←to live), 앎(knowing←to know), 울음(tears, crying←to cry), 얼음(ice←to be frozen), 젊음(youth←to be young), 웃음(laughter←to laugh), 졸음(drowsiness←to doze off), 기쁨(happiness←to be happy), 아픔(pain←to be painful), etc.

>>> **예문** (1) 가: 뭐가 빠진 것 같은데 뭐가 빠졌지?
　　　　　　　I think something is missing. What is missing?
　　　　나: **얼음**이 빠졌어요. 아이스커피인데 **얼음**이 없잖아요.
　　　　　　　Ice is missing. This is ice coffee, and yet there is no ice in here.

　　(2) 가: 저기에서 **춤**을 추는 아이가 누구야?
　　　　　　　Who is that child dancing over there?
　　　　나: 영아잖아.
　　　　　　　It's Yeonga, you know.

형태

	과거	현재
	[동]았음/었음/였음	**[동]ㅁ/음**
가다	가 + 았음 → 갔음	가 + ㅁ
먹다	먹 + 었음	먹 + 음
공부하다	공부하 + 였음 → 공부했음	공부하 + ㅁ
받다	받 + 았음	받 + 음
듣다*	들 + 었음	들 + 음
만들다*	만들 + 었음	만들 + ㅁ → 만듦
집다	집 + 었음	집 + 음
돕다*	도 + 오 + 았음 → 도왔음	도 + 우 + ㅁ
굽다*	구 + 우 + 었음 → 구웠음	구 + 우 + ㅁ
웃다	웃 + 었음	웃 + 음
짓다*	지 + 었음	지 + 음
쓰다*	쓰 + 었음 → 썼음	쓰 + ㅁ
따르다*	따르 + 았음 → 따랐음	따르 + ㅁ
오르다*	오 + ㄹㄹ + 았음 → 올랐음	오르 + ㅁ
	[형]았음/었음/였음	**[형]ㅁ/음**
느리다	느리 + 었음 → 느렸음	느리 + ㅁ
작다	작 + 았음	작 + 음
행복하다	행복하 + 였음 → 행복했음	행복하 + ㅁ
멀다*	멀 + 었음	멀 + ㅁ → 멂
좁다	좁 + 았음	좁 + 음

곱다*	고 + 오 + 았음 → 고왔음	고 + 우 + ㅁ
어렵다*	어려 + 우 + 었음 → 어려웠음	어려 + 우 + ㅁ
좋다	좋 + 았음	좋 + 음
하얗다*	하야 + l + 았음 → 하얬음	하야 + ㅁ
예쁘다*	예뻐 + 었음 → 예뻤음	예쁘 + ㅁ
빠르다*	빠 + ㄹㄹ + 았음 → 빨랐음	빠르 + ㅁ
	[명]였음/이었음	**[명]임**
침대	침대 + 였음	침대 + 임
옷	옷 + 이었음	옷 + 임

참고

1. 비교

[동]ㅁ/음, [형]ㅁ/음	**[동]기, [형]기**
- 동작이나 상태가 이미 완결된 구체적인 사실임을 나타낸다. This conjugation indicates a concrete fact given by an already completed action or state.	- 객관적 사실 또는 앞으로 기대되는 가상적인 상황을 나타낸다. This conjugation indicates an objective fact or hypothetical situation that is expected in the future.
- '-겠-, -았/었/였-'을 쓸 수 있다. '-겠-, -았/었/였-' may be used with this conjugation.	- '-겠-, -았/었/였-'을 거의 쓰지 않는다. '-겠-, -았/었/였-' are hardly used with this conjugation.
- 공고문, 메모 등에 주로 사용한다. This conjugation is usually used in notices and memos.	- 규칙, 표어, 속담 등에 주로 사용한다. This conjugation is usually used in rules, slogans, and proverbs.
예문 〈공고문〉 이곳에 절대 들어가면 안 됨. 〈Notice〉 Never enter this place. 〈메모〉 친구한테서 전화 왔음. 친구가 전화 요청함. 나는 6시쯤 귀가하겠음. 〈Memo〉 Got a call from a friend. The friend asked to call back. I'm returning home by around 6.	**예문** 〈학교 규칙〉 지각 안 하기. 〈School rules〉 Don't be late. 〈국민 표어〉 운전할 때 서로 양보하기. 〈National slogan〉 Yield to one another while driving. 〈속담〉 누워서 침 뱉기. 〈Proverb〉 Cut off your nose to spite your face. (→ Literally, "Spit while lying down." It means that you do something that is intended to hurt somebody else but in fact harms you.)

▶ '[동/형]기'의 자세한 설명은 문형007을 보세요.

038 [동]면/으면, [형]면/으면, [명](이)면

의미

1. 뒷부분에 대한 조건을 나타낸다.

- 일반적이거나 자연적인 조건으로 보통 습관적이고 반복적인 것을 가리킨다.
  This pattern is used when a condition regarding the second clause is stated by the first clause. It corresponds to 'if ~', 'when ~' in English.
  - It is usually used for general or natural conditions that refer to habitual and repeated occurrences of something.

예문 (1) 가: 오늘도 배가 아파?
Does your stomach hurt today too?

나: 응, 나는 시험 보는 날만 **되면** 배가 아프네.
Yes, when it becomes exam day, I get a stomachache.

(2) 봄이 **되면** 꽃이 핍니다.
When it becomes spring, the flowers bloom.

(3) 가: 배에서 '꼬르륵~ 꼬르륵~' 해. 영수는 언제 와?
My stomach is growling. When is Yeongsu coming?

나: 아직 30분 정도 더 있어야 할 것 같은데. **배고프면** 너 먼저 식사할래?
I think we need to wait for about 30 more minutes until he comes. If you are hungry, do you want to eat first?

(4) 한국에서는 현충일이나 **독립기념일이면** 집집마다 창밖에 태극기를 매답니다.
If it is Memorial Day or Independence day in Korea, all of the households hang the Korean flag outside of the window.

2. 가능성이 별로 없는 것을 가정하여 말할 때 사용한다.

This pattern is also used for the supposition of occurrences with a low possibility of occurring, such as for hypothetical situations.

예문 (1) 가: 네가 이것을 1분 안에 다 **마시면** 오늘 술값 내가 낼게.
If you should drink all of this within one minute, I will pay for the drinks today.

나: 정말? 약속한 거다!
Really? It's a promise!

(2) 가: 네가 한국에서 **태어났으면** 어땠을 것 같아? 행복했을 것 같아?
If you had been born in Korea, how would it have been? Would you have been happy?

나: 아니, 나는 우리나라에서 태어난 게 더 좋은데.
No, It's better that I was born in my country.

(3) 가: 영희 괜찮아? 병원에 가지 않아도 돼?
　　　Is Yeonghee alright? She doesn't need to go to the hospital?

　　나: 괜찮아. 많이 아팠으면 병원에 갔겠지. 요즘 무리해서 그런 것 같아.
　　　She is okay. If she had been very sick, she would have gone to the hospital. I think she's just been overdoing herself recently.

(4) 가: 지금이 겨울이면 스키 탈 수 있는데…. 스키 타고 싶어.
　　　If it was winter now, I could ski…. I want to go skiing.

　　나: 너는 정말로 스키를 좋아하는구나.
　　　You sure really like skiing.

> ♣ 의미 2번의 경우, '[동]ㄴ다면/는다면, [형]다면, [명]라면/이라면'으로 바꿀 수 있다.
> When this pattern is used with the meaning given by usage 2 above, it may be replaced with '[V]ㄴ다면/는다면, [A]다면, [N]라면/이라면' without much difference in meaning.

▶ 예문 (1) 네가 이것을 1분 안에 다 마시면 오늘 술값 내가 낼게.
　　　　 → 네가 이것을 1분 안에 다 마신다면 오늘 술값 내가 낼게.
　　　(2) 지금이 겨울이면 스키 탈 수 있는데….
　　　　 → 지금이 겨울이라면 스키 탈 수 있는데….

형태

	과거	현재
	[동]았으면/었으면/였으면	**[동]면/으면**
가다	가 + 았으면 → 갔으면	가 + 면
먹다	먹 + 었으면	먹 + 으면
일하다	일하 + 였으면 → 일했으면	일하 + 면
받다	받 + 았으면	받 + 으면
듣다*	들 + 었으면	들 + 으면
만들다*	만들 + 었으면	만들 + 면
집다	집 + 었으면	집 + 으면
돕다*	도 + 오 + 았으면 → 도왔으면	도 + 우 + 면
굽다*	구 + 우 + 었으면 → 구웠으면	구 + 우 + 면
웃다	웃 + 었으면	웃 + 으면
짓다*	지 + 었으면	지 + 으면
쓰다*	쓰 + 었으면 → 썼으면	쓰 + 면
따르다*	따르 + 았으면 → 따랐으면	따르 + 면
오르다*	오 + ㄹㄹ + 았으면 → 올랐으면	오르 + 면
	[형]았으면/었으면/였으면	**[형]면/으면**
느리다	느리 + 었으면 → 느렸으면	느리 + 면
작다	작 + 았으면	작 + 으면
행복하다	행복하 + 였으면 → 행복했으면	행복하 + 면
멀다*	멀 + 었으면	멀 + 면
좁다	좁 + 았으면	좁 + 으면

곱다*	고 + 오 + 았으면 → 고왔으면	고 + 우 + 면
어렵다*	어려 + 우 + 었으면 → 어려웠으면	어려 + 우 + 면
좋다	좋 + 았으면	좋 + 으면
하얗다*	하야 + ㅣ + 았으면 → 하얬으면	하야 + 면
예쁘다*	예뻐 + 었으면 → 예뻤으면	예쁘 + 면
빠르다*	빠 + ㄹㄹ + 았으면 → 빨랐으면	빠르 + 면
	[명]였으면/이었으면	**[명](이)면**
가수	가수 + 였으면	가수 + (이)면
학생	학생 + 이었으면	학생 + 이면

※ 받침이 없는 명사의 경우에 '-이-'를 생략하는 경우가 많다.

039 [동]면/으면 안 되다, [형]면/으면 안 되다

의미

금지를 나타내는 표현이다.
This pattern is used to express the prohibition of a particular action or state of the subject.

▶ **예문** (1) 가: 여기에 주차해도 됩니까?
　　　　　May I park here?

　　　　나: 아니요, 여기에 **주차하면 안 됩니다**.
　　　　　No, you may not park here.

　　(2) 가: 공연 중에 사진을 **찍으면 안 돼**?
　　　　　Can't I take pictures during the performance?

　　　　나: 응, 안 돼. 끝나고 배우들과 사진 찍는 시간이 있으니까 그때 찍어.
　　　　　No, you can't. There will be a photo session with the actors after the performance, so take pictures then.

　　(3) 가: 쉿! 왜 이렇게 떠들어요? 도서관에서는 **떠들면 안 돼요**. 조용히 하세요.
　　　　　Hush! Why are you making so much noise like this? You must not make noise in the library. Please remain quiet.

　　　　나: 네, 죄송합니다.
　　　　　Okay, I am sorry.

　　(4) 가: 콜록콜록, 기침도 나고 목도 아프네. 감기에 걸린 것 같아.
　　　　　Cough, Cough. I have a cough, and my throat hurts too. I think I have a cold.

　　　　나: 그래요? **아프면 안 돼요**. 빨리 병원에 가 보세요.
　　　　　Really? You must not be sick. Please try going to the hospital quickly.

(5) 음식이 너무 달고 **짜면 안 됩니다**. 건강에 안 좋습니다.
　　The food must not be so sweet or salty. It's not good for your health.

형태

	[동]면/으면 안 되다
가다	가 + 면 안 되다
먹다	먹 + 으면 안 되다
받다	받 + 으면 안 되다
듣다*	들 + 으면 안 되다
졸다*	졸 + 면 안 되다
집다	집 + 으면 안 되다
돕다*	도 + 우 + 면 안 되다
굽다*	구 + 우 + 면 안 되다
웃다	웃 + 으면 안 되다
짓다*	지 + 으면 안 되다
쓰다	쓰 + 면 안 되다
따르다	따르 + 면 안 되다
오르다	오르 + 면 안 되다
	[형]면/으면 안 되다
느리다	느리 + 면 안 되다
작다	작 + 으면 안 되다
멀다*	멀 + 면 안 되다
좁다	좁 + 으면 안 되다
곱다*	고 + 우 + 면 안 되다
어렵다*	어려 + 우 + 면 안 되다
좋다	좋 + 으면 안 되다
하얗다*	하야 + 면 안 되다
바쁘다	바쁘 + 면 안 되다
빠르다	빠르 + 면 안 되다

040　[동]면/으면 좋겠다, [형]면/으면 좋겠다, [명](이)면 좋겠다

의미

말하는 사람의 희망이나 바람을 나타낸다.
This pattern is used to indicate the speaker's hope or wish regarding the subject of the clause.

▶▶ 예문　(1) 가: 날씨가 너무 더워요.
　　　　　　　　The weather is too hot.
　　　　　　나: 맞아요. 빨리 비가 **오면 좋겠어요**.
　　　　　　　　Right. I hope it will rain soon.

(2) 가: 어떤 음식을 먹고 싶어요?
　　　What food would you like to eat?

　　나: 날씨가 더우니까 냉면을 먹으면 좋겠어요.
　　　The weather is hot, so it'd be good to eat Naengmyeon.

(3) 가: 음식 값이 너무 비싸요. 좀 싸면 좋겠어요.
　　　The price of food is too high. I wish it were a little cheaper.

　　나: 네, 그리고 양도 좀 많으면 좋겠어요. 너무 적어요.
　　　Yes, and I also wish it was a little larger in quantity. This is too small.

(4) 가: 생일 축하해요. 생일이니까 행복하죠?
　　　Happy birthday. You're happy since it's your birthday, right?

　　나: 네. 매일 생일이면 좋겠어요.
　　　Yes. I wish everyday was my birthday.

(5) 가: 내가 부자면 좋겠어요.
　　　I wish I was rich.

　　나: 왜요? 요즘 돈 때문에 힘들어요?
　　　Why? Are you having difficultly with money these days?

✤ '[동/형]았으면/었으면/였으면 좋겠다'로 바꿀 수 있다.
This pattern may be replaced with '[V/A]았으면/었으면/였으면 좋겠다' without much difference in meaning.

▶▶ **예문** (1) 빨리 비가 오면 좋겠어요.
　　　　　 → 빨리 비가 왔으면 좋겠어요.

　　　　 (2) 좀 싸면 좋겠어요.
　　　　　 → 좀 쌌으면 좋겠어요.

　　　　 (3) 매일 생일이면 좋겠어요.
　　　　　 → 매일 생일이었으면 좋겠어요.

문형 / ㅁ

형태

	[동]면/으면 좋겠다
가다	가 + 면 좋겠다
먹다	먹 + 으면 좋겠다
받다	받 + 으면 좋겠다
듣다*	들 + 으면 좋겠다
만들다*	만들 + 면 좋겠다
집다	집 + 으면 좋겠다
돕다*	도 + 우 + 면 좋겠다
줍다*	주 + 우 + 면 좋겠다
웃다	웃 + 으면 좋겠다

짓다*	지 + 으면 좋겠다
쓰다	쓰 + 면 좋겠다
따르다	따르 + 면 좋겠다
오르다	오르 + 면 좋겠다

[형]면/으면 좋겠다	
싸다	싸 + 면 좋겠다
작다	작 + 으면 좋겠다
길다*	길 + 면 좋겠다
좁다	좁 + 으면 좋겠다
곱다*	고 + 우 + 면 좋겠다
어렵다*	어려 + 우 + 면 좋겠다
좋다	좋 + 으면 좋겠다
하얗다*	하야 + 면 좋겠다
예쁘다	예쁘 + 면 좋겠다
빠르다	빠르 + 면 좋겠다

[명](이)면 좋겠다	
가수	가수 + (이)면 좋겠다
학생	학생 + 이면 좋겠다

※ 받침이 없는 명사의 경우에 '-이-'를 생략하는 경우가 많다.

참고

1. 비교

[동/형]면/으면 좋겠다, [명](이)면 좋겠다	[동/형]았으면/었으면/였으면 좋겠다, [명]였으면/이었으면 좋겠다
- 간절함의 정도가 조금 약하다. For this pattern, the degree of earnestness is a little weaker.	- 좀 더 간절한 바람을 나타낸다. For this pattern, the degree of earnestness is a little stronger.
- 뒤의 '좋겠다'를 생략할 수 없다. Following [V/A]면/으면, the word '좋겠다' may not be omitted.	- 뒤의 '좋겠다'를 생략할 수 있다. Following [V/A]았으면/었으면/였으면, the word '좋겠다' may be omitted.
예문 내일 날씨가 맑으면 좋겠어요. I hope it will be sunny tomorrow. → 내일 날씨가 맑으면…. (×)	예문 내일 날씨가 맑았으면 좋겠어요. I hope it will be sunny tomorrow. → 내일 날씨가 맑았으면…. (○)
- 뒤에 '좋겠다' 이외의 [동사]를 사용할 수 없다. Following [V/A]면/으면, verbs other than '좋겠다' may not be used.	- '좋겠다' 이외에 '하다', '싶다'를 사용할 수 있다. Following [V/A]았으면/었으면/였으면, verbs other than '좋겠다', such as '하다' and '싶다' may be used.
예문 비가 오면 좋겠어요. (○) I hope it will rain. 비가 오면 해요. (×) 비가 오면 싶어요. (×)	예문 비가 왔으면 좋겠어요. (○) I hope it will rain. 비가 왔으면 해요. (○) I hope it will rain. 비가 왔으면 싶어요. (○) I hope it will rain.

▶ '[동/형]았으면/었으면/였으면 좋겠다, [명]였으면/이었으면 좋겠다'의 자세한 설명은 문형 063을 보세요.

041 [동]면서/으면서

의미

두 가지 동작을 동시에 한다는 의미이다.

'-면서/으면서' is used to indicate that the actions preceding and following '-면서/으면서' occur simultaneously. It corresponds to 'while (doing ~)' in English.

예문

(1) 가: 지금 뭐 해요?
   What are you doing now?

   나: 저는 텔레비전을 보면서 밥을 먹어요.
   I am eating while watching TV.

(2) 가: 저는 영화를 볼 때 아무것도 안 먹어요.
   I don't eat anything while I watch a movie.

   나: 그래요? 저는 팝콘을 먹으면서 영화를 봐요.
   Really? I watch a movie while I eat popcorn.

(3) 가: 저는 음악을 들으면서 공부를 해요.
   I study while I listen to music.

   나: 그래요? 전 공부하면서 음악을 들으면 집중이 안 돼요.
   Do you? I can't concentrate if I listen to music while I study.

(4) 가: 어제 뭐 했어요?
   What did you do yesterday?

   나: 수업이 끝나고 친구와 커피를 마시면서 이야기했어요.
   After class I talked with my friend while we had coffee.

형태

	[동]면서/으면서
기다리다	기다리 + 면서
앉다	앉 + 으면서
받다	받 + 으면서
듣다*	들 + 으면서
만들다*	만들 + 면서
집다	집 + 으면서
돕다*	도 + 우 + 면서
굽다*	구 + 우 + 면서
웃다	웃 + 으면서
짓다*	지 + 으면서
쓰다	쓰 + 면서

따르다	따르 + 면서
오르다	오르 + 면서

참고

1. [형]면서(도)/[명](이)면서(도)
   ▶ 자세한 설명은 문형073을 보세요.

042 못 [동]

의미

주어가 능력이 없거나 외부적인 원인으로 어떤 일 또는 행동을 할 수 없음을 나타낸다.
- 주로 입말에서 사용한다.
- '하다 동사(=[명] + 하다)'에서는 [명]와 '하다' 사이에 '못'이 놓인다.

This pattern is used to indicate the subject's inability to perform a particular action due to the subject's lack of ability or external causes. It corresponds to 'cannot (do ~)' in English.
- This pattern is usually used in speech.
- In the case of '하다 verbs (=[N] + 하다)', the '못' is placed between the [N] and '하다'.

예문 (1) 가: 오늘 저랑 영화를 볼래요?
　　　　　Would you watch a movie with me today?

　　　　나: 저는 영화 보러 못 가요. 숙제가 많아서요.
　　　　　I can't go to watch a movie. It's because I have a lot of homework.

(2) 가: 뭘 먹을까? 비빔냉면 어때?
　　　What should we eat? How about Bibimnaengmyeon?

　　나: 난 매운 음식을 못 먹어. 물냉면 먹을래.
　　　I can't eat spicy food. I'll have Mulnaengmyeon.

(3) 가: 어제 학교에 왜 안 왔어요?
　　　Why didn't you come to school yesterday?

　　나: 죄송해요. 오고 싶었지만 머리가 아파서 못 왔어요.
　　　I'm sorry. I couldn't come because of headache even though I wanted to come.

✤ **'[동]지 못하다', '[동]ㄹ/을 수 없다'로 바꿀 수 있다.**

This pattern may be replaced with '[V]지 못하다' or '[V]ㄹ/을 수 없다' without any difference in meaning.

예문 (1) 저는 영화 보러 못 가요.
　　　　→ 저는 영화 보러 가지 못해요.
　　　　→ 저는 영화 보러 갈 수 없어요.

(2) 난 매운 음식을 못 먹어.
→ 난 매운 음식을 먹지 못해.
→ 난 매운 음식을 먹을 수 없어.

형태

	못 [동]ㅂ니다/습니다	못 [동]아요/어요/여요
가다	못 + 갑니다	못 + 가요
앉다	못 + 앉습니다	못 + 앉아요
일하다	일 + 못 + 합니다	일 + 못 + 해요
받다	못 + 받습니다	못 + 받아요
듣다	못 + 듣습니다	못 + 들어요
만들다	못 + 만듭니다	못 + 만들어요
집다	못 + 집습니다	못 + 집어요
돕다	못 + 돕습니다	못 + 도와요
굽다	못 + 굽습니다	못 + 구워요
웃다	못 + 웃습니다	못 + 웃어요
짓다	못 + 짓습니다	못 + 지어요
쓰다	못 + 씁니다	못 + 써요
따르다	못 + 따릅니다	못 + 따라요
고르다	못 + 고릅니다	못 + 골라요

참고

1. [동]지 못하다
   ▶ 자세한 설명은 문형065를 보세요.

2. [동]ㄹ/을 수 없다
   ▶ 자세한 설명은 문형027을 보세요.

043　[동]ㅂ니까?/습니까?, [형]ㅂ니까?/습니까?

의미

상대방에게 정중하게 물어볼 때 사용한다.

This pattern is used by the speaker when asking a question to the listener in a polite way.

예문　(1) 가: 지금 무엇을 합니까?
　　　　　　What are you doing now?

　　　　　나: 음악을 듣습니다.
　　　　　　I am listening to music.

(2) 가: 만화책을 **좋아합니까**?
　　　Do you like comic books?

　　나: 네, 좋아합니다.
　　　Yes, I do like them.

(3) 가: 동생은 어디에 **갔습니까**?
　　　Where did your younger sibling go?

　　나: 백화점에 갔습니다.
　　　He/She went to the department store.

(4) 가: 방이 **깨끗합니까**?
　　　Is your room clean?

　　나: 아니요, 청소하지 않아서 깨끗하지 않습니다.
　　　No, it is not clean because I didn't clean it.

(5) 가: 어제 그 한복 **어땠습니까**?
　　　How was the Hanbok from yesterday?

　　나: 색깔이 너무 예쁘고 아름다웠습니다.
　　　The color was so pretty and beautiful.

❖ '[동/형]아요?/어요?/여요? 〈비격식체〉'로 바꿀 수 있다.
This pattern may be replaced with '[V/A]아요?/어요?/여요? 〈Informal style〉'.

▶▶ **예문** (1) 만화책을 **좋아합니까**?
　　　　 → 만화책을 **좋아해요**?
　　　　(2) 어제 그 한복 **어땠습니까**?
　　　　 → 어제 그 한복 **어땠어요**?

형태

	과거 [동]았습니까?/었습니까?/였습니까?	현재 [동]ㅂ니까?/습니까?
가다	가 + 았습니까? → 갔습니까?	가 + ㅂ니까?
먹다	먹 + 었습니까?	먹 + 습니까?
일하다	일하 + 였습니까? → 일했습니까?	일하 + ㅂ니까?
받다	받 + 았습니까?	받 + 습니까?
듣다*	들 + 었습니까?	들 + 습니까?
만들다*	만들 + 었습니까?	만드 + ㅂ니까?
집다	집 + 었습니까?	집 + 습니까?
돕다*	도 + 오 + 았습니까? → 도왔습니까?	돕 + 습니까?
굽다*	구 + 우 + 었습니까? → 구웠습니까?	굽 + 습니까?
웃다	웃 + 었습니까?	웃 + 습니까?
짓다*	지 + 었습니까?	짓 + 습니까?

쓰다*	쓰 + 었습니까? → 썼습니까?	쓰 + ㅂ니까?
따르다*	따르 + 았습니까? → 따랐습니까?	따르 + ㅂ니까?
오르다*	오 + ㄹㄹ + 았습니까? → 올랐습니까?	오르 + ㅂ니까?
	[형]았습니까?/었습니까?/였습니까?	**[형]ㅂ니까?/습니까?**
느리다	느리 + 었습니까? → 느렸습니까?	느리 + ㅂ니까?
작다	작 + 았습니까?	작 + 습니까?
행복하다	행복하 + 였습니까? → 행복했습니까?	행복하 + ㅂ니까?
멀다*	멀 + 었습니까?	머 + ㅂ니까?
좁다	좁 + 았습니까?	좁 + 습니까?
곱다*	고 + 오 + 았습니까? → 고왔습니까?	곱 + 습니까?
어렵다*	어려 + 우 + 었습니까? → 어려웠습니까?	어렵 + 습니까?
좋다	좋 + 았습니까?	좋 + 습니까?
하얗다*	하야 + ㅣ + 았습니까? → 하얬습니까?	하얗 + 습니까?
예쁘다	예쁘 + 었습니까? → 예뻤습니까?	예쁘 + ㅂ니까?
빠르다*	빠 + ㄹㄹ + 았습니까? → 빨랐습니까?	빠르 + ㅂ니까?

참고

1. [명]입니까?
   ▶ 자세한 설명은 문형108을 보세요.

2. [동/형]아요?/어요?/여요?
   ▶ 자세한 설명은 문형060을 보세요.

044 [동]ㅂ니다/습니다, [형]ㅂ니다/습니다

의미

상대방에게 정중하게 설명하거나 대답할 때 사용한다.

This pattern is used by the speaker when providing an explanation or answering the listener's question in a polite way.

》 예문 (1) 가: 지금 무엇을 합니까?
　　　　　　　　What are you doing now?
　　　　나: 음악을 듣습니다.
　　　　　　　　I am listening to music.

　　　　(2) 가: 만화책을 좋아합니까?
　　　　　　　　Do you like comic books?
　　　　나: 네, 좋아합니다.
　　　　　　　　Yes, I do like them.

(3) 가: 동생은 어디에 갔습니까?
　　　Where did your younger sibling go?

　　나: 백화점에 갔습니다.
　　　He/She went to the department store.

(4) 가: 방이 깨끗합니까?
　　　Is your room clean?

　　나: 아니요, 청소하지 않아서 더럽습니다.
　　　No, it is not clean because I didn't clean it.

(5) 가: 어제 그 한복 어땠습니까?
　　　How was the Hanbok from yesterday?

　　나: 색깔이 너무 예쁘고 아름다웠습니다.
　　　The color was so pretty and beautiful.

(6) [뉴스] 오늘 오전 7시쯤 제3한강교 부근에서 버스와 트럭의 충돌 사고가 있었습니다. 이 사고로 ….
　　　[The news] At around 7 this morning there was a collision between a bus and a truck in the vicinity of the Third Han-river bridge. Due to this accident ….

(7) [안내 방송] 5살짜리 남자 아이를 찾습니다. 흰 상의에 청바지를 입고 있는 아이를 보신 분은 중앙 센터로 연락을 주시면 감사하겠습니다.
　　　[Announcement] We are looking for a five-year-old boy. It would be highly appreciated if you could contact the central center as soon as you see a boy in a white shirt and blue jeans.

❖ '[동/형]아요/어요/여요 〈비격식체〉'로 바꿀 수 있다.
This pattern may be replaced with '[V/A]아요/어요/여요 〈Informal style〉'.

▶▶ **예문**　(1) 만화책을 좋아합니다.
　　　　　→ 만화책을 좋아해요.
　　　　(2) 색깔이 너무 예쁘고 아름다웠습니다.
　　　　　→ 색깔이 너무 예쁘고 아름다웠어요.

형태

	과거	현재
	[동]았습니다/었습니다/였습니다	[동]ㅂ니다/습니다
가다	가 + 았습니다 → 갔습니다	가 + ㅂ니다
먹다	먹 + 었습니다	먹 + 습니다
일하다	일하 + 였습니다 → 일했습니다	일하 + ㅂ니다
받다	받 + 았습니다	받 + 습니다
듣다*	들 + 었습니다	들 + 습니다
만들다*	만들 + 었습니다	만드 + ㅂ니다

집다	집 + 었습니다	집 + 습니다
돕다*	도 + 오 + 았습니다 → 도왔습니다	돕 + 습니다
굽다*	구 + 우 + 었습니다 → 구웠습니다	굽 + 습니다
웃다	웃 + 었습니다	웃 + 습니다
짓다*	지 + 었습니다	짓 + 습니다
쓰다*	ㅆ + 었습니다 → 썼습니다	쓰 + ㅂ니다
따르다*	따ㄹ + 았습니다 → 따랐습니다	따르 + ㅂ니다
오르다*	오 + ㄹㄹ + 았습니다 → 올랐습니다	오르 + ㅂ니다

[형]았습니다/었습니다/였습니다		[형]ㅂ니다/습니다
느리다	느리 + 었습니다 → 느렸습니다	느리 + ㅂ니다
작다	작 + 았습니다	작 + 습니다
행복하다	행복하 + 였습니다 → 행복했습니다	행복하 + ㅂ니다
멀다*	멀 + 었습니다	머 + ㅂ니다
좁다	좁 + 았습니다	좁 + 습니다
곱다*	고 + 오 + 았습니다 → 고왔습니다	곱 + 습니다
어렵다*	어려 + 우 + 었습니다 → 어려웠습니다	어렵 + 습니다
좋다	좋 + 았습니다	좋 + 습니다
하얗다*	하야 + ㅣ + 았습니다 → 하얬습니다	하얗 + 습니다
예쁘다	예ㅃ + 었습니다 → 예뻤습니다	예쁘 + ㅂ니다
빠르다*	빠 + ㄹㄹ + 았습니다 → 빨랐습니다	빠르 + ㅂ니다

참고

1. [명]입니다

   ▶ 자세한 설명은 문형109를 보세요.

2. [동/형]아요/어요/여요 〈평서문〉

   ▶ 자세한 설명은 문형058을 보세요.

3. 비교

[동/형]ㅂ니다/습니다	[동/형]아요/어요/여요
격식체로 안내 방송, 뉴스, 강연 등 공식적인 자리에서 말할 때 사용한다.	비격식체로 비공식적 자리에서 말할 때 사용한다. 분위기를 부드럽고 자연스럽게 만들어 준다.
This pattern is formal and used for official occasions such as for announcements, news, public lectures, etc.	This pattern is informal and used for unofficial occasions. It makes the atmosphere soft and natural.

045   [동]ㅂ시다/읍시다

의미

말하는 사람이 듣는 사람에게 어떤 행동을 같이 할 것을 제안할 때 사용한다.
- 반말 형태는 '[동]자'이다.
- 부정 형태는 '[동]지 맙시다, [동]지 말자'이다.

This pattern is used by the speaker when suggesting the listener to perform a particular action together with the speaker.
- The casual form is '[V]자'.
- The negative form is '[V]지 맙시다, [V]지 말자'.

예문

(1) 가: 오늘 오후에 뭐 할 거예요?
     What are you going to do this afternoon?
   나: 전 축구를 할 거예요. 같이 합시다.
     I am going to play soccer. Let's play together.

(2) 가: 오늘은 불고기를 먹읍시다.
     Let's eat Bulgogi today.
   나: 좋아요. 배가 고프니까 빨리 갑시다.
     Okay. Let's go quickly because I am hungry.

(3) 가: 우리 같이 클래식을 들읍시다.
     Let's listen to classical music together.
   나: 오늘은 클래식을 듣지 맙시다. 가요를 들읍시다.
     Let's not listen to classical music today. Let's listen to K-pop.

(4) 가: 다리가 아프니까 잠깐 쉬자.
     Let's take a short break because my legs hurt.
   나: 그래. 저기 의자에 앉자.
     Okay. Let's sit on the bench over there.

형태

	[동]ㅂ시다/읍시다
가다	가 + ㅂ시다
앉다	앉 + 읍시다
받다	받 + 읍시다
듣다*	들 + 읍시다
만들다*	만드 + ㅂ시다
집다	집 + 읍시다
돕다*	도 + 우 + ㅂ시다

굽다*	구+우+ㅂ시다
웃다	웃+읍시다
짓다*	지+읍시다
쓰다	쓰+ㅂ시다
따르다	따르+ㅂ시다
고르다	고르+ㅂ시다

참고

1. [동]지 맙시다
    ▶ 자세한 설명은 문형064([동]지 말다)를 보세요.

046   [동]세요/으세요

의미

1. 상대방에게 명령이나 권유할 때 사용한다.
- '[동]십시오/으십시오'보다 부드러운 느낌으로 입말에 주로 사용한다.
- 반말 형태는 '[동]아/어/여'이다.
- 부정 형태는 '[동]지 마세요, [동]지 마' 이다.

This pattern is used by the speaker when giving a command or suggestion to the listener to perform a particular action.
- This pattern gives a softer feeling than that of '[V]십시오/으십시오' and is usually used in speech.
- The casual form is '[V]아/어/여'.
- The negative form is '[V]지 마세요, [V]지 마'.

예문

(1) 가: 저기에서 잠깐만 기다리세요.
　　　Please wait for a moment over there.

　　나: 네, 알겠습니다.
　　　Okay, I understand.

(2) 가: 다리 아프시죠? 여기에 앉으세요.
　　　Your feet hurt, right? Please sit here.

　　나: 감사합니다.
　　　Thank you.

(3) 가: 여러분, 지금부터는 선생님을 따라하세요.
　　　Everyone, from now on please repeat after me.

　　나: 네, 선생님.
　　　Yes, teacher.

(4) 가: 영희야, 밥 먹어.
   Yeonghee, eat please.

   나: 예, 엄마.
   Yes, Mom.

(5) 가: 이거 마셔도 돼요?
   May I drink this?

   나: 아니요. 상했으니까 마시지 마세요.
   No. Because it has gone bad, don't drink it.

2. ['인사말'로] 관용적으로 사용하기도 한다.

[As greetings] This pattern is also used as part of idiomatic expressions.

▶ 예문 (1) 가: 안녕히 가세요.
      Good bye.

      나: 안녕히 계세요.
      Good bye.

   (2) 가: 할머니, 안녕히 주무세요.
      Grandma, good night.

      나: 너도 잘 자라.
      You too, sleep well.

   (3) 가: 아버지, 새해 복 많이 받으세요.
      Father, happy new year. (→ Literally, "Please receive many new year's blessings.")

      나: 그래, 너도 새해 복 많이 받아라.
      Happy new year to you too.

형태

	[동]세요/으세요
가다	가 + 세요
입다	입 + 으세요
받다	받 + 으세요
듣다*	들 + 으세요
만들다*	만드 + 세요
집다	집 + 으세요
돕다*	도 + 우 + 세요
굽다*	구 + 우 + 세요
웃다	웃 + 으세요
짓다*	지 + 으세요
쓰다	쓰 + 세요
따르다	따르 + 세요
오르다	오르 + 세요

> **참고**

1. [동]십시오/으십시오
   ▶ 자세한 설명은 문형049를 보세요.

2. [동]지 마세요
   ▶ 자세한 설명은 문형064 ([동]지 말다)를 보세요.

047   [동]시/으시-,   [형]시/으시-,   [명](이)시- 〈평서문〉

> **의미**

주어가 높임의 대상일 때 사용한다.

'-시/으시' is used to express honorifics towards the subject of the clause.

예문 (1) 동생이 서울에 갑니다.
→ 아버지께서 서울에 가십니다.
My younger brother/sister goes to Seoul.
→ My father goes to Seoul.

(2) 친구가 신문을 읽습니다.
→ 선생님께서 신문을 읽으십니다.
My friend is reading the newspaper.
→ My teacher is reading the newspaper.

(3) 가: 가족 중에서 누가 생선을 좋아해요?
Who likes fish in your family?
나: 우리 아버지께서 생선을 잘 잡수십니다.
My father eats fish frequently.

(4) 가: 여보세요? 죄송하지만 김민수 씨와 통화하고 싶은데요.
Hello? I'm sorry but I'd like to speak to Kim Minsu.
나: 지금 주무십니다. 나중에 다시 전화해 주세요.
He is sleeping now. Please call again later.

(5) 가: 누가 아파서 병원에 가요?
Are you going to the hospital because someone is sick?
나: 친구 어머니께서 편찮으세요.
My friend's mother is sick.

(6) 가: 수미 씨, 어머니께서 정말 미인이세요.
Sumi, your mother is a real beauty.

나: 그렇죠? 지금도 예쁘시지만 옛날엔 더 예쁘셨어요.
She is, isn't she? She is beautiful now, but she was more beautiful in the past.

형태

	[동]십니다/으십니다	[동]세요/으세요
가다	가 + 십니다	가 + 세요
앉다	앉 + 으십니다	앉 + 으세요
받다	받 + 으십니다	받 + 으세요
듣다*	들 + 으십니다	들 + 으세요
만들다*	만드 + 십니다	만드 + 세요
집다	집 + 으십니다	집 + 으세요
돕다*	도 + 우 + 십니다	도 + 우 + 세요
굽다*	구 + 우 + 십니다	구 + 우 + 세요
웃다	웃 + 으십니다	웃 + 으세요
짓다*	지 + 으십니다	지 + 으세요
쓰다	쓰 + 십니다	쓰 + 세요
따르다	따르 + 십니다	따르 + 세요
오르다	오르 + 십니다	오르 + 세요
먹다**	잡수십니다/드십니다	잡수세요/드세요
마시다**	드십니다	드세요
자다**	주무십니다	주무세요

	[형]십니다/으십니다	[형]세요/으세요
피곤하다	피곤하 + 십니다	피곤하 + 세요
작다	작 + 으십니다	작 + 으세요
길다*	기 + 십니다	기 + 세요
좁다	좁 + 으십니다	좁 + 으세요
곱다*	고 + 우 + 십니다	고 + 우 + 세요
어렵다*	어려 + 우 + 십니다	어려 + 우 + 세요
좋다	좋 + 으십니다	좋 + 으세요
하얗다*	하야 + 십니다	하야 + 세요
예쁘다	예쁘 + 십니다	예쁘 + 세요
빠르다	빠르 + 십니다	빠르 + 세요
있다**	계십니다	계세요
아프다**	편찮으십니다	편찮으세요
배고프다**	시장하십니다	시장하세요

	[명](이)십니다	[명](이)세요
가수	가수 + (이)십니다	가수 + (이)세요
학생	학생 + 이십니다	학생 + 이세요

※ 받침이 없는 명사의 경우에 '-이-'를 생략하는 경우가 많다.

048   [동]시/으시-, [형]시/으시-, [명](이)시-   〈의문문〉

의미

높임의 대상인 청자(혹은 문장의 주어)에게 질문을 할 때 사용한다.
'-시/으시'is used by the speaker when expressing honorifics towards the listener(or the subject) in an interrogative sentence.

예문

(1) 가: 지금 어디에 **가십니까**?
  Where are you going?
  나: 머리가 아파서 병원에 갑니다.
  I have a headache, so I am going to the hospital.

(2) 가: 어제 뉴스를 **보셨습니까**?
  Did you watch the news yesterday?
  나: 일이 있어서 못 봤습니다. 무슨 특별한 뉴스가 나왔습니까?
  I couldn't watch because of work. Were there any special news?

(3) 가: 여보세요? 선생님, 어디에 **계세요**?
  Hello? Teacher, where are you?
  나: 도서관에 있어요. 그런데 왜요?
  I am in the library. What is the matter?

(4) 가: 지금 **바쁘십니까**?
  Are you busy now?
  나: 아니요, 괜찮아요. 무슨 일 있어요?
  No, I'm okay. Is anything wrong?

(5) 가: 어렸을 때도 키가 **크셨어요**?
  Were you also tall when you were young?
  나: 네, 어렸을 때부터 다른 친구들보다 컸어요.
  Yes, I've been taller than my friends since childhood.

(6) 가: 저 분은 **누구세요**?
  Who is that person?
  나: 민수의 삼촌이세요.
  He is Minsu's uncle.

형태

	[동]십니까?/으십니까?	[동]세요?/으세요?
가다	가 + 십니까?	가 + 세요?
앉다	앉 + 으십니까?	앉 + 으세요?
받다	받 + 으십니까?	받 + 으세요?
듣다*	들 + 으십니까?	들 + 으세요?
만들다*	만드 + 십니까?	만드 + 세요?
집다	집 + 으십니까?	집 + 으세요?
돕다*	도 + 우 + 십니까?	도 + 우 + 세요?
굽다*	구 + 우 + 십니까?	구 + 우 + 세요?
웃다	웃 + 으십니까?	웃 + 으세요?
짓다*	지 + 으십니까?	지 + 으세요?
쓰다	쓰 + 십니까?	쓰 + 세요?
따르다	따르 + 십니까?	따르 + 세요?
오르다	오르 + 십니까?	오르 + 세요?
먹다**	잡수십니까?/드십니까?	잡수세요?/드세요?
마시다**	드십니까?	드세요?
자다**	주무십니까?	주무세요?

	[형]십니까?/으십니까?	[형]세요?/으세요?
피곤하다	피곤하 + 십니까?	피곤하 + 세요?
작다	작 + 으십니까?	작 + 으세요?
멀다*	머 + 십니까?	머 + 세요?
좁다	좁 + 으십니까?	좁 + 으세요?
곱다*	고 + 우 + 십니까?	고 + 우 + 세요?
어렵다*	어려 + 우 + 십니까?	어려 + 우 + 세요?
좋다	좋 + 으십니까?	좋 + 으세요?
하얗다*	하야 + 십니까?	하야 + 세요?
예쁘다	예쁘 + 십니까?	예쁘 + 세요?
빠르다	빠르 + 십니까?	빠르 + 세요?
있다**	계십니까?	계세요?
아프다**	편찮으십니까?	편찮으세요?
배고프다**	시장하십니까?	시장하세요?

	[명](이)십니까?	[명](이)세요?
가수	가수 + (이)십니까?	가수 + (이)세요?
학생	학생 + 이십니까?	학생 + 이세요?

※ 받침이 없는 명사의 경우에 '-이-'를 생략하는 경우가 많다.

049 [동]십시오/으십시오

의미

높임의 대상인 청자에게 어떤 일 또는 동작을 할 것을 명령하거나 요청할 때 사용한다.
- 주로 공식적인 말하기에서 사용한다.
- 비공식적인 말하기에서는 '[동]세요/으세요'를 사용한다.
- 부정 형태는 '[동]지 마십시오'이다.

This pattern is used by the speaker when commanding or requesting the listener to perform a particular action while expressing honorifics towards the listener.
- This is mainly used in official and formal speech.
- In unofficial and informal speech, '[V]세요/으세요' is used.
- The negative form is '[V]지 마십시오'.

예문

(1) 가: 비빔밥 나왔습니다. 맛있게 드십시오.
   Your Bibimbap is ready. Please enjoy your meal.
   나: 네, 잘 먹겠습니다.
   Thank you (I will eat it well).

(2) 가: 제 설명을 잘 들으십시오. 그리고 궁금한 게 있으시면 질문하십시오.
   Listen carefully to my explanation. And if you have any questions, please ask.
   나: 네, 알겠습니다.
   Okay, I understand.

(3) [회의장 안내 방송] 회의를 시작하겠습니다. 모두 자리에 앉으십시오.
   [Announcement in a conference hall] We will now be starting our meeting. Please sit down, everyone.

(4) [기차 안내 방송] 이번 역은 서울역입니다. 이용해 주셔서 감사합니다. 안녕히 가십시오.
   [Announcement on a train] This stop is Seoul station. Thank you for traveling with us and have a good day.

(5) [안내문] 여기에 들어가지 마십시오.
   [Notice] Don't enter here.

형태

	[동]십시오/으십시오
가다	가 + 십시오
앉다	앉 + 으십시오
받다	받 + 으십시오
듣다*	들 + 으십시오
만들다*	만드 + 십시오
집다	집 + 으십시오

돕다*	도+우+십시오
굽다*	구+우+십시오
웃다	웃+으십시오
짓다*	지+으십시오
쓰다	쓰+십시오
따르다	따르+십시오
오르다	오르+십시오
먹다**	잡수십시오/드십시오
마시다**	드십시오
자다**	주무십시오
있다**	계십시오

참고

1. [동]지 마십시오
   ▶ 자세한 설명은 문형064([동]지 말다)를 보세요.

050 [동]아/어/여 보다

의미

1. 시도의 의미를 나타낸다.

This pattern is used to express the subject's attempt in performing a particular action. It corresponds to 'try/attempt (~ing)' in English.

» 예문 (1) 가: 이 옷은 조금 작은 것 같아요.
I think this dress is a little small for me.

나: 그래요? 그러면 한 사이즈 큰 걸로 입어 보세요.
Is it? Then please try on the next larger size.

(2) 평소에 미소를 지어 보세요. 그러면 상대방에게 부드러운 인상을 줄 수 있어요.
Always try putting on a smile on your face. Then you will give an impression of being soft to the other party.

(3) 가: 이 재료로 음식을 한번 만들어 봅시다.
Let's try making some food once with these ingredients.

나: 이 재료로요? 아주 재미있겠는데요.
With these ingredients? This should be very interesting.

(4) 가: 누가 먼저 시작해 볼까요?
Who wants to try to start first?

나: 제가 먼저 **시작해 보겠습니다**.
  I will try to start first.

2. ['[동]아/어/여 보았다'의 형태로] 과거의 경험을 나타낸다.

This pattern is also used to express an experience the subject has as a result of attempting a particular action in the past. It corresponds to 'tried (doing ~)' or 'have (done ~)' in English.

예문 (1) 가: 아야코 씨는 떡볶이를 **먹어 봤어요**?
  Have you tried Tteokbokki, Ayako?

나: 네, 물론이죠. 조금 맵지만 맛있었어요.
  Yes, of course. It was a little spicy, but it tasted good.

(2) 가: 전에 이 화장품을 **사용해 봤습니까**?
  Have you tried using this cosmetic product before?

나: 아니요, 이번이 처음이에요.
  No, this is the first time.

(3) 가: 이 노래를 **들어 봤습니까**?
  Have you tried listening to this song?

나: 네, 어렸을 때 **들어 봤습니다**.
  Yes, I have listened to it (before) when I was young.

(4) 가: 길에서 돈을 **주워 봤어요**?
  Have you ever found money on the street?

나: 아니요, 한 번도 길에서 돈을 주워 본 적이 없습니다.
  No, I've never found money on the street even once.

❖ 의미 2번의 경우, '[동]아/어/여 본 적이 있다'로 바꿀 수 있다.

When this pattern is used with the meaning given by usage 2 above, it may be replaced with '[V]아/어/여 본 적이 있다' without much difference in meaning.

예문 (1) 아야코 씨는 떡볶이를 **먹어 봤어요**?
  → 아야코 씨는 떡볶이를 **먹어 본 적이 있어요**?

(2) 어렸을 때 **들어 봤습니다**.
  → 어렸을 때 **들어 본 적이 있습니다**.

형태

[동]아/어/여 보다

가다	가 + 아 보다 → 가 보다
입다	입 + 어 보다
요리하다	요리하 + 여 보다 → 요리해 보다

받다	받 + 아 보다
듣다*	들 + 어 보다
만들다	만들 + 어 보다
집다	집 + 어 보다
돕다*	도 + 오 + 아 보다 → 도와 보다
굽다*	구 + 우 + 어 보다 → 구워 보다
웃다	웃 + 어 보다
짓다*	지 + 어 보다
쓰다*	쓰 + 어 보다 → 써 보다
따르다*	따르 + 아 보다 → 따라 보다
오르다*	오 + ㄹㄹ + 아 보다 → 올라 보다

051 [동]아/어/여 주다 ⟨1⟩

의미

상대방에게 도움을 요청하거나 부탁하는 의미이다.

- 말하는 사람과 듣는 사람의 관계에 따라 정중한 정도가 달라진다.
  [동]아/어/여 줘(요) < [동]아/어/여 주세요 < [동]아/어/여 주시겠어요? < [동]아/어/여 주시겠습니까?

This pattern is used by the speaker when requesting the other party for help or a favor.
- The degree of politeness changes based on the relationship between the speaker and the listener.
  [V]아/어/여 줘(요) < [V]아/어/여 주세요 < [V]아/어/여 주시겠어요? < [V]아/어/여 주시겠습니까?

⟨From least polite to most polite⟩

예문

(1) 가: 수영아, 소금 좀 건네 줘.
    Suyeong, pass me the salt, please.
   나: 응, 여기 있어.
    Sure, here you are.

(2) 가: 영미 씨, 미안하지만 제 숙제 좀 도와주세요.
    Yeongmi, I am sorry, but please help me out with my homework.
   나: 무슨 숙제인데요? 도와 드릴게요.
    What homework? I'll help you.

(3) 가: 죄송합니다. 이 가방을 선반 위에 좀 올려 주시겠어요?
    I am sorry. Would you place this bag on the shelf for me, please?
   나: 네, 그러죠.
    Yes, sure.

(4) 가: 손님, 저쪽에 앉아서 잠깐만 기다려 주시겠습니까?
    Sir, could you have a seat over there and wait for a moment, please?

나: 어디요? 저기요? 알겠습니다.
　　Where? Over there? I understand.

형태

	[동]아/어/여 주다
가다	가 + 아 주다 → 가 주다
읽다	읽 + 어 주다
요리하다	요리하 + 여 주다 → 요리해 주다
받다	받 + 아 주다
듣다*	들 + 어 주다
만들다	만들 + 어 주다
집다	집 + 어 주다
돕다*	도 + 오 + 아 주다 → 도와주다
굽다*	구 + 우 + 어 주다 → 구워 주다
씻다	씻 + 어 주다
붓다*	부 + 어 주다
담그다*	담ㄱ + 아 주다 → 담가 주다
따르다*	따ㄹ + 아 주다 → 따라 주다
고르다*	고 + ㄹㄹ + 아 주다 → 골라 주다

052　[동]아/어/여 주다/드리다　〈2〉

의미

상대방을 위해서 도움을 제안하거나 제3자를 돕는 행위에 대해 상대방의 의견을 물을 때 사용한다.
- 행동을 받는 대상이 나보다 윗사람인 경우 '-아/어/여 드리다'를 사용한다.
- 다음과 같은 형태로 나타난다.
　[동]아/어/여 줄까(요)?, [동]아/어/여 드릴까(요)?
　[동]아/어/여 줄게(요)/주겠습니다, [동]아/어/여 드릴게요/드리겠습니다

This pattern is used by the speaker when recommending assistance (via action) for the listener or inquiring the listener's opinion about giving assistance for someone else.
- If the receiver of the action stands in a higher position than the subject performing the action, the form '-아/어/여 드리다' is used.
- The following forms are used.
　[V]아/어/여 줄까(요)?, [V]아/어/여 드릴까(요)?
　[V]아/어/여 줄게(요)/주겠습니다, [V]아/어/여 드릴게요/드리겠습니다

》 **예문**　(1) 가: 책상이 무거워서 혼자 들기 힘들지 않아? 도와줄까?
　　　　　　Isn't it hard for you to lift that heavy desk alone? Can I help you?

나: 고마워. 네가 도와주면 나는 좋지.
　　Thanks. It will be great if you help me.

(2) 가: 무엇을 도와 드릴까요?
　　What can I help you with?

나: 해외 송금을 하고 싶은데 어디로 가야 하죠?
　　I'd like to transfer money overseas, so where do I need to go (to do that)?

(3) 가: 철수 씨, 빨간색 펜 좀 빌릴 수 있어요?
　　Cheolsu, can I borrow your red pen?

나: 네, 빌려 드릴게요. 여기 있습니다.
　　Yes, I'll lend it to you. Here it is.

(4) 가: 엄마, 제가 손님들께 커피 좀 타 드릴까요?
　　Mom, shall I make some coffee for the guests?

나: 그래, 고맙다.
　　Yes, thanks.

형태

	[동]아/어/여 주다	[동]아/어/여 드리다
가다	가 + 아 주다 → 가 주다	가 + 아 드리다 → 가 드리다
읽다	읽 + 어 주다	읽 + 어 드리다
요리하다	요리하 + 여 주다 → 요리해 주다	요리하 + 여 드리다 → 요리해 드리다
받다	받 + 아 주다	받 + 아 드리다
듣다*	들 + 어 주다	들 + 어 드리다
만들다	만들 + 어 주다	만들 + 어 드리다
집다	집 + 어 주다	집 + 어 드리다
돕다*	도 + 오 + 아 주다 → 도와 주다	도 + 오 + 아 드리다 → 도와 드리다
굽다*	구 + 우 + 어 주다 → 구워 주다	구 + 우 + 어 드리다 → 구워 드리다
씻다	씻 + 어 주다	씻 + 어 드리다
붓다*	부 + 어 주다	부 + 어 드리다
담그다*	담ㄱ + 아 주다 → 담가 주다	담ㄱ + 아 드리다 → 담가 드리다
따르다*	따르 + 아 주다 → 따라 주다	따르 + 아 드리다 → 따라 드리다
고르다*	고 + ㄹㄹ + 아 주다 → 골라 주다	고 + ㄹㄹ + 아 드리다 → 골라 드리다

053　[동]아/어/여 주다/드리다　〈3〉

의미

다른 사람을 위해서 어떤 행동을 한다는 의미이다.
- 행동을 하는 사람보다 그 행동을 받는 대상이 윗사람인 경우 '-아/어/여 드리다'를 사용한다.
- 다음과 같은 형태로 나타난다.
  [동]아/어/여 줘(요)/줍니다, [동]아/어/여 주세요/주십니다, [동]아/어/여 드려(요)/드립니다

This pattern is used to express performing an action for the sake of another.
- If the receiver of the action stands in a higher position than the subject performing the action, the form '-아/어/여 드리다' is used.
- The following forms are used.
  [V]아/어/여 줘(요)/줍니다, [V]아/어/여 주세요/주십니다, [V]아/어/여 드려(요)/드립니다

예문

(1) 가: 미애 씨 남편은 평소에 아이를 위해서 뭘 해요?
　　　Miae, what does your husband usually do for your child?
　　나: 우리 남편은 딸에게 매일 밤 책을 읽어 줘요.
　　　My husband reads books for our daughter every night.

(2) 가: 마리 씨, 영화표는 누가 예매해 줬어요?
　　　Marie, who reserved the movie tickets for you?
　　나: 남자 친구가 예매해 줬어요.
　　　My boyfriend reserved them for me.

(3) 가: 할아버지께서 영수 씨에게 언제 말씀해 주셨어요?
　　　When did your grandfather tell you?
　　나: (저에게) 어제 저녁에 말씀해 주셨어요.
　　　He told me last night.

(4) 가: 미경 씨, 부장님께 usb를 전해 드렸습니까?
　　　Migyeong, did you deliver the usb to the manager?
　　나: 네, 아까 (부장님께) 전해 드렸습니다.
　　　Yes, I delivered it (to the manager) earlier.

형태

	[동]아/어/여 주다	[동]아/어/여 드리다
가다	가 + 아 주다 → 가 주다	가 + 아 드리다 → 가 드리다
읽다	읽 + 어 주다	읽 + 어 드리다
요리하다	요리하 + 여 주다 → 요리해 주다	요리하 + 여 드리다 → 요리해 드리다
받다	받 + 아 주다	받 + 아 드리다
듣다*	들 + 어 주다	들 + 어 드리다

만들다	만들 + 어 주다	만들 + 어 드리다
집다	집 + 어 주다	집 + 어 드리다
돕다*	도 + 오 + 아 주다 → 도와주다	도 + 오 + 아 드리다 → 도와 드리다
굽다*	구 + 우 + 어 주다 → 구워 주다	구 + 우 + 어 드리다 → 구워 드리다
씻다	씻 + 어 주다	씻 + 어 드리다
붓다*	부 + 어 주다	부 + 어 드리다
담그다*	담ㄱ + 아 주다 → 담가 주다	담ㄱ + 아 드리다 → 담가 드리다
따르다*	따르 + 아 주다 → 따라 주다	따르 + 아 드리다 → 따라 드리다
고르다*	고 + ㄹㄹ + 아 주다 → 골라 주다	고 + ㄹㄹ + 아 드리다 → 골라 드리다

054 [동]아도/어도/여도 되다, [형]아도/어도/여도 되다, [명]여도/이어도 되다

의미

어떤 일에 대한 허락이나 허용을 나타낸다.

- '되다' 이외에 '괜찮다, 좋다'를 쓰기도 한다.

This pattern is used to express permission or approval for the subject to perform a particular action. It corresponds to 'it is okay (to ~) (even if ~)', 'it is allowed (to ~)', 'may ~' in English.
- '괜찮다, 좋다' may be used in place of '되다'.

예문

(1) 가: 여기에서 사진을 찍고 싶은데요.
   I'd like to take some pictures here.

   나: 네, 찍으세요. 사진을 **찍어도 됩니다**.
   Sure, go ahead (and take them). You can take pictures (here).

(2) 가: 지금 **나가도 돼요**?
   May I go out now?

   나: 네, **나가셔도 괜찮아요**.
   Yes, you may go out.

(3) 가: 미리 예약을 안 했는데 이 공연을 볼 수 있을까요?
   Can I watch the performance even though I didn't reserve a ticket in advance?

   나: 네, 오늘은 평일이라 예약을 **안 해도 돼요**.
   Yes, even if you don't make a reservation, it is okay because today is a weekday.

(4) 가: 손님, 조금 비싼데 괜찮으세요?
   Sir, is it acceptable that it is a little expensive?

   나: 품질만 좋으면 **비싸도 좋아요**.
   If the quality is good, it's alright even if it is expensive.

(5) 가: 저, 아르바이트를 하고 싶은데 학생도 할 수 있어요?
　　　Well, I'd like to work part-time. Can students also work?

　　나: 네, 일이 어렵지 않으니까 학생이어도 돼요.
　　　Yes, even if you are a student, it's okay because the work is not difficult.

형태

[동]아도/어도/여도 되다

가다	가 + 아도 되다 → 가도 되다
먹다	먹 + 어도 되다
일하다	일하 + 여도 되다 → 일해도 되다
받다	받 + 아도 되다
듣다*	들 + 어도 되다
만들다	만들 + 어도 되다
집다	집 + 어도 되다
돕다*	도 + 오 + 아도 되다 → 도와도 되다
굽다*	구 + 우 + 어도 되다 → 구워도 되다
웃다	웃 + 어도 되다
짓다*	지 + 어도 되다
쓰다*	ㅆ + 어도 되다 → 써도 되다
따르다*	따ㄹ + 아도 되다 → 따라도 되다
오르다*	오 + ㄹㄹ + 아도 되다 → 올라도 되다

[형]아도/어도/여도 되다

느리다	느리 + 어도 되다 → 느려도 되다
작다	작 + 아도 되다
조용하다	조용하 + 여도 되다 → 조용해도 되다
멀다	멀 + 어도 되다
좁다	좁 + 아도 되다
곱다*	고 + 오 + 아도 되다 → 고와도 되다
어렵다*	어려 + 우 + 어도 되다 → 어려워도 되다
좋다	좋 + 아도 되다
하얗다*	하야 + ㅣ + 아도 되다 → 하얘도 되다
크다*	ㅋ + 어도 되다 → 커도 되다
빠르다*	빠 + ㄹㄹ + 아도 되다 → 빨라도 되다

[명]여도/이어도 되다

친구	친구 + 여도 되다
동생	동생 + 이어도 되다

055　[동]아서/어서/여서　〈순서〉

의미

어떤 일이나 동작이 시간의 순서와 차례에 따라 일어남을 나타낸다.

This pattern is used to indicate that the events or actions given by the first and second clauses have a chronological/sequential relationship between them. The event or action in the first clause occurs first.

예문

(1) 가: 이번 주말에 뭐 해요?
　　　What are you doing this weekend?
　　나: 서울에 **가서** 친구를 만나요.
　　　I am going to Seoul and meet my friend.

(2) 가: 아침에 뭐 먹었어요?
　　　What did you eat this morning?
　　나: 샌드위치를 **만들어서** 먹었어요.
　　　I made a sandwich and ate it.

(3) 가: 서류를 직접 사무실에 제출할까요?
　　　Should I submit the document(s) to the office directly?
　　나: 아니요, **복사해서** 우편으로 제출하면 됩니다.
　　　No, you can make a copy of it and send it by mail.

(4) 가: 이 병에 들어있는 물을 마셔도 돼요?
　　　Can I drink the water in this bottle?
　　나: 네, 그 옆에 있는 컵에 **따라서** 드세요.
　　　Yes, pour the water into the adjacent cup before you drink it.

형태

	[동]아서/어서/여서
가다	가 + 아서 → 가서
찍다	찍 + 어서
복사하다	복사하 + 여서 → 복사해서
받다	받 + 아서
걷다*	걸 + 어서
만들다	만들 + 어서
집다	집 + 어서
돕다*	도 + 오 + 아서 → 도와서
굽다*	구 + 우 + 어서 → 구워서
짓다*	지 + 어서
쓰다*	쓰 + 어서 → 써서
따르다*	따르 + 아서 → 따라서
오르다*	오 + ㄹㄹ + 아서 → 올라서

참고

1. [동]아서/어서/여서 〈이유〉
   ▶ 자세한 설명은 문형056을 보세요.

2. 비교

[동]아서/어서/여서	[동]고
- 시간적 선후 관계가 있으며 앞의 동작이 뒤의 동작과 밀접한 관계가 있을 때 사용한다. This pattern is used when there is a chronological relationship between two actions. And the two actions are very closely related to each other. **예문** 가: 오늘 뭐 할 거예요? 　　　What are you doing today? 　　나: 친구를 만나서 영화를 볼 거예요. 　　　(= 친구를 만날 거예요. 그리고 그 친구랑 영화를 볼 거예요.) 　　　I will meet my friend and watch a movie. 　　　(= I will meet my friend. And I will watch a movie with that friend.)	- 시간적 선후 관계가 있을 때는 물론 없을 때도 사용한다. 앞의 동작과 뒤의 동작은 각각 별도의 행위로서 서로 연관성이 없다. This pattern is used not only when two actions occur in chronological order, but also when there is no such relationship between them. In this case, as individual actions, there is no correlation between the first and second actions. **예문** 가: 오늘 뭐 할 거예요? 　　　What are you doing today? 　　나: 친구를 만나고 영화를 볼 거예요. 　　　(= 친구를 만날 거예요. 그리고 혼자 영화를 볼 거예요) 　　　I will meet my friend and watch a movie. 　　　(= I will meet my friend. And I will watch a movie alone.)

▶ '[동]고'의 자세한 설명은 문형003을 보세요.

056　[동]아서/어서/여서, [형]아서/어서/여서, [명]여서/이어서 〈이유〉

의미

뒤의 내용에 대한 이유나 원인을 나타낸다.

This pattern is used to indicate the first clause becomes the reason or cause for the occurrence of the succeeding clause.

예문 (1) 가: 사람들이 왜 뛰어가요?
　　　　　Why are people running?
　　　　나: 비가 와서 뛰어가요.
　　　　　Because it is raining, they are running.

　　　(2) 가: 왜 배가 아파요?
　　　　　Why does your stomach hurt?

나: 너무 매운 음식을 먹어서 배가 아파요.
　　Because I ate food that was too spicy, I have a stomachache.

(3) 가: 어제 왜 화가 났어요?
　　Why were you upset yesterday?

나: 친구와 약속을 했는데 친구가 오지 않아서 화가 났어요.
　　I had plans with my friend, but he didn't show up, so I got upset.

(4) 가: 왜 아직 퇴근하지 않았어요?
　　Why haven't you got off work yet?

나: 할 일이 많아서 퇴근을 못 했어요.
　　There's a lot of work to do, and so I couldn't leave work.

(5) 가: 왜 이렇게 오래 걸렸어요?
　　Why did it take you this long?

나: 자동차가 느려서 오래 걸렸어요.
　　My car is slow, so it took this long.

(6) 가: 왜 이렇게 일이 서툴러요?
　　Why are you this clumsy with the task?

나: 죄송합니다. 신입사원이어서 그래요.
　　I am sorry. It's because I am a new recruit.

● **과거 시제 '-았/었/였-'과 같이 쓰지 못한다.**
　This pattern may not be combined with the past particle '-았/었/였-'.

▶ 예문　밥을 안 먹었어서 배가 너무 고파요. (×)
　　　　밥을 안 먹어서 배가 너무 고파요. (○)
　　　　Because I didn't have a meal, I am really hungry.

● **청유문, 명령문에 쓰지 못한다.**
　This pattern may not be used in propositive or imperative sentences.

▶ 예문　배가 고파서 밥을 먹읍시다. (×)　〈청유문, Propositive〉
　　　　배가 고파서 밥을 드세요. (×)　〈명령문, Imperative〉

❖ **'[명]여서/이어서'는 입말 '[명]라서/이라서'로 바꿀 수 있다.**
　The form '[N]여서/이어서' may be replaced with '[N]라서/이라서' during speech.

▶ 예문　(1) 신입사원이어서 그래요.
　　　　　→ 신입사원이라서 그래요.
　　　　(2) 어린아이여서 매운 음식을 잘 못 먹어요.
　　　　　→ 어린아이라서 매운 음식을 잘 못 먹어요.
　　　　　　Because he/she is a child, he/she can't eat spicy food very well.

형태

[동]아서/어서/여서

가다	가 + 아서 → 가서
먹다	먹 + 어서
일하다	일하 + 여서 → 일해서
받다	받 + 아서
듣다*	들 + 어서
만들다	만들 + 어서
집다	집 + 어서
돕다*	도 + 오 + 아서 → 도와서
굽다*	구 + 우 + 어서 → 구워서
웃다	웃 + 어서
짓다*	지 + 어서
쓰다*	ㅆ + 어서 → 써서
따르다*	따르 + 아서 → 따라서
오르다*	오 + ㄹㄹ + 아서 → 올라서

[형]아서/어서/여서

느리다	느리 + 어서 → 느려서
작다	작 + 아서
조용하다	조용하 + 여서 → 조용해서
멀다	멀 + 어서
좁다	좁 + 아서
곱다*	고 + 오 + 아서 → 고와서
어렵다*	어려 + 우 + 어서 → 어려워서
좋다	좋 + 아서
하얗다*	하야 + ㅣ + 아서 → 하애서
크다*	ㅋ + 어서 → 커서
빠르다*	빠 + ㄹㄹ + 아서 → 빨라서

[명]여서/이어서

친구	친구 + 여서
동생	동생 + 이어서

참고

1. [동]아서/어서/여서 〈순서〉
   ▶ 자세한 설명은 문형055를 보세요.

057 [동]아야/어야/여야 되다/하다, [형]아야/어야/여야 되다/하다, [명]여야/이어야 되다/하다

의미

당연히 그렇게 해야 됨을 나타낸다.
This pattern is used to indicate a necessary condition regarding the subject. It corresponds to 'must ~', 'have to ~' in English.

예문

(1) 가: 내일 아침 몇 시에 **일어나야 해**?
What time do we have to get up tomorrow morning?

나: 8시에 출발하니까 7시에는 일어나서 **준비해야 해**.
We leave at 8, so we must get up at 7 and get ready.

(2) 가: 시간 안에 끝내려면 좀 더 **서둘러야 해요**.
You must hurry a little more if you are to finish in time.

나: 네, 알겠습니다. 서두르겠습니다.
Yes, I understand. I will be sure to hurry up.

(3) 가: 이것보다 좀 더 **커야 됩니다**. 우리 아이가 발이 커서요.
It has to be a bit bigger than this. It's because my child has big feet.

나: 손님, 이 디자인은 이것보다 더 큰 건 없는데요. 죄송합니다.
Ma'am, there is no bigger one in this design. I'm sorry.

(4) 가: 한국에서 대학에 입학하려면 한국어능력시험 몇 급이 필요해요?
What level on the TOPIK(=Test of Proficiency in Korean) is necessary if I were to be accepted in college in Korea?

나: **3급 이상이어야 돼요**.
It has to be level 3 or higher.

형태

[동]아야/어야/여야 되다/하다

보다	보 + 아야 되다/하다 → 봐야 되다/하다
먹다	먹 + 어야 되다/하다
일하다	일하 + 여야 되다/하다 → 일해야 되다/하다
받다	받 + 아야 되다/하다
듣다*	들 + 어야 되다/하다
만들다	만들 + 어야 되다/하다
잡다	잡 + 아야 되다/하다
돕다*	도 + 오 + 아야 되다/하다 → 도와야 되다/하다
굽다*	구 + 우 + 어야 되다/하다 → 구워야 되다/하다
씻다	씻 + 어야 되다/하다
짓다*	지 + 어야 되다/하다

쓰다*	쓰 + 어야 되다/하다 → 써야 되다/하다	
따르다*	따르 + 아야 되다/하다 → 따라야 되다/하다	
오르다*	오 + ㄹㄹ + 아야 되다/하다 → 올라야 되다/하다	

[형]아야/어야/여야 되다/하다

느리다	느리 + 어야 되다/하다 → 느려야 되다/하다
작다	작 + 아야 되다/하다
행복하다	행복하 + 여야 되다/하다 → 행복해야 되다/하다
달다	달 + 아야 되다/하다
좁다	좁 + 아야 되다/하다
곱다*	고 + 오 + 아야 되다/하다 → 고와야 되다/하다
차갑다*	차가 + 우 + 어야 되다/하다 → 차가워야 되다/하다
좋다	좋 + 아야 되다/하다
하얗다*	하야 + ㅣ + 아야 되다/하다 → 하얘야 되다/하다
예쁘다*	예쁘 + 어야 되다/하다 → 예뻐야 되다/하다
빠르다*	빠 + ㄹㄹ + 아야 되다/하다 → 빨라야 되다/하다

[명]여야/이어야 되다/하다

아이	아이 + 여야 되다/하다
사람	사람 + 이어야 되다/하다

058   [동]아요/어요/여요, [형]아요/어요/여요   〈평서문〉

문형 / ㅇ

의미

서술하는 기능을 하며, 주로 비공식적인 말하기에서 사용한다.
This pattern functions as a declarative ending form of a sentence and is usually used in informal speech.

예문

(1) 가: 저기 버스가 옵니다. 탑시다.
　　 There comes a bus. Let's get on.

　나: 잠깐만요. 버스 카드가 없어요.
　　 Wait. I don't have my bus card.

(2) 가: 친구들이 기다려요. 빨리 갑시다.
　　 My friends are waiting. Let's go quickly.

　나: 그래요? 서두를게요.
　　 Really? I'll hurry up.

(3) 가: 오늘 같이 영화 볼까요?
　　 Shall we watch a movie today together?

　나: 오늘은 너무 피곤해요. 미안한데 내일 봅시다.
　　 I am too tired today. Sorry, but let's watch one tomorrow.

(4) 가: 저 영화 어때요?
How's that movie?

나: 조금 무섭지만 재미있어요.
It's a little scary but good.

❖ '[동/형]ㅂ니다/습니다 〈격식체〉'로 바꿀 수 있다.
This pattern may be replaced with '[V/A] ㅂ니다/습니다 〈Formal style〉'.

▶▶ **예문** (1) 버스 카드가 없어요.
→ 버스 카드가 없습니다.
(2) 친구들이 기다려요.
→ 친구들이 기다립니다.

형태

	과거	현재
	[동]았어요/었어요/였어요	[동]아요/어요/여요
가다	가 + 았어요 → 갔어요	가 + 아요 → 가요
먹다	먹 + 었어요	먹 + 어요
일하다	일하 + 였어요 → 일했어요	일하 + 여요 → 일해요
만들다	만들 + 었어요	만들 + 어요
받다	받 + 았어요	받 + 아요
듣다*	들 + 었어요	들 + 어요
집다	집 + 었어요	집 + 어요
돕다*	도 + 오 + 았어요 → 도왔어요	도 + 오 + 아요 → 도와요
굽다*	구 + 우 + 었어요 → 구웠어요	구 + 우 + 어요 → 구워요
웃다	웃 + 었어요	웃 + 어요
짓다*	지 + 었어요	지 + 어요
쓰다*	ㅆ + 었어요 → 썼어요	ㅆ + 어요 → 써요
따르다*	따르 + 았어요 → 따랐어요	따르 + 아요 → 따라요
오르다*	오 + ㄹㄹ + 았어요 → 올랐어요	오 + ㄹㄹ + 아요 → 올라요
	[형]았어요/었어요/였어요	[형]아요/어요/여요
느리다	느리 + 었어요 → 느렸어요	느리 + 어요 → 느려요
작다	작 + 았어요	작 + 아요
조용하다	조용하 + 였어요 → 조용했어요	조용하 + 여요 → 조용해요
멀다	멀 + 었어요	멀 + 어요
좁다	좁 + 았어요	좁 + 아요
곱다*	고 + 오 + 았어요 → 고왔어요	고 + 오 + 아요 → 고와요
어렵다*	어려 + 우 + 었어요 → 어려웠어요	어려 + 우 + 어요 → 어려워요
좋다	좋 + 았어요	좋 + 아요
하얗다*	하야 + ㅣ + 았어요 → 하얬어요	하야 + ㅣ + 아요 → 하얘요
예쁘다*	예쁘 + 었어요 → 예뻤어요	예쁘 + 어요 → 예뻐요
빠르다*	빠 + ㄹㄹ + 았어요 → 빨랐어요	빠 + ㄹㄹ + 아요 → 빨라요

참고

1. [동]아요/어요/여요 〈청유문〉
   ▶ 자세한 설명은 문형059를 보세요.

2. [동/형]아요?/어요?/여요?
   ▶ 자세한 설명은 문형060을 보세요.

3. [동/형]ㅂ니다/습니다
   ▶ 자세한 설명은 문형044를 보세요.

059　[동]아요/어요/여요　〈청유문〉

의미

'[동]ㅂ시다/읍시다'의 의미로 비공식적인 말하기에서 사용한다.
This pattern has the same meaning as '[V] ㅂ시다/읍시다' and is used in informal speech.

예문　(1) 가: 심심해요. 뭐 하면 좋을까요?
　　　　　　 I am bored. What do you suggest that I should do?
　　　　　나: 그럼 이 영화 같이 봐요.
　　　　　　 Then let's watch this movie together.

　　　　(2) 가: 요즘 살이 쪄서 걱정이에요.
　　　　　　 I am worried that I gained much weight recently.
　　　　　나: 저도 그래요. 우리 같이 운동해요.
　　　　　　 Me too. Let's do some exercise together.

　　　　(3) 가: 어머니 생신이라서 케이크를 만들려고 하는데 어렵네요.
　　　　　　 I am thinking of making a cake for my mother's birthday, but it is difficult.
　　　　　나: 제가 만들어 본 적이 있으니까 저랑 만들어요.
　　　　　　 I've made a cake before, so let's make it together.

형태

　　　　　　　　　[동]아요/어요/여요
가다　　　　　가 + 아요 → 가요
먹다　　　　　먹 + 어요
일하다　　　　일하 + 여요 → 일해요

받다	받 + 아요
듣다*	들 + 어요
만들다	만들 + 어요
집다	집 + 어요
돕다*	도 + 오 + 아요 → 도와요
굽다*	구 + 우 + 어요 → 구워요
웃다	웃 + 어요
짓다*	지 + 어요
쓰다*	쓰 + 어요 → 써요
따르다*	따르 + 아요 → 따라요
오르다*	오 + ㄹㄹ + 아요 → 올라요

참고

1. [동]아요/어요/여요 〈평서문〉
   ▶ 자세한 설명은 문형058([동/형]아요/어요/여요)을 보세요.

2. [동]아요?/어요?/여요?
   ▶ 자세한 설명은 문형060([동/형]아요?/어요?/여요?)을 보세요.

3. [동]ㅂ시다/읍시다
   ▶ 자세한 설명은 문형045를 보세요.

060   [동]아요?/어요?/여요?,   [형]아요?/어요?/여요?

의미

상대방에게 질문할 때 사용한다.

- 비격식체로 주로 입말에 쓰인다.
  This pattern is used for interrogative sentences towards the other.
  - It is informal and is mainly used in speech.

▶ 예문 (1) 가: 어디에 **살아요**?
          Where do you live?

          나: 저는 서울 종로에 살아요.
          I live in Jongno, Seoul.

       (2) 가: 영희 씨는 어떤 과일을 **좋아해요**?
          What kind of fruit does Yeonghee like?

나: 영희 씨는 모든 과일을 좋아하지만 특히 딸기를 좋아해요.
   She likes all kinds of fruits, but she especially likes strawberry.

(3) 가: 누가 내 과자를 먹었어요?
   Who ate my cookies?

   나: 철수 씨 과자였어요? 미안해요. 제가 먹었어요.
   Were they your cookies, Cheolsu? Sorry. I ate them.

(4) 가: 어떤 가방이 예뻐요?
   Which bag is pretty?

   나: 이 가방이 더 예쁜 것 같아요.
   I think this bag is prettier.

(5) 가: 방이 어두웠어요?
   Was it dark in the room?

   나: 아니요, 아주 밝았어요.
   No, it was very bright.

❖ '[동/형]ㅂ니까?/습니까?〈격식체〉'로 바꿀 수 있다.
This pattern may be replaced with '[V/A]ㅂ니까?/습니까?〈Formal style〉'.

▶ 예문 (1) 영희 씨는 어떤 과일을 좋아해요?
   → 영희 씨는 어떤 과일을 좋아합니까?

   (2) 누가 내 과자를 먹었어요?
   → 누가 내 과자를 먹었습니까?

형태

	과거	현재
	[동]았어요?/었어요?/였어요?	[동]아요?/어요?/여요?
가다	가 + 았어요? → 갔어요?	가 + 아요? → 가요?
먹다	먹 + 었어요?	먹 + 어요?
일하다	일하 + 였어요? → 일했어요?	일하 + 여요? → 일해요?
받다	받 + 았어요?	받 + 아요?
듣다*	들 + 었어요?	들 + 어요?
만들다	만들 + 었어요?	만들 + 어요?
집다	집 + 었어요?	집 + 어요?
돕다*	도 + 오 + 았어요? → 도왔어요?	도 + 오 + 아요? → 도와요?
굽다*	구 + 우 + 었어요? → 구웠어요?	구 + 우 + 어요? → 구워요?
웃다	웃 + 었어요?	웃 + 어요?
짓다*	지 + 었어요?	지 + 어요?
쓰다*	쓰 + 었어요? → 썼어요?	쓰 + 어요? → 써요?
따르다*	따르 + 았어요? → 따랐어요?	따르 + 아요? → 따라요?

오르다*	오 + ㄹㄹ + 았어요? → 올랐어요?	오 + ㄹㄹ + 아요? → 올라요?
	[형]았어요?/었어요?/였어요?	**[형]아요?/어요?/여요?**
느리다	느리 + 었어요? → 느렸어요?	느리 + 어요? → 느려요?
작다	작 + 았어요?	작 + 아요?
행복하다	행복하 + 였어요? → 행복했어요?	행복하 + 여요? → 행복해요?
멀다	멀 + 었어요?	멀 + 어요?
좁다	좁 + 았어요?	좁 + 아요?
곱다*	고 + 오 + 았어요? → 고왔어요?	고 + 오 + 아요? → 고와요?
어렵다*	어려 + 우 + 었어요? → 어려웠어요?	어려 + 우 + 어요? → 어려워요?
좋다	좋 + 았어요?	좋 + 아요?
하얗다*	하야 + ㅣ + 았어요? → 하앴어요?	하야 + ㅣ + 아요? → 하얘요?
예쁘다*	예ㅃ + 었어요? → 예뻤어요?	예ㅃ + 어요? → 예뻐요?
빠르다*	빠 + ㄹㄹ + 았어요? → 빨랐어요?	빠 + ㄹㄹ + 아요? → 빨라요?

참고

1. [동/형] ㅂ니까?/습니까?
   ▶ 자세한 설명은 문형043을 보세요.

061 안 [동], 안 [형]

의미

부정 표현으로 주로 입말에서 사용한다.

- '하다 동사(=[명] + 하다)'에서는 [명사]와 '하다' 사이에 '안'이 놓인다.
- '있다/없다, 알다/모르다'와 같이 반의어가 있는 경우 '안'을 사용하지 않고 반의어를 사용한다.

This pattern is used to express the negative form of [V] or [A] and is mainly used in speech.
- In the case of '하다 verbs(=[N] + 하다)', the '안' is placed between the [N] and '하다'.
- For opposite word pairs such as '있다/없다', '알다/모르다', the corresponding opposite word is used instead of '안' for negation.

예문 (1) 가: 오늘 친구를 만납니까?
    Are you meeting your friend today?

  나: 아니요, 안 만납니다. 내일 만납니다.
    No, I am not (meeting him/her). I am meeting my friend tomorrow.

(2) 가: 아침에 밥을 먹었어요?
    Did you eat rice this morning?

  나: 아니요, 밥을 안 먹었어요. 빵을 먹었어요.
    No, I didn't eat rice. I ate bread.

(3) 가: 어제도 운동했어요?
　　　 Did you exercise yesterday too?

　　 나: 아니요, 운동 안 했어요. 친구를 만났어요.
　　　 No, I didn't exercise. I met my friend.

(4) 가: 신발이 큽니까?
　　　 Are the shoes big for you?

　　 나: 아니요, 안 큽니다. 딱 맞습니다.
　　　 No, they are not big. They are just the right size.

(5) 가: 아까 마신 커피가 뜨거웠어요?
　　　 Was the coffee you drank earlier hot?

　　 나: 아니요, 다 식어서 안 뜨거웠어요.
　　　 No, it had gone cold, so it was not hot.

❖ '[동/형]지 않다'로 바꿀 수 있다.
This pattern may be replaced with '[V/A]지 않다' without any difference in meaning.

》 예문 (1) 친구를 안 만납니다.
　　　　 → 친구를 만나지 않습니다.
　　　　(2) 커피가 안 뜨거웠어요.
　　　　 → 커피가 뜨겁지 않았어요.

문형 / ㅇ

형태

	안 [동]ㅂ니다/습니다	안 [동]아요/어요/여요
가다	안 + 갑니다	안 + 가요
먹다	안 + 먹습니다	안 + 먹어요
일하다	일 + 안 + 합니다	일 + 안 + 해요
받다	안 + 받습니다	안 + 받아요
듣다	안 + 듣습니다	안 + 들어요
만들다	안 + 만듭니다	안 + 만들어요
집다	안 + 집습니다	안 + 집어요
돕다	안 + 돕습니다	안 + 도와요
굽다	안 + 굽습니다	안 + 구워요
웃다	안 + 웃습니다	안 + 웃어요
짓다	안 + 짓습니다	안 + 지어요
쓰다	안 + 씁니다	안 + 써요
따르다	안 + 따릅니다	안 + 따라요
오르다	안 + 오릅니다	안 + 올라요
	안 [형]ㅂ니다/습니다	안 [형]아요/어요/여요
느리다	안 + 느립니다	안 + 느려요
작다	안 + 작습니다	안 + 작아요

조용하다	안 + 조용합니다	안 + 조용해요
멀다	안 + 멉니다	안 + 멀어요
좁다	안 + 좁습니다	안 + 좁아요
곱다	안 + 곱습니다	안 + 고와요
어렵다	안 + 어렵습니다	안 + 어려워요
좋다	안 + 좋습니다	안 + 좋아요
하얗다	안 + 하얗습니다	안 + 하얘요
예쁘다	안 + 예쁩니다	안 + 예뻐요
빠르다	안 + 빠릅니다	안 + 빨라요

참고

1. [동/형]지 않다

   ▶ 자세한 설명은 문형066을 보세요.

062 [동]았/었/였-, [형]았/었/였-, [명]였/이었-

의미

과거 시제로 어떤 상황 또는 사건을 경험하였거나 상황이 완료되었음을 나타낼 때 사용한다.

This pattern is used to express one's experience of a particular situation or event in the past, or the completion of a certain situation in the past tense.

예문

(1) 오늘 학교에 갑니다.
   → 어제 학교에 갔습니다.
   I go to school today.
   → I went to school yesterday.

(2) 지금 밥을 먹어요.
   → 아까 밥을 먹었어요.
   I am having a meal now.
   → I had a meal earlier.

(3) 가: 어, 저 영화 보고 싶은데 언제 개봉하는지 알아요?
   Oh, I'd like to watch that movie. Do you know when it is released?
   나: 저 영화요? 어제 개봉했어요.
   That movie? It was released yesterday.

(4) 가: 키가 아주 크신데 비결이 뭐예요?
   What is your secret to having such a tall stature?

나: 어렸을 땐 키가 작았어요. 그런데 줄넘기를 많이 해서 커진 것 같아요.
   I was small when I was young. But I seem to have grown taller because I did jump rope a lot.

(5) 가: 비가 올 것 같아요. 하늘이 흐려요.
   It's likely to rain. The sky is overcast.

나: 아침에는 하늘이 파랬어요. 그래서 우산을 안 가져왔는데….
   There were blue skies in the morning. So I didn't bring my umbrella….

(6) 가: 영미 씨는 민수 씨와 어떻게 아는 사이예요?
   How did you come to know Minsu, Yeongmi?

나: 지금은 제가 다른 회사에 다니지만 옛날에는 같은 회사 동료였어요.
   I am working for a different company now, but we were co-workers at the same company before.

형태

	[동]았습니다/었습니다/였습니다	[동]았어요/었어요/였어요
가다	가 + 았습니다 → 갔습니다	가 + 았어요 → 갔어요
먹다	먹 + 었습니다	먹 + 었어요
일하다	일하 + 였습니다 → 일했습니다	일하 + 였어요 → 일했어요
받다	받 + 았습니다	받 + 았어요
듣다*	들 + 었습니다	들 + 었어요
만들다	만들 + 었습니다	만들 + 었어요
집다	집 + 었습니다	집 + 었어요
돕다*	도 + 오 + 았습니다 → 도왔습니다	도 + 오 + 았어요 → 도왔어요
굽다*	구 + 우 + 었습니다 → 구웠습니다	구 + 우 + 었어요 → 구웠어요
웃다	웃 + 었습니다	웃 + 었어요
짓다*	지 + 었습니다	지 + 었어요
쓰다*	쓰 + 었습니다 → 썼습니다	쓰 + 었어요 → 썼어요
따르다*	따르 + 았습니다 → 따랐습니다	따르 + 았어요 → 따랐어요
오르다*	오 + ㄹㄹ + 았습니다 → 올랐습니다	오 + ㄹㄹ + 았어요 → 올랐어요

	[형]았습니다/었습니다/였습니다	[형]았어요/었어요/였어요
느리다	느리 + 었습니다 → 느렸습니다	느리 + 었어요 → 느렸어요
작다	작 + 았습니다	작 + 았어요
조용하다	조용하 + 였습니다 → 조용했습니다	조용하 + 였어요 → 조용했어요
멀다	멀 + 었습니다	멀 + 었어요
좁다	좁 + 았습니다	좁 + 았어요
곱다*	고 + 오 + 았습니다 → 고왔습니다	고 + 오 + 았어요 → 고왔어요
어렵다*	어려 + 우 + 었습니다 → 어려웠습니다	어려 + 우 + 었어요 → 어려웠어요
좋다	좋 + 았습니다	좋 + 았어요
하얗다*	하야 + ㅣ + 았습니다 → 하얬습니다	하야 + ㅣ + 았어요 → 하얬어요
예쁘다*	예쁘 + 었습니다 → 예뻤습니다	예쁘 + 었어요 → 예뻤어요
빠르다*	빠 + ㄹㄹ + 았습니다 → 빨랐습니다	빠 + ㄹㄹ + 았어요 → 빨랐어요

	[명]였습니다/이었습니다	**[명]였어요/이었어요**
취미	취미 + 였습니다	취미 + 였어요
직업	직업 + 이었습니다	직업 + 이었어요

063 [동]았으면/었으면/였으면 좋겠다, [형]았으면/었으면/였으면 좋겠다, [명]였으면/이었으면 좋겠다

의미

어떤 일이 이루어지기를 바라는 사람이 자신의 욕구, 바람, 희망 등을 표현할 때 사용한다.

This pattern is used when expressing one's desire, wish, or hope for something to be realized or accomplished.

▶ 예문

(1) 가: 영희 씨는 뭐 먹고 싶어요?
What would you like to eat, Yeonghee?

나: 저는 면을 먹었으면 좋겠어요. 철수 씨는요?
I'd like to eat noodles. What about you, Cheolsu?

(2) 가: 내일 소풍 가지?
You are going on a picnic tomorrow, right?

나: 네, 그래서 비가 안 왔으면 좋겠는데 하늘이 흐려서 불안해요.
Yes, so I hope it won't rain, but I feel uneasy because it is cloudy.

(3) 가: 수영 씨는 소원이 뭐예요?
What is your wish, Suyeong?

나: 저는 가족 모두 건강했으면 좋겠어요. 다른 바람은 없어요.
I hope for my whole family to be healthy. I have no other wish.

(4) 가: 저는 쌍꺼풀이 있었으면 좋겠어요.
I wish I had a double-eyelid.

나: 저는 쌍꺼풀이 없는 눈이 더 예쁜 것 같은데요.
I think the eyes without a double-eyelid are more pretty.

(5) 가: 오늘 이 부서에 새로 신입사원이 들어오죠?
A new employee is coming to this department today, right?

나: 네, 성격이 좋은 사람이었으면 좋겠어요.
Yes, I hope he/she will be a good person.

(6) 가: 요즘 날씨가 너무 더워요.
It is too hot these days.

나: 맞아요. 지금이 **겨울이었으면 좋겠어요**.
　　You're right. I wish it was winter now.

● 과거 시제 '-았/었/였-'을 사용하고 있지만 이것은 과거 표현으로 사용된 것이 아니라 강조 표현으로 사용된 것이다.

Although the past tense particle '-았/었/였-' is used, it is used to express emphasis rather than the past tense.

♣ '[동/형]면/으면 좋겠다, [명](이)면 좋겠다'로 바꿀 수 있다.

This pattern may be replaced with '[V/A]면/으면 좋겠다, [N](이)면 좋겠다' without much difference in meaning.

>> **예문** (1) 저는 면을 **먹었으면 좋겠어요**.
　　　　　　　→ 저는 면을 **먹으면 좋겠어요**.
　　　　(2) 성격이 좋은 **사람이었으면 좋겠어요**.
　　　　　　　→ 성격이 좋은 **사람이면 좋겠어요**.

♣ '[동]고 싶다'로 바꿀 수 있다.

This pattern may be replaced with '[V]고 싶다' without much difference in meaning.

>> **예문** (1) 저는 면을 **먹었으면 좋겠어요**.
　　　　　　　→ 저는 면을 **먹고 싶어요**.
　　　　(2) 방학에 해외여행을 **했으면 좋겠어요**.
　　　　　　　→ 방학에 해외여행을 **하고 싶어요**.

형태

[동]았으면/었으면/였으면 좋겠다

가다	가 + 았으면 좋겠다 → 갔으면 좋겠다
먹다	먹 + 었으면 좋겠다
일하다	일하 + 였으면 좋겠다 → 일했으면 좋겠다
받다	받 + 았으면 좋겠다
듣다*	들 + 었으면 좋겠다
만들다	만들 + 었으면 좋겠다
집다	집 + 었으면 좋겠다
돕다*	도 + 오 + 았으면 좋겠다 → 도왔으면 좋겠다
굽다*	구 + 우 + 었으면 좋겠다 → 구웠으면 좋겠다
웃다	웃 + 었으면 좋겠다
짓다*	지 + 었으면 좋겠다
쓰다*	ㅆ + 었으면 좋겠다 → 썼으면 좋겠다
따르다*	따르 + 았으면 좋겠다 → 따랐으면 좋겠다
오르다*	오 + ㄹㄹ + 았으면 좋겠다 → 올랐으면 좋겠다

[형]았으면/었으면/였으면 좋겠다

느리다	느리 + 었으면 좋겠다 → 느렸으면 좋겠다
작다	작 + 았으면 좋겠다
행복하다	행복하 + 였으면 좋겠다 → 행복했으면 좋겠다
멀다	멀 + 었으면 좋겠다
좁다	좁 + 았으면 좋겠다
곱다*	고 + 오 + 았으면 좋겠다 → 고왔으면 좋겠다
쉽다*	쉬 + 우 + 었으면 좋겠다 → 쉬웠으면 좋겠다
좋다	좋 + 았으면 좋겠다
하얗다*	하야 + ㅣ + 았으면 좋겠다 → 하앴으면 좋겠다
예쁘다*	예쁘 + 었으면 좋겠다 → 예뻤으면 좋겠다
빠르다*	빠 + ㄹㄹ + 았으면 좋겠다 → 빨랐으면 좋겠다

[명]였으면/이었으면 좋겠다

가수	가수 + 였으면 좋겠다
선물	선물 + 이었으면 좋겠다

참고

1. 비교

[동]았으면/었으면/였으면 좋겠다	[동]고 싶다
- 1인칭, 2인칭, 3인칭 모두 사용할 수 있다. This pattern may be used in the first, second, and third persons altogether. **예문1** 저는 냉면을 먹었으면 좋겠어요. (○) 〈1인칭〉 I'd like to eat Naengmyeon. 〈First person〉 **예문2** 너는 뭐 먹었으면 좋겠어? (○) 〈2인칭, 의문문〉 What do you want to eat? 〈Second person, Interrogative〉 너는 청소했으면 좋겠어. (○) 〈2인칭, 평서문〉 I want you to clean. 〈Second person, Declarative〉 **예문3** 내일 비가 안 왔으면 좋겠어요. (○) 〈3인칭〉 I hope it won't rain tomorrow. 〈Third person〉	- 1인칭과 2인칭에 사용할 수 있다. 단, 2인칭의 경우 질문할 때만 사용한다. This pattern is used in the first and second persons. But in the case of second person it is used only when asking a question. **예문1** 저는 냉면을 먹고 싶어요. (○) 〈1인칭〉 I'd like to eat Naengmyeon. 〈First person〉 **예문2** 너는 뭐 먹고 싶어? (○) 〈2인칭, 의문문〉 What do you want to eat? 〈Second person, Interrogative〉 너는 청소하고 싶어. (×) 〈2인칭, 평서문〉 **예문3** 내일 비가 안 오고 싶어요. (×) 〈3인칭〉

▶ '[동]고 싶다'의 자세한 설명은 문형005를 보세요.

2. [동/형]면/으면 좋겠다, [명](이)면 좋겠다

▶ 자세한 설명은 문형040을 보세요.

064   [동]지 말다

의미

1. 상대방이 어떤 일이나 동작을 하지 못하도록 금지할 때 사용한다.
This pattern is used to prohibit the other from performing a certain task or action. It corresponds to 'don't (do ~)' in English.

▶▶ 예문 (1) 가: 여기는 도서관입니다. 여기에서 떠들지 마세요.
　　　　　　　This is a library. Don't make noise here, please.
　　　　　나: 네, 죄송합니다.
　　　　　　　All right, I am sorry.

　　　　(2) 가: 에어컨을 켤까요?
　　　　　　　Shall I turn on the air conditioner?
　　　　　나: 아니요, 에어컨을 켜지 마세요. 제가 감기에 걸려서요.
　　　　　　　No, please do not turn it on. It's because I caught a cold.

　　　　(3) 가: 박물관 안에서 사진을 찍지 마십시오.
　　　　　　　Don't take photos in the museum, please.
　　　　　나: 네, 알겠습니다.
　　　　　　　Okay, I understand.

　　　　(4) 가: 목이 말라요. 물 좀 마셔도 돼요?
　　　　　　　I'm thirsty. Can I drink some water?
　　　　　나: 네, 그런데 찬 물을 마시지 말고 따뜻한 물을 드세요.
　　　　　　　Sure, but don't drink cold water. Please drink hot water.

2. '[동]자, [동]ㅂ시다/읍시다'의 부정 표현이다.
- '[동]지 말자, [동]지 맙시다'의 형태를 사용한다.
This pattern is also used for the negative forms of '[V]자, [V] ㅂ시다/읍시다'.
- It is used in the forms of '[V]지 말자, [V]지 맙시다'.

▶▶ 예문 (1) 가: 영어로 말해도 돼요?
　　　　　　　Can we speak in English?
　　　　　나: 아니요, 한국어 시간이니까 영어로 말하지 맙시다.
　　　　　　　No, this is a Korean class, so let's not speak in English.

　　　　(2) 가: 그 사람 말은 이제 듣지 맙시다.
　　　　　　　Let's not listen to him anymore.
　　　　　나: 그래요. 그 사람은 거짓말을 하니까 믿을 수 없어요.
　　　　　　　Right. He always lies, so we can't trust him.

(3) 가: 오랜만에 등산이나 할까?
   It's been a while. Should we go hiking or something?

   나: 날씨가 흐린 걸 보니까 비가 올 것 같아. 산에 **가지 말고** 영화나 보자.
   Seeing that it is cloudy, I think it will rain. Let's not go to the mountains, but let's watch a movie or something.

형태

	[동]지 마세요	[동]지 맙시다
가다	가 + 지 마세요	가 + 지 맙시다
앉다	앉 + 지 마세요	앉 + 지 맙시다
받다	받 + 지 마세요	받 + 지 맙시다
듣다	듣 + 지 마세요	듣 + 지 맙시다
만들다	만들 + 지 마세요	만들 + 지 맙시다
집다	집 + 지 마세요	집 + 지 맙시다
돕다	돕 + 지 마세요	돕 + 지 맙시다
굽다	굽 + 지 마세요	굽 + 지 맙시다
웃다	웃 + 지 마세요	웃 + 지 맙시다
짓다	짓 + 지 마세요	짓 + 지 맙시다
쓰다	쓰 + 지 마세요	쓰 + 지 맙시다
따르다	따르 + 지 마세요	따르 + 지 맙시다
오르다	오르 + 지 마세요	오르 + 지 맙시다

065   [동]지 못하다

의미

능력이 부족하거나 외부의 요인 때문에 그 행위를 할 수 없을 때 사용한다.
This pattern is used to indicate the subject's inability to perform a particular action due to the subject's lack of ability or external causes. It corresponds to 'cannot (do ~)' in English.

예문

(1) 가: 영수 씨는 한자를 읽을 수 있어요?
   Yeongsu, can you read Chinese characters?

   나: 아니요, 저는 한자를 **읽지 못해요**.
   No, I cannot read Chinese characters.

(2) 가: 영희 씨는 수영을 **하지 못해요**?
   Yeonghee, you can't swim?

   나: 네, 저는 수영을 **하지 못해요**.
   Yes, I can't swim.

(3) 가: 연락을 자주 드리지 못해서 죄송합니다.
　　　I am sorry that I couldn't contact you often.

　　나: 별말씀을요. 이렇게 연락을 주셔서 감사합니다.
　　　Don't mention it. Thank you for contacting me like this.

(4) 가: 숙제 검사를 하겠습니다.
　　　I will now be checking your homework.

　　나: 선생님, 죄송합니다. 어제 다른 일 때문에 바빠서 숙제를 하지 못했습니다.
　　　I am sorry, teacher. I couldn't do my homework yesterday because I was busy with some other task.

❖ '못 [동]아요/어요/여요'로 바꿀 수 있다.
This pattern may be replaced with '못 [V]아요/어요/여요' without any difference in meaning.

▶ **예문** (1) 저는 한자를 읽지 못해요.
　　　　→ 저는 한자를 못 읽어요.
　　　(2) 연락을 자주 드리지 못해서 죄송합니다.
　　　　→ 연락을 자주 못 드려서 죄송합니다.

형태

	[동]지 못하다
가다	가 + 지 못하다
먹다	먹 + 지 못하다
받다	받 + 지 못하다
듣다	듣 + 지 못하다
만들다	만들 + 지 못하다
집다	집 + 지 못하다
돕다	돕 + 지 못하다
굽다	굽 + 지 못하다
웃다	웃 + 지 못하다
짓다	짓 + 지 못하다
쓰다	쓰 + 지 못하다
따르다	따르 + 지 못하다
오르다	오르 + 지 못하다

참고

1. [형]지 못하다

　　[의미] 어떤 상태가 말하는 사람의 기대에 미치지 못함을 나타낸다.
　　　　- 일부 [형용사]에만 사용할 수 있다.
　　　　　'-지 못하다' is used for adjectives to indicate that a certain state of the subject falls short of the speaker's expectation.
　　　　　- It may only be combined with some particular adjectives.

> **예문** (1) 가: 왜 대학교에 가지 않았어요?
> Why did you not go to college?
>
> 나: 집안 형편이 좋지 못해서 대학 입학을 포기했습니다.
> Because my family circumstances were not good, I gave up going to college.
>
> (2) 가: 저는 형처럼 똑똑하지 못해서 학교 성적이 안 좋아요.
> Because I couldn't be as smart as my older brother, my school grades are poor.
>
> 나: 공부는 노력이에요. 노력하면 성적은 좋아집니다. 좀 더 노력하세요.
> Study is all about effort. If you make the effort, your grades will improve. Please try a little harder.

2. 못 [동]아요/어요/여요
   ▶ 자세한 설명은 문형042(못 [동])를 보세요.

066   [동]지 않다, [형]지 않다

의미

[동사]와 [형용사]의 부정 표현이다.
This pattern is used to express the negative form of [V] and [A].

> **예문** (1) 가: 지금 텔레비전을 보고 있어요?
> Are you watching TV now?
>
> 나: 아니요, 텔레비전을 보지 않아요. 라디오를 듣고 있어요.
> No, I am not watching TV. I'm listening to the radio.
>
> (2) 가: 내일 고향에 귀국할 예정이죠?
> You are planning to go back home in your home country tomorrow, aren't you?
>
> 나: 아니요, 내일 귀국하지 않을 거예요. 사정이 있어서 며칠 미뤘어요.
> No, I am not going back to my home country tomorrow. I delayed the departure for a few days due to circumstances.
>
> (3) 가: 밥을 먹었어요?
> Have you had a meal?
>
> 나: 아니요, 아직 먹지 않았어요.
> No, I didn't eat yet.
>
> (4) 가: 이 반지 어때요? 예뻐요?
> How is this ring? Is it pretty?

나: 아니요, 별로 예쁘지 않아요.
　　No, it's not all that pretty.

(5) 가: 가방을 들어줘서 고마워요. 가방이 무거웠죠?
　　Thank you for carrying the bag for me. It was heavy, right?

나: 아니에요, 그다지 무겁지 않았어요.
　　No, it was not that heavy.

❖ '안 [동/형]아요/어요/여요'로 바꿀 수 있다.
This pattern may be replaced with '안 [V/A]아요/어요/여요' without any difference in meaning.

》 **예문** (1) 저는 텔레비전을 보지 않아요.
　　　　→ 저는 텔레비전을 안 봐요.
　　(2) 가방이 그다지 무겁지 않았어요.
　　　　→ 가방이 그다지 안 무거웠어요.

형태

	[동]지 않다
가다	가 + 지 않다
먹다	먹 + 지 않다
받다	받 + 지 않다
들다	들 + 지 않다
만들다	만들 + 지 않다
집다	집 + 지 않다
돕다	돕 + 지 않다
굽다	굽 + 지 않다
웃다	웃 + 지 않다
짓다	짓 + 지 않다
쓰다	쓰 + 지 않다
따르다	따르 + 지 않다
오르다	오르 + 지 않다

	[형]지 않다
느리다	느리 + 지 않다
작다	작 + 지 않다
멀다	멀 + 지 않다
좁다	좁 + 지 않다
곱다	곱 + 지 않다
어렵다	어렵 + 지 않다
좋다	좋 + 지 않다
하얗다	하얗 + 지 않다
예쁘다	예쁘 + 지 않다
빠르다	빠르 + 지 않다

> 참고

1. 안 [동/형]아요/어요/여요
   ▶ 자세한 설명은 문형061(안 [동/형])을 보세요.

2. 비교

[동]지 않다	[동]지 못하다
- 외부의 영향과 관계없이 그 행위가 하고 싶지 않다는 의미이다. This pattern indicates that one does not want to perform a particular action regardless of any outside influence.	- 외부의 영향 때문에 그 행위가 불가능하다는 의미이다. This pattern indicates the impossibility of a particular action due to some outside influence.
예문 가: 이번 할로윈 파티에 참가해요? 　　　　Are you attending this Halloween party? 　　나: 아니요, 저는 참가하지 않아요. 할로윈 파티는 관심이 없거든요. 　　　　No, I am not attending. It's because I have no interest in Halloween parties.	예문 가: 이번 할로윈 파티에 참가해요? 　　　　Are you attending this Halloween party? 　　나: 아니요, 저는 참가하지 못해요. 참가하고 싶었는데 다리를 다쳐서 당분간 외출 금지거든요. 　　　　No, I cannot attend. I wanted to attend, but I am prohibited from going outside for a while because I hurt my leg(s).

▶ '[동]지 못하다'의 자세한 설명은 문형065를 보세요.

067　[동]지만, [형]지만, [명](이)지만

> 의미

1. 앞의 내용과 뒤의 내용이 대조됨을 나타낸다.

    This pattern is used to express contrast between the first clause and the second. It corresponds to 'but ~', 'although ~', etc. in English.

▶ 예문　(1) 가: 모든 운동을 좋아해요?
　　　　　　Do you like all sports?
　　　　나: 아니요, 농구는 좋아하지만 축구는 좋아하지 않아요.
　　　　　　No, I like basketball, but I don't like soccer.

　　　(2) 가: 친구들이 생일파티에 모두 왔어요?
　　　　　　Did all your friends come to the party?
　　　　나: 제임스는 왔지만 미나는 안 왔어요.
　　　　　　James came, but Mina didn't come.

　　　(3) 가: 가족들이 모두 키가 커요?
　　　　　　Is your entire family tall?

나: 아버지는 **크시지만** 어머니는 작으세요.
　　My father is tall, but my mother is short.

(4) 가: 고향에 친구들이 많아요?
　　Do you have many friends back at home?

나: 옛날에는 **많았지만** 지금은 모두 떠나고 별로 없어요.
　　I had many friends in the past, but all they have left, and I don't have any in particular now.

(5) 가: 저 가수는 남자 팬이 많은 것 같아요.
　　I think that singer has a lot of male fans.

나: 네, 다른 남자 가수의 팬은 대부분 **여자지만** 저 가수의 팬은 남자가 많아요.
　　Yes, other male singers mostly have female fans, but that singer has lots of male fans.

2. 앞의 내용을 긍정하면서 뒤의 내용을 덧붙여 말할 때 사용한다.

- 뒤의 내용을 말하기 위한 도입부로 사용된다.

This pattern is also used to make the second clause as an added statement while affirming the statement made in the first clause.
  - It is used to make the first clause an introduction to what is said in the second clause.

예문

(1) 가: 김치찌개를 매일 먹는 걸 보니까 김치찌개를 아주 좋아하는 것 같아요.
　　Seeing that you eat Kimchi Stew everyday, it seems that you must really like Kimchi Stew.

나: 네, 김치찌개도 **좋아하지만** 된장찌개도 좋아해요.
　　Yes, I like Kimchi Stew, but I like Soybean Paste Stew as well.

(2) 가: 왜 제가 이번 시험에서 떨어졌는지 이해할 수 없어요.
　　I can't understand why I failed this exam.

나: 어제도 **말씀드렸지만** 시험 점수만 가지고 평가한 게 아니었어요.
　　I told you yesterday as well, but I didn't evaluate you only by the test scores.

(3) 가: 지금 살고 계신 집이 마음에 들어요?
　　Do you like the place where you are living now?

나: 네, 집도 **깨끗하지만** 교통도 편리하거든요.
　　Yes, not only is the house clean but also the traffic is convenient.

3. 앞의 내용을 인정하면서 뒤의 내용이 그것에 별로 영향을 받지 않음을 나타낸다.

This pattern is also used when the second clause is not particularly affected by the first clause, while acknowledging the content given by the first clause.

예문

(1) 가: 영철 씨의 취미가 영화 감상이에요?
　　Yeongcheol, is your hobby watching movies?

나: 네, 영화를 **좋아하지만** 바빠서 자주 못 봐요.
　　Yes, I like movies, but I cannot watch them often because I am busy.

(2) 가: 요즘 감기에 걸려서 힘들었죠? 좀 어때요?
You suffered from a cold recently, right? How do you feel now?

나: 어제 병원에 **다녀왔지만** 별로 나아지지 않았어요.
I went to the hospital yesterday, but I didn't get all that much better.

(3) 가: 문화가 달라서 저는 외국에서 살 수 없을 것 같아요.
Because the cultures are different, I don't think I can live in a foreign country.

나: 조금 힘들겠죠. 그러나 나라마다 문화는 **다르지만** 사는 모습은 비슷한 것 같아요.
It will be a little tough. However, although cultures vary from country to country, the way people live seems to be pretty much the same.

(4) 가: 영희 씨는 한국 사람인데 김치를 안 좋아해요?
You are Korean, Yeonghee, but you don't like Kimchi?

나: 네, 저는 **한국 사람이지만** 외국에서 오래 살아서 김치를 안 좋아해요.
Yes, I am Korean, but I don't like Kimchi because I lived in a foreign country for a long time.

❖ 의미 1, 2, 3번의 경우 '[동]는데, [형]ㄴ데/은데/는데, [명]인데'로 바꿀 수 있다.

When this pattern is used with the meanings given by usages 1, 2, and 3 above, this pattern may be replaced with '[V]는데, [A]ㄴ데/은데/는데, [N]인데' without much difference in meaning.

▶ 예문 (1) 농구는 **좋아하지만** 축구는 좋아하지 않아요.
→ 농구는 **좋아하는데** 축구는 좋아하지 않아요.

(2) 어제도 **말씀드렸지만** 시험 점수만 가지고 평가한 게 아니었어요.
→ 어제도 **말씀드렸는데** 시험 점수만 가지고 평가한 게 아니었어요.

(3) 저는 **한국 사람이지만** 외국에서 오래 살아서 김치를 안 좋아해요.
→ 저는 **한국 사람인데** 외국에서 오래 살아서 김치를 안 좋아해요.

---

4. 뒤의 내용을 말하기 위해서 관용적으로 사용하는 경우도 있다.

There are also cases in which this pattern is used idiomatically before saying the second clause.

▶ 예문 (1) 가: **죄송하지만** 성함이 어떻게 되세요?
I'm sorry, but may I have your name?

나: 아, 저요? 제 이름은 김철수입니다.
Oh, me? My name is Kim Cheolsu.

(2) 가: **실례지만** 시청으로 가려면 어디로 가야 합니까?
Excuse me, but if I am to go to the city hall, to where do I need to go?

나: 지하철 3번 출구로 나가서 왼쪽으로 가시면 됩니다.
You can go to the left after leaving through gate 3 of the subway.

형태

	과거	현재
	[동]았지만/었지만/였지만	**[동]지만**
가다	가 + 았지만 → 갔지만	가 + 지만
먹다	먹 + 었지만	먹 + 지만
일하다	일하 + 였지만 → 일했지만	일하 + 지만
받다	받 + 았지만	받 + 지만
듣다*	들 + 었지만	듣 + 지만
만들다	만들 + 었지만	만들 + 지만
집다	집 + 었지만	집 + 지만
돕다*	도 + 오 + 았지만 → 도왔지만	돕 + 지만
굽다*	구 + 우 + 었지만 → 구웠지만	굽 + 지만
웃다	웃 + 었지만	웃 + 지만
짓다*	지 + 었지만	짓 + 지만
쓰다*	ㅆ + 었지만 → 썼지만	쓰 + 지만
따르다*	따르 + 았지만 → 따랐지만	따르 + 지만
오르다*	오 + ㄹㄹ + 았지만 → 올랐지만	오르 + 지만
	[형]았지만/었지만/였지만	**[형]지만**
느리다	느리 + 었지만 → 느렸지만	느리 + 지만
작다	작 + 았지만	작 + 지만
조용하다	조용하 + 였지만 → 조용했지만	조용하 + 지만
멀다	멀 + 었지만	멀 + 지만
좁다	좁 + 았지만	좁 + 지만
곱다*	고 + 오 + 았지만 → 고왔지만	곱 + 지만
어렵다*	어려 + 우 + 었지만 → 어려웠지만	어렵 + 지만
좋다	좋 + 았지만	좋 + 지만
하얗다*	하야 + ㅣ + 았지만 → 하얬지만	하얗 + 지만
예쁘다*	예쁘 + 었지만 → 예뻤지만	예쁘 + 지만
빠르다*	빠 + ㄹㄹ + 았지만 → 빨랐지만	빠르 + 지만
	[명]였지만/이었지만	**[명](이)지만**
친구	친구 + 였지만	친구 + (이)지만
동생	동생 + 이었지만	동생 + 이지만

※ 받침이 없는 명사의 경우에 '-이-'를 생략하는 경우가 많다.

참고

1. [동]는데, [형]ㄴ데/은데/는데, [명]인데
    ▶ 자세한 설명은 문형021을 보세요.

068 [동]지요, [형]지요, [명](이)지요

의미

1. 상대방도 알고 있는 사실이라고 생각하거나 당연한 내용이라는 의미로 말할 때 사용한다.
   This pattern is used by the speaker when assuming the listener already has knowledge of something regarding the subject of the clause, or seeing something as a matter of course.

   » **예문** (1) 가: 마이클 씨가 뭘 배워요?
   What is Michael learning?
   나: 마이클 씨도 한국어교육원 학생이니까 한국말을 배우지요.
   Of course he is learning Korean because Michael is also a student at the Korean language institute.

   (2) 가: 어제 뭐 했어요?
   What did you do yesterday?
   나: 어제요? 공부했지요. 시험이 얼마 안 남았잖아요.
   Yesterday? Of course I studied. As you know, we only have a few days before the examination.

   (3) 가: 주말에는 좀 한가해요?
   Are you a bit free on the weekends?
   나: 일이 많으니까 주말에도 바쁘지요.
   Because I have a lot of work, I am busy on the weekends as well.

   (4) 가: 딸을 보니까 어머니도 젊었을 때 예뻤을 것 같아요.
   Looking at the daughter, I think the mother was also pretty when she was young.
   나: 그럼요. 정말 예뻤지요.
   Sure. She was really pretty.

   (5) 가: 동생은 무슨 일을 해요?
   What does your younger brother/sister do?
   나: 아직 학생이지요. 저보다 3살이나 어린데요.
   He/She is still a student. He/She is even three years younger than me.

2. 상대방에게 어떤 행동을 하도록 공손하게 요구하는 의미이다.
   This pattern is also used when requesting politely the other party to perform a particular action.

   » **예문** (1) 가: 그만 나가주시지요.
   Please take your leave.

나: 네, 알겠어요. 내일 다시 오겠습니다.
　　　　Yes, all right. I will come back again tomorrow.

(2) 가: 파마하러 오셨어요? 그럼 이쪽으로 앉으시지요.
　　　　Did you come to get a perm? Then please sit here.

　　나: 아니요, 파마가 아니라 머리를 좀 자르러 왔어요.
　　　　No, I came to have my hair cut, not to get a perm.

❖ 의미 2번의 경우, '[동]십시오/으십시오'로 바꿀 수 있다.

When this pattern is used with the meaning given by usage 2 above, it may be replaced with '[V]십시오/으십시오' without much difference in meaning.

▶ **예문** (1) 그만 나가주시지요.
　　　　　　→ 그만 나가주십시오.

　　　　　(2) 이쪽으로 앉으시지요.
　　　　　　→ 이쪽으로 앉으십시오.

---

3. 상대방에게 어떤 행동을 함께 하자고 공손하게 요청하는 의미이다.

This pattern is also used by the speaker when asking the other party politely to perform a particular action together with the speaker.

▶ **예문** (1) 가: 저랑 같이 식사하러 가시지요.
　　　　　　　Let's go out for a meal together.

　　　　　　나: 네, 그럽시다.
　　　　　　　Yes, let's do that.

　　　　　(2) 가: 이것 좀 같이 드시지요.
　　　　　　　Please have some with me.

　　　　　　나: 전 배가 불러서 못 먹겠어요. 혼자 드세요.
　　　　　　　I can't eat because I am full. Please have it yourself.

❖ 의미 3번의 경우, '[동]ㅂ시다/읍시다, [동]겠어요?, [동]ㄹ래요?/을래요?'로 바꿀 수 있다.

When this pattern is used with the meaning given by usage 3 above, it may be replaced with '[V]ㅂ시다/읍시다, [V]겠어요?, [V]ㄹ래요?/을래요?' without much difference in meaning.

▶ **예문** (1) 저랑 같이 식사하러 가시지요.
　　　　　　→ 저랑 같이 식사하러 가십시다.
　　　　　　→ 저랑 같이 식사하러 가시겠어요?
　　　　　　→ 저랑 같이 식사하러 가실래요?

(2) 이것 좀 같이 드시지요.
→ 이것 좀 같이 드십시다.
→ 이것 좀 같이 드시겠어요?
→ 이것 좀 같이 드실래요?

4. 상대방에게 자신의 의견을 제시하거나 제안함을 나타낸다.

This pattern is also used by the speaker when offering one's opinion or making a suggestion to the other party.

» 예문 (1) 가: 너무 피곤해 보이는데 좀 쉬시지요.
You look really tired, so please get some rest.

나: 괜찮아요. 아직 할 일이 많아요.
I'm fine. I still have a lot of work to do.

(2) 가: 저 파란 운동화를 신지. 그게 더 편해 보이는데.
Why don't you put on those blue sneakers? Those look more comfortable.

나: 아니야. 난 이 구두가 더 편해.
No. These shoes are more comfortable for me.

● 의미 2번, 3번, 4번의 경우 [동사]에만 사용할 수 있다. 과거형으로는 쓸 수 없다.

When this pattern is used with the meanings given by usages 2, 3, and 4 above, only verbs may be used. These verbs may not be used in the past tense.

5. 말하는 사람이 자신의 의지를 공손하게 표현할 때 사용한다.

This pattern is also used by the speaker when politely expressing one's own will to perform a particular action.

» 예문 (1) 가: 손님을 마중하러 공항에 가야 하는데 아직 미팅이 끝나지 않아 나갈 수가 없네요.
I must go to the airport to welcome a guest, but I cannot leave because the meeting is not finished yet.

나: 그렇습니까? 그러면 공항에는 제가 대신해서 가지요.
Is that so? Then I will go to the airport on your behalf.

(2) 가: 바람 때문인지 좀 추운 것 같지 않아요?
Doesn't it seem that the wind is making us feel a bit cold?

나: 그래요? 제가 창문을 닫지요.
Is that so? Let me close the window.

❖ **의미 5번의 경우, '[동]겠습니다'로 바꿀 수 있다.**

When this pattern is used with the meaning given by usage 5, it may be replaced with '[V]겠습니다' without much difference in meaning.

▶▶ **예문** (1) 공항에는 제가 대신해서 가지요.
　　　　　　→ 공항에는 제가 대신해서 가겠습니다.
　　　　(2) 제가 창문을 닫지요.
　　　　　　→ 제가 창문을 닫겠습니다.

❖ **'-죠'로 줄여 쓸 수 있다.**

'-지요' can be shortened as '-죠'.

▶▶ **예문** (1) 마이클 씨도 한국어교육원 학생이니까 한국말을 배우지요.
　　　　　　→ 마이클 씨도 한국어교육원 학생이니까 한국말을 배우죠.
　　　　(2) 그만 나가주시지요.
　　　　　　→ 그만 나가주시죠.
　　　　(3) 저랑 같이 식사하러 가시지요.
　　　　　　→ 저랑 같이 식사하러 가시죠.
　　　　(4) 너무 피곤해 보이는데 좀 쉬시지요.
　　　　　　→ 너무 피곤해 보이는데 좀 쉬시죠.
　　　　(5) 공항에는 제가 대신해서 가지요.
　　　　　　→ 공항에는 제가 대신해서 가죠.

형태

	과거	현재
	[동]았지요/었지요/였지요	[동]지요
가다	가 + 았지요 → 갔지요	가 + 지요
먹다	먹 + 었지요	먹 + 지요
일하다	일하 + 였지요 → 일했지요	일하 + 지요
받다	받 + 았지요	받 + 지요
듣다*	들 + 었지요	듣 + 지요
만들다	만들 + 었지요	만들 + 지요
집다	집 + 었지요	집 + 지요
돕다*	도 + 오 + 았지요 → 도왔지요	돕 + 지요
굽다*	구 + 우 + 었지요 → 구웠지요	굽 + 지요
웃다	웃 + 었지요	웃 + 지요
짓다*	지 + 었지요	짓 + 지요
쓰다*	쓰 + 었지요 → 썼지요	쓰 + 지요
따르다*	따르 + 았지요 → 따랐지요	따르 + 지요
오르다*	오 + ㄹ + 았지요 → 올랐지요	오르 + 지요

	[형]았지요/었지요/였지요	[형]지요
느리다	느리 + 었지요 → 느렸지요	느리 + 지요
작다	작 + 았지요	작 + 지요
조용하다	조용하 + 였지요 → 조용했지요	조용하 + 지요
멀다	멀 + 었지요	멀 + 지요
좁다	좁 + 았지요	좁 + 지요
곱다*	고 + 오 + 았지요 → 고왔지요	곱 + 지요
어렵다*	어려 + 우 + 었지요 → 어려웠지요	어렵 + 지요
좋다	좋 + 았지요	좋 + 지요
하얗다*	하야 + ㅣ + 았지요 → 하앴지요	하얗 + 지요
예쁘다*	예쁘 + 었지요 → 예뻤지요	예쁘 + 지요
빠르다*	빠 + ㄹㄹ + 았지요 → 빨랐지요	빠르 + 지요
	[명]였지요/이었지요	[명](이)지요
친구	친구 + 였지요	친구 + (이)지요
동생	동생 + 이었지요	동생 + 이지요

※ 받침이 없는 명사의 경우에 '-이-'를 생략하는 경우가 많다.

참고

1. [동]십시오/으십시오
    ▶ 자세한 설명은 문형049를 보세요.

2. [동]ㅂ시다/읍시다
    ▶ 자세한 설명은 문형045를 보세요.

3. [동]겠어요?, [동]겠습니다
    ▶ 자세한 설명은 문형002([동]겠-)를 보세요.

4. [동]ㄹ래요?/을래요?
    ▶ 자세한 설명은 문형032([동]ㄹ래(요)/을래(요))를 보세요.

069   [동]지요?, [형]지요?, [명](이)지요?

의미

자신이 알고 있는 내용에 대해 상대방에게 사실을 확인하고자 물어볼 때 사용한다.
- 화자는 청자가 그 사실을 알고 있거나 화자와 같은 생각일 거라고 여기고 물어본다.
    This pattern is used by the speaker when inquiring the listener to confirm something regarding the

subject of the clause that is already known by the speaker.
- The speaker inquires the listener while expecting the listener to either already have knowledge of or to agree with what is being asked.

▶▶ 예문   (1) 가: 지금 밖에 비가 오지요?
　　　　　　　　It is raining outside, isn't it?

　　　　　　나: 네, 비가 와요.
　　　　　　　　Yes, it is raining.

　　　　(2) 가: 아침에 약을 먹었지요?
　　　　　　　　You took medicine in the morning, didn't you?

　　　　　　나: 아, 깜빡하고 안 먹었어요. 지금 먹어야겠네요.
　　　　　　　　Oh, I forgot and I didn't take them. It seems that I should take them now.

　　　　(3) 가: 날씨가 너무 덥지요?
　　　　　　　　The weather is too hot, right?

　　　　　　나: 네, 정말 너무 덥군요.
　　　　　　　　Yes, it sure really is too hot.

　　　　(4) 가: 어제 시험 문제가 쉬웠지요?
　　　　　　　　The exam questions were easy yesterday, right?

　　　　　　나: 네? 너무 어려워서 다 풀지도 못했는데요.
　　　　　　　　What? They were too difficult, so I couldn't even finish solving all of them.

　　　　(5) 가: 저 사람이 중국 사람이지요?
　　　　　　　　That person is Chinese, right?

　　　　　　나: 네, 맞아요. 중국 사람이에요.
　　　　　　　　Yes, that's right. He/She is Chinese.

　　　　(6) 가: 어제가 수요일이었지요?
　　　　　　　　It was Wednesday yesterday, right?

　　　　　　나: 아니요, 어제는 화요일이었어요.
　　　　　　　　No, it was Tuesday yesterday.

● **이에 대한 대답에서는 '-지요'를 쓸 수 없다.**

'-지요' may not be used to answer questions that end in this form '-지요?'.

▶▶ 예문   (1) 가: 지금 밖에 비가 오지요?
　　　　　　나: 네, 비가 오지요. (×)
　　　　　　　　네, 비가 와요. (○)

✤ **줄여서 '-죠?'로 쓸 수 있다.**

The shortened form '-죠?' may be used in place of '-지요?'.

▶▶ **예문** (1) 아침에 약을 먹었지요?
→ 아침에 약을 먹었죠?
(2) 날씨가 너무 덥지요?
→ 날씨가 너무 덥죠?
(3) 저 사람이 중국 사람이지요?
→ 저 사람이 중국 사람이죠?

형태

	과거	현재
	[동]았지요?/었지요?/였지요?	[동]지요?
가다	가 + 았지요? → 갔지요?	가 + 지요?
먹다	먹 + 었지요?	먹 + 지요?
일하다	일하 + 였지요? → 일했지요?	일하 + 지요?
받다	받 + 았지요?	받 + 지요?
듣다*	들 + 었지요?	듣 + 지요?
만들다	만들 + 었지요?	만들 + 지요?
집다	집 + 었지요?	집 + 지요?
돕다*	도 + 오 + 았지요? → 도왔지요?	돕 + 지요?
줍다*	주 + 우 + 었지요? → 주웠지요?	줍 + 지요?
웃다	웃 + 었지요?	웃 + 지요?
짓다*	지 + 었지요?	짓 + 지요?
쓰다*	쓰 + 었지요? → 썼지요?	쓰 + 지요?
따르다*	따르 + 았지요? → 따랐지요?	따르 + 지요?
오르다*	오 + ㄹㄹ + 았지요? → 올랐지요?	오르 + 지요?
	[형]았지요?/었지요?/였지요?	[형]지요?
느리다	느리 + 었지요? → 느렸지요?	느리 + 지요?
작다	작 + 았지요?	작 + 지요?
조용하다	조용하 + 였지요? → 조용했지요?	조용하 + 지요?
멀다	멀 + 었지요?	멀 + 지요?
좁다	좁 + 았지요?	좁 + 지요?
곱다*	고 + 오 + 았지요? → 고왔지요?	곱 + 지요?
어렵다*	어려 + 우 + 었지요? → 어려웠지요?	어렵 + 지요?
좋다	좋 + 았지요?	좋 + 지요?
하얗다*	하야 + ㅣ + 았지요? → 하얬지요?	하얗 + 지요?
예쁘다*	예쁘 + 었지요? → 예뻤지요?	예쁘 + 지요?
빠르다*	빠 + ㄹㄹ + 았지요? → 빨랐지요?	빠르 + 지요?
	[명]였지요?/이었지요?	[명](이)지요?
친구	친구 + 였지요?	친구 + (이)지요?
동생	동생 + 이었지요?	동생 + 이지요?

※ 받침이 없는 명사의 경우에 '-이-'를 생략하는 경우가 많다.

070 [형]게

의미

[[부사]로 쓰여서] 뒤에 오는 [동사]를 자세하게 설명하는 의미이다.

This pattern is used when providing a detailed explanation on the usage of the following verb. It corresponds to converting adjectives into their adverbial forms in English.

예문

(1) 김밥을 먹었어요. 김밥이 맛있었어요.
   → 김밥을 맛있게 먹었어요.
     I ate Gimbap. It was tasty.
     → I enjoyed eating the Gimbap.

(2) 이번 일요일에 집을 청소할 거예요. 청소하면 깨끗할 거예요.
   → 이번 일요일에 집을 깨끗하게 청소할 거예요.
     I am going to clean the house this Sunday. If I clean (the house), it will become tidy.
     → I will clean the house thoroughly this Sunday.

(3) 가: 영수 씨, 머리를 잘랐어요?
     Yeongsu, did you have your hair cut?
   나: 네, 여름에 더울 것 같아서 짧게 잘랐어요.
     Yes, I had my hair cut short because it is likely to be hot in the summer.

(4) 가: 불고기 만드는 방법을 설명해 주시겠어요?
     Would you explain how to make Bulgogi?
   나: 알았어요. 간단하고 쉽게 설명해 줄게요. 잘 들으세요.
     All right. I will explain it to you briefly and easily. Listen carefully.

형태

	[형]게
싸다	싸 + 게
작다	작 + 게
멀다	멀 + 게
좁다	좁 + 게
곱다	곱 + 게
어렵다	어렵 + 게
좋다	좋 + 게
하얗다	하얗 + 게
예쁘다	예쁘 + 게
빠르다	빠르 + 게

071 [형]ㄴ/은/는 [명]

의미

뒤에 오는 [명사]를 수식할 때 사용한다.

'[A] ㄴ/은/는' is used to modify the following noun. It corresponds to noun modifiers for adjectives in English.

예문 (1) 옷이 비싸요. 저는 이 옷을 살 수 없어요. → 저는 이 비싼 옷을 살 수 없어요.
　　　　　　This clothing is expensive. I can't buy this clothing. → I can't buy this expensive clothing.

　　　　(2) 사람들이 많아요. 사람들이 그 영화를 봐요. → 많은 사람들이 그 영화를 봐요.
　　　　　　There are many people. The people watch that movie. → Many people watch that movie.

　　　　(3) 이 식당에 음식이 많습니다. 음식이 맛있습니다. → 이 식당에 맛있는 음식이 많습니다.
　　　　　　There is plenty of food in this restaurant. The food is tasty. → There is plenty of tasty food in this restaurant.

　　　　(4) 여기에 꽃이 많아요. 꽃이 예뻐요. → 여기에 예쁜 꽃이 많아요.
　　　　　　There are a lot of flowers here. The flowers are beautiful. → There are a lot of beautiful flowers here.

형태

	[형]ㄴ/은/는	⇒ [형]ㄴ/은/는 [명]
비싸다	비싸+ㄴ	⇒ 비싼 옷
많다	많+은	⇒ 많은 사람
맛있다	맛있+는	⇒ 맛있는 음식
길다*	기+ㄴ → 긴	⇒ 긴 머리
좁다	좁+은	⇒ 좁은 길
곱다*	고+우+ㄴ → 고운	⇒ 고운 손
춥다*	추+우+ㄴ → 추운	⇒ 추운 날씨
좋다	좋+은	⇒ 좋은 친구
빨갛다*	빨가+ㄴ → 빨간	⇒ 빨간 장미
예쁘다	예쁘+ㄴ	⇒ 예쁜 얼굴
다르다	다르+ㄴ	⇒ 다른 문화

참고

1. [동]는 [명]
　▶ 자세한 설명은 문형016을 보세요.

2. [명1]인 [명2]
　▶ 자세한 설명은 문형106을 보세요.

072 [형]ㄴ/은/는 것 같다

의미

1. 말하는 사람이 어떤 상태에 대해 추측하여 말할 때 사용한다.

This pattern is used by the speaker when making a guess or presumption about the situation or state of the subject of the clause.

예문 (1) 가: 요즘 민수 씨 얼굴을 보기가 힘들어요.
　　　　　It's difficult to see Minsu these days.

　　　　나: 네, 민수 씨가 요즘 시험 기간이라서 바쁜 것 같아요.
　　　　　Yeah, he seems to be busy because it's recently been the examination period.

　　(2) 가: 얼굴을 보니까 오늘 기분이 좋은 것 같군요. 무슨 일 있어요?
　　　　　Upon seeing your face you sure seem to be in a good mood. What's going on?

　　　　나: 어제 시험 결과가 나왔는데 제가 1등을 했거든요.
　　　　　It's because yesterday I got my test results and I got the highest score.

　　(3) 가: 친구들은 모두 취업 때문에 걱정인데 철수는 걱정이 없는 것 같아요.
　　　　　All my friends are worried about getting a job, but Cheolsu seems like he has nothing to worry about.

　　　　나: 제가 보기엔 취업 말고 다른 계획이 있는 것 같아요.
　　　　　It seems to me that he has other plans instead of getting a job.

　　(4) 가: 출근 시간이라서 차가 너무 밀리네요.
　　　　　The traffic is too heavy because it is the morning rush hour.

　　　　나: 그러게요. 어떡하죠? 이러다 회의에 늦을 것 같아요.
　　　　　You're right. What should we do? If this keeps up, we will probably be late for the meeting.

2. 말하는 사람 자신의 의견이나 생각을 단정적으로 말하지 않고 겸손하게, 소극적으로, 부드럽게 말할 때 사용한다.

This pattern is also used by the speaker when stating one's opinions or thoughts in a humble, gentle, and non-assertive manner instead of in an assertive manner, regarding the subject of the clause.

예문 (1) 가: 어제 소개 받은 그 남자는 어땠어요?
　　　　　How was the man who was introduced to you yesterday?

　　　　나: 얼굴도 멋있고 성격도 좋은 것 같았어요.
　　　　　I think he was good-looking and his personality also seemed to be nice.

　　(2) 가: 방이 좀 더러운 것 같아요. 청소를 했으면 좋겠어요.
　　　　　I think the room is a little messy. It would be nice if someone would clean it.

나: 그래요? 그럼 같이 청소를 합시다.
　　Is that so? Then let's clean it together.

(3) 가: 제가 처음 만든 음식인데 맛이 어때요?
　　This is the food that I made for the first time, so how does it taste?

나: 솔직하게 말해도 돼요? 미안하지만 맛이 없는 것 같아요.
　　Can I be honest with you? I am sorry, but I think it doesn't taste good.

형태

	[형]ㄴ/은/는 것 같다	[형]ㄹ/을 것 같다
싸다	싸+ㄴ 것 같다	싸+ㄹ 것 같다
작다	작+은 것 같다	작+을 것 같다
맛있다	맛있+는 것 같다	맛있+을 것 같다
길다*	기+ㄴ 것 같다	기+ㄹ 것 같다
좁다	좁+은 것 같다	좁+을 것 같다
곱다*	고+우+ㄴ 것 같다	고+우+ㄹ 것 같다
어렵다*	어려+우+ㄴ 것 같다	어려+우+ㄹ 것 같다
좋다	좋+은 것 같다	좋+을 것 같다
하얗다*	하야+ㄴ 것 같다	하야+ㄹ 것 같다
크다	크+ㄴ 것 같다	크+ㄹ 것 같다
다르다	다르+ㄴ 것 같다	다르+ㄹ 것 같다

참고

1. [동]는 것 같다
   ▶ 자세한 설명은 문형017을 보세요.

2. [명]인 것 같다
   ▶ 자세한 설명은 문형107을 보세요.

3. [동/형]ㄹ/을 것 같다
   ▶ 자세한 설명은 문형024를 보세요.

073　[형]면서(도)/으면서(도), [명](이)면서(도)

의미

두 가지 특징을 모두 가지고 있음을 나타낸다.

This pattern is used with adjectives and nouns when indicating how the subject has both characteristics that are specified by the first and second clauses.

예문

(1) 가: 매일 김밥을 드시네요. 김밥을 좋아해요?
   You sure eat Kimbap everyday. Do you like Kimbap?

   나: 네, 김밥은 싸면서도 맛있으니까요.
   Yes, it's because Kimbap is tasty as well as cheap.

(2) 가: 어머, 가방이 예쁘네요.
   Wow, your bag sure is pretty.

   나: 어제 동대문에서 샀어요. 디자인이 예쁘면서도 가격이 싸서 아주 마음에 들어요.
   I bought this at Dongdaemun yesterday. Not only is the design pretty but also the price is cheap, so I really like it.

(3) 가: 저 사람은 유명한 사람이에요?
   Is that person famous?

   나: 모르세요? 가수면서 영화배우로 유명한 사람이잖아요.
   You don't know? While he/she is a singer, he/she is obviously famous as a movie actor/actress.

형태

	[형]면서(도)/으면서(도)
행복하다	행복하 + 면서(도)
작다	작 + 으면서(도)
멀다*	멀 + 면서(도)
좁다	좁 + 으면서(도)
곱다*	고 + 우 + 면서(도)
어렵다*	어려 + 우 + 면서(도)
좋다	좋 + 으면서(도)
하얗다*	하야 + 면서(도)
예쁘다	예쁘 + 면서(도)
빠르다	빠르 + 면서(도)
	[명](이)면서(도)
가수	가수 + (이)면서(도)
학생	학생 + 이면서(도)

※ 받침이 없는 명사의 경우에 '-이-'를 생략하는 경우가 많다.

참고

1. [동]면서/으면서
   ▶ 자세한 설명은 문형041을 보세요.

074 [형]아지다/어지다/여지다

의미

상태가 변화함을 나타낸다.

- 상태가 변화하는 과정에 초점을 둔다.
  This pattern is used with adjectives to indicate a change in state of the subject over time. It corresponds to 'to become/get [A](-er)' in English.
  - The focus is placed on the process in which the change in state of the subject takes place.

예문

(1) 가: 어떻게 하면 한국어 발음이 좋아질까요?
   How do you think my Korean pronunciation can become better?

   나: 많이 듣고 따라하면서 연습하면 차츰 좋아질 거예요.
   If you practice while listening and following along, your pronunciation will gradually get better.

(2) 가: 요즘 날씨가 점차 쌀쌀해지고 있어요. 감기 조심해야 해요.
   Recently the weather is steadily getting colder. You must be careful of catching a cold.

   나: 네, 그래서 저는 겉옷을 항상 챙겨서 다녀요.
   Yes, so I always have an outer garment with me when I go out.

(3) 가: 요즘 여름이 되면서 해가 점점 길어지고 있습니다.
   While being the summer recently, the days have been gradually getting longer.

   나: 낮이 길어지니까 하루가 긴 것 같아서 너무 좋죠?
   It's good that the days seem longer since daytime is getting longer, right?

(4) 가: 요즘 뚱뚱해졌어요. 아무래도 다이어트를 해야 할 것 같아요.
   I've become fatter recently. I think I need to go on a diet.

   나: 무슨 소리예요? 지금 딱 보기 좋아요. 다이어트하지 마세요.
   What are you talking about? You look just fine now. Don't go on a diet.

형태

	[형]아지다/어지다/여지다
느리다	느리 + 어지다 → 느려지다
작다	작 + 아지다
행복하다	행복하 + 여지다 → 행복해지다
멀다	멀 + 어지다
좁다	좁 + 아지다
곱다*	고 + 오 + 아지다 → 고와지다
어렵다*	어려 + 우 + 어지다 → 어려워지다
좋다	좋 + 아지다
하얗다*	하야 + l + 아지다 → 하얘지다
예쁘다*	예쁘 + 어지다 → 예뻐지다
빠르다*	빠 + ㄹㄹ + 아지다 → 빨라지다

075　[명]가/이

의미

문장의 주어임을 나타낸다.

The particle '-가/이' is attached to the end of a noun to designate it as the subject of the clause/sentence.

▶▶ **예문**　(1) 가: 누가 노래를 합니까?
　　　　　　　Who is singing?

　　　　　　나: 수미가 노래를 합니다.
　　　　　　　Sumi is singing.

　　　　(2) 가: 기숙사 방에 텔레비전이 있어요?
　　　　　　　Is there a TV in the dormitory room?

　　　　　　나: 아니요, 텔레비전이 없어요.
　　　　　　　No, there is no TV.

　　　　(3) 가: 오늘 제주도 날씨가 어때요?
　　　　　　　How is the weather in Jeju Island today?

　　　　　　나: 비가 많이 와요.
　　　　　　　It is raining a lot.

　　　　(4) 가: 이 식당은 어떤 음식이 맛있습니까?
　　　　　　　Which dish is tasty in this restaurant?

　　　　　　나: 이 식당은 비빔밥이 맛있습니다.
　　　　　　　Bibimbap is tasty here.

● '나, 너, 저, 누구'에 '-가/이'가 결합하는 경우에는 다음과 같이 사용한다.

When '-가/이' is combined with the nouns '나, 너, 저, 누구', the following forms are used.

　　　나 + -가 = 나가(×), 내가(○)
　　　너 + -가 = 너가(×), 네가(○)
　　　저 + -가 = 저가(×), 제가(○)
　　　누구 + -가 = 누구가(×), 누가(○)

▶▶ **예문**　(1) 나가 한국 사람입니다. (×)
　　　　　　 내가 한국 사람입니다. (○)
　　　　　　　I am Korean.

　　　　(2) 너가 도서관에 가서 책을 빌려 와. (×)
　　　　　　 네가 도서관에 가서 책을 빌려 와. (○)
　　　　　　　You go to the library, borrow the book, and come (back).

> ✤ '[명]가/이'의 높임 표현으로 '[명]께서'를 사용한다.
> '[N]께서' is the honorific form of '[N]가/이'.
>
> ▶▶ **예문** (1) 수미가 노래를 합니다.
> Sumi is singing.
>
> → 선생님께서 노래를 하십니다.
> The teacher is singing.
>
> (2) 동생이 케이크를 만듭니다.
> My younger brother/sister is making a cake.
>
> → 어머니께서 케이크를 만드십니다.
> My mother is making a cake.

형태

	[명]가/이
친구	친구 + 가
동생	동생 + 이

076　[명]가/이 되다

의미

1. 어떤 신분이나 지위를 가진다는 의미이다.
   This pattern is used to indicate a certain status or position that the main subject of the clause has.

▶▶ **예문** (1) 가: 미정 씨는 미래에 어떤 사람이 되고 싶어요?
　　　　　Mijeong, what type of person do you want to become in the future?

　　　　나: 저는 유명한 작가가 되고 싶어요.
　　　　　I want to become a famous writer.

　　　(2) 가: 영수야, 너는 꿈이 뭐야?
　　　　　Yeongsu, what is your dream?

　　　　나: 내 꿈은 대통령이 되는 거야.
　　　　　My dream is to become the president.

2. 다른 것으로 바뀌거나 변한다는 의미이다.
   This pattern is also used to indicate the change of the subject into someone/something else.

▶▶ **예문** (1) 가: 아이스크림을 아직 안 먹었어?
You didn't eat the ice cream yet?

나: 깜빡했어. 어머! 아이스크림이 다 녹아서 물이 됐네.
I forgot. Gosh! The ice cream completely melted, so it sure has become like water.

(2) 가: 우유를 이렇게 저으면 치즈가 됩니다. 계속 저으세요.
If you stir milk like this, it becomes cheese. Keep on stirring, please.

나: 네, 알겠습니다, 선생님.
Alright, I understand, teacher.

3. 어떤 수량에 가깝거나 어떤 시기가 다가온다는 의미이다.

This pattern is also used to indicate that the subject is reaching close to a particular quantity or approaching a time period that is given by the noun.

▶▶ **예문** (1) 가: 꼬마야, 지금 몇 살이야?
Hey, kid, how old are you now?

나: 지금 6살이에요. 내년에 7살이 될 거예요.
I am six years old now. I will become seven next year.

(2) 가: 아빠, 여기에 개나리꽃이 피었어요.
Dad, the forsythias bloomed here.

나: 그래? 이제 봄이 됐구나.
Really? I guess now spring sure has come.

형태

	[명]가/이 되다
가수	가수 + 가 되다
물	물 + 이 되다

077   [명]가/이 아니다

의미

'[명사] + 이다'의 부정 형태이다.

This pattern is the negative form of '[N] + 이다'.

▶▶ **예문** (1) 가: 한국 사람이에요?
Are you Korean?

나: 아니요, 저는 **한국 사람이 아니에요**. 중국 사람이에요.
　　No, I'm not Korean. I'm Chinese.

(2) 가: 한국은 지금 여름입니까?
　　Is it summer in Korea now?

나: 아니요, 지금 **여름이 아닙니다**. 겨울입니다.
　　No, it is not summer now. It's winter.

(3) 가: 휴대전화예요?
　　Is it a mobile phone?

나: 아니요, **휴대전화가 아니에요**. 전자사전이에요.
　　No, it is not a mobile phone. It is an electronic dictionary.

(4) 가: 저 사람이 남자 친구입니까?
　　Is that person your boyfriend?

나: 아니요, 저 사람은 **남자 친구가 아닙니다**. 오빠입니다.
　　No, he is not my boyfriend. He is my older brother.

형태

[명]가/이 아니다

친구　　　　　친구 + 가 아니다
회사원　　　　회사원 + 이 아니다

참고

1. [동/형]지 않다 = 안 [동/형]

   의미　[동사]와 [형용사]의 부정 형태이다.
   　　　This pattern is the negative form for [V] and [A].

   ▶ 자세한 설명은 문형061, 066을 보세요.

2. [명사] + 이다

   ▶ 자세한 설명은 문형103([명]예요/이에요), 문형109([명]입니다)를 보세요.

078 [명]과/와

의미

1. 둘 이상의 대상을 나열할 때 사용한다.

The particle '-과/와' is used to list multiple nouns that are connected via conjunction 'and' in English.

▶ 예문 (1) 가: 어떤 한국 음식을 좋아합니까?
What Korean food do you like?

나: 저는 불고기와 삼계탕을 좋아합니다.
I like Bulgogi and Samgyetang.

(2) 가: 가족 중에서 누가 학생이에요?
Who is a student in your family?

나: 형과 저와 여동생이 학생이에요.
My older brother, my younger sister, and I are students.

(3) 가: 지난 방학에 어디를 다녀왔어요?
Where did you visit last vacation?

나: 프랑스와 독일과 이탈리아에 갔다 왔어요.
I went to France, Germany, and Italy (and came back).

2. 어떤 일이나 동작을 같이 하는 사람을 나타낸다. '-과/와 (같이/함께)'의 형태로도 쓰인다.

This particle is also attached to the noun with whom the subject performs an action. The form '-과/와 (같이/함께)' may also be used. It corresponds to 'with [N]' in English.

▶ 예문 (1) 가: 누구와 여행을 다녀왔어요?
With whom did you travel?

나: 친구와 같이 여행을 다녀왔어요.
I traveled together with my friend.

(2) 가: 와! 저 집은 누가 지은 거예요? 아주 멋있네요.
Wow! Who made that house? It sure is gorgeous.

나: 김철수 씨가 부모님과 함께 살려고 지은 집이에요.
Mr. Cheolsu Kim made it to live with his parents.

❖ **'[명]랑/이랑, [명]하고'로 바꿀 수 있다.**

- '[명]과/와'는 글말에, '[명]랑/이랑, [명]하고'는 입말에 주로 사용한다.

'[N]과/와' may be replaced with '[N]랑/이랑, [N]하고' without any difference in meaning.
- In general the form '[N]과/와' is used in writing while the forms [N]랑/이랑, [N]하고' are used

during speech.

>> 예문 (1) 형과 저와 여동생이 학생이에요.
→ 형이랑 저랑 여동생이 학생이에요.
→ 형하고 저하고 여동생이 학생이에요.
(2) 친구와 같이 여행을 다녀왔어요.
→ 친구랑 같이 여행을 다녀왔어요.
→ 친구하고 같이 여행을 다녀왔어요.

형태

	[명]과/와
친구	친구 + 와
동생	동생 + 과

참고

1. [명]랑/이랑
   ▶ 자세한 설명은 문형086을 보세요.

2. [명]하고
   ▶ 자세한 설명은 문형114를 보세요.

079 [명]까지

의미

1. [시간이나 공간을 나타내는 말에 붙어서] 한계나 범위를 나타낸다.

[Combined with a noun indicating time or space] The particle '-까지' expresses a limit or range given by the noun. This particle usage corresponds to 'until [N]', 'by [N]', etc. in English.

>> 예문 (1) 가: 내일 아침에 몇 시까지 모여야 합니까?
By what time do we have to gather tomorrow morning?

나: 1층 로비에 8시까지 모이면 됩니다.
You can gather by 8 o'clock in the lobby on the first floor.

(2) 가: 어디까지 올라갈 거야?
Until where are we going up to?

나: 여기는 낮은 산이니까 정상까지 가야지.
It's a low mountain here, so we must go up to the top.

(3) 가: 오늘의 숙제입니다. 29쪽까지 문제를 풀어 오세요.
　　　　Here is today's homework. Please do the exercises up to page 29 (before coming again).

　　 나: 예, 알겠습니다.
　　　　All right, (teacher).

2. '현재의 상태 또는 정도에 더하여'라는 의미로도 사용한다.
　　This particle is also used to indicate 'in addition to the present state or degree given by the noun'.

» 예문 (1) 가: 저녁 식사에 디저트까지 사 주셔서 정말 감사합니다.
　　　　　　I'm really grateful to you for not only buying the dinner but also the desert.

　　　　나: 별말씀을요. 대접이 부족해서 죄송합니다.
　　　　　　Don't mention it. I am sorry that I did not treat you well enough.

　　(2) 가: 오늘 소풍을 갑니까?
　　　　　　Are you going for a picnic today?

　　　　나: 아니요, 비가 오는데 바람까지 불어서 취소했어요.
　　　　　　No, it's raining and it's even windy, so I canceled it.

　　(3) 가: 영수는 여자들에게 인기가 많은 것 같아.
　　　　　　I think Yeongsu is popular among girls.

　　　　나: 맞아. 인상이 좋은데 목소리까지 좋으니까.
　　　　　　Right. It's because he gives a good impression and even his voice is great.

> ✤ 의미 2번의 경우, '[명]도'로 바꿀 수 있다.
> When '[N]까지' is used with the meaning given by usage 2 above, it may be replaced with '[N]도' without much difference in meaning.
>
> » 예문 (1) 저녁 식사에 디저트까지 사 주셔서 정말 감사합니다.
> 　　　　　→ 저녁 식사에 디저트도 사 주셔서 정말 감사합니다.
>
> 　　(2) 비가 오는데 바람까지 불어서 취소했어요.
> 　　　　　→ 비가 오는데 바람도 불어서 취소했어요.

형태

　　　　　　[명]까지
1시　　　　1시 + 까지
서울　　　　서울 + 까지

참고

1. [명]도
　▶ 자세한 설명은 문형082를 보세요.

2. [명1]부터 [명2]까지

    ▶ 자세한 설명은 문형095를 보세요.

3. [명1]에서 [명2]까지

    ▶ 자세한 설명은 문형102를 보세요.

080 | [명]나/이나

의미

둘 이상의 [명사]를 나열하는데 그중에서 하나를 선택하는 경우에 사용한다.
The particle '-나/이나' is attached to nouns to indicate a choice between the noun with the particle and the following noun. This particle usage corresponds to '[N] or' in English.

예문 (1) 가: 뭐 살까요?
    What shall we buy?

    나: 사과나 배를 삽시다.
    Let's buy apples or pears.

(2) 가: 이번 휴가 때 어디에 가고 싶어요?
    Where do you want to go this vacation?

    나: 제주도나 강릉으로 갔으면 해요. 바다가 보고 싶거든요.
    I would want to go to Jeju Island or Gangneung. It's because I want to take a look at the ocean.

(3) 가: 몇 시에 만날까?
    What time should we meet?

    나: 1시나 2시쯤 어때?
    How about around 1 or 2?

(4) 가: 빨간 볼펜이나 파란 볼펜 있어요? 좀 빌려 주세요.
    Do you have a red or blue ball-point pen? Please lend me one.

    나: 빨간 볼펜이 있어요. 여기 있습니다.
    I have a red one. Here it is.

(5) 주말에는 시내나 산에 가요.
    I go downtown or to the mountains on the weekend.

(6) 저는 커피숍이나 백화점에서 친구를 만납니다.
    I meet my friend(s) at a coffee shop or in the department store.

형태

	[명]나/이나
바다, 산	바다 + 나 + 산
볼펜, 연필	볼펜 + 이나 + 연필

참고

1. [동/형]거나
   ▶ 자세한 설명은 문형001을 보세요.

081 [명]는/은

의미

1. 문장에서 설명하는 대상을 나타낸다.

   The particle '-는/은' is attached to the noun as a subject that is explained by the speaker in the sentence.

   ▶ 예문 (1) <u>저는</u> 미국 사람입니다.
   I am (an) American.

   (2) <u>제주도는</u> 한국에서 가장 유명한 관광지입니다.
   Jeju Island is the most famous tourist attraction in Korea.

   (3) <u>이것은</u> 한국 사람들이 여름에 많이 먹는 삼계탕이에요.
   This is Samgyetang, which Korean people eat very often during the summer.

2. 이미 앞에서 이야기한 것이나 서로 알고 있는 대상에 대해 말할 때 사용한다.

   This particle is also attached to the noun that was mentioned previously in the conversation or is known to both the speaker and the listener.

   ▶ 예문 (1) 저는 지난주에 친구와 여행을 했어요. 그 <u>친구는</u> 한국 사람이에요.
   I traveled with a friend last week. That friend is Korean.

   (2) 가: 가족이 어디에 있어요?
   Where are your family?

   나: 우리 <u>가족은</u> 모두 캐나다에 있어요.
   My whole family is in Canada.

3. 두 개 이상의 대상을 대조하여 말할 때 사용한다.

   This particle is also attached to two or more nouns that are contrasted or compared across clauses.

▶▶ **예문** (1) 가: 부모님은 무슨 일을 하세요?
　　　　　　　What do your parents do?
　　　　나: 아버지는 의사이시고 어머니는 중학교 선생님이세요.
　　　　　　　My father is a doctor, and my mother is a middle school teacher.
　　　(2) 가: 지금 서울의 날씨가 어때요?
　　　　　　　How is the weather in Seoul now?
　　　　나: 어제는 너무 더웠는데 오늘은 비가 와서 시원해요.
　　　　　　　It was too hot yesterday, but today it's cool because it rained.

4. 강조할 때 사용하기도 한다.

- [명사]뿐만 아니라 일부 부사어, 연결어미, 조사 뒤에도 붙여 쓸 수 있다.
  This particle is also attached to nouns to emphasize an aspect of the noun.
  - '-는/은' may be attached not only to the ends of nouns, but also to the ends of some adverbs, connective suffixes, and particles.

▶▶ **예문** (1) 가: 저는 바빠서 먼저 갈게요. 맛있게 점심 드세요.
　　　　　　　I am busy, so I'll get going first. Have a good lunch.
　　　　나: 바빠도 식사는 해야지요. 조금 드시고 가세요.
　　　　　　　Even though you are busy, meals are something you need to have. Please have some and then go.
　　　(2) 가: 오늘 친구 생일 파티가 있어서 늦을 것 같아요.
　　　　　　　I think I'll be late because there is my friend's birthday party today.
　　　　나: 그래도 너무 늦지는 마.
　　　　　　　Even so, don't be too late.
　　　(3) 가: 교실에서는 한국말로 이야기합시다.
　　　　　　　Let's speak in Korean in the classroom.
　　　　나: 그래요. 한국말로 이야기할게요.
　　　　　　　Okay, I'll speak in Korean.

형태

	[명]는/은
나이	나이 + 는
직업	직업 + 은

참고

1. 비교

[명]는/은	[명]가/이
- [명사]를 설명할 때 사용한다. This particle is attached to the noun that is explained. 예문 가: 철수가 지금 뭐 하고 있어요? 　　　　What is Cheolsu doing now? 　　　나: 철수는 유럽으로 배낭여행을 갔어요. 　　　　(← 철수가 한 일에 관심) 　　　　Cheolsu went backpacking to Europe. 　　　　(← The focus is on what Cheolsu did.)	- 뒤의 상황이나 상태의 주체나 대상임을 나타낸다. This particle is attached to the noun that is the subject or the object of the following situation or state. 예문 가: 누가 유럽으로 배낭여행을 갔어요? 　　　　Who went backpacking to Europe? 　　　나: 철수가 유럽으로 배낭여행을 갔어요. 　　　　(← 누가 갔는지에 관심) 　　　　Cheolsu went backpacking to Europe. 　　　　(← The focus is on who went.)
- 이미 앞에서 이야기한 것이나 알고 있는 것에 대해 말할 때 사용한다. This particle is attached to the noun that is already mentioned earlier or is known to both parties. 예문 옛날에 한 남자가 있었습니다. 그 남자는 너무 가난하지만 부지런했습니다. 　　　Once upon a time there was this one man. The man was very poor but diligent.	- 새로운 화제를 도입하여 말할 때 사용한다. This particle is attached to nouns when they are introduced as part of a new topic. 예문 옛날에 한 남자가 있었습니다. 그 남자는 너무 가난하지만 부지런했습니다. 　　　Once upon a time there was this one man. The man was very poor but diligent.

▶ '[명]가/이'의 자세한 설명은 문형075를 보세요.

082　[명]도

의미

1. '또한', '역시'라는 의미이다.

　The particle '-도' has the meaning of 'too/as well'. It can replace the subject particle '-는/은' or the object particle '-를/을', depending on what is being said with 'too'.

▶ 예문　(1) 가: 리나 씨가 러시아 사람이죠? 그럼 사라 씨는 어느 나라 사람이에요?
　　　　　　Lina is Russian, right? Then what country is Sarah from?

　　　　　나: 사라 씨도 러시아 사람이에요.
　　　　　　Sarah is also Russian.

　　　(2) 가: 유리 씨는 한국 음식 중에서 비빔밥을 좋아해요?
　　　　　　Yuri, do you like Bibimbap among Korean dishes?

　　　　　나: 네, 비빔밥을 좋아해요. 그리고 불고기도 좋아해요.
　　　　　　Yes, I like Bibimbap. And I like Bulgogi too.

(3) 가: 나는 지금 영화관에 갈 거야. **너도** 같이 갈래?
I am going to the cinema now. Will you also go with me?

나: 그래, 같이 가자. **나도** 영화를 보고 싶었어.
Yes, let's go together. I also wanted to watch a movie.

1-1. '[명사] + [조사] + 도'의 형태로 쓰이기도 한다.
- '-에도', '-에서도', '-에게도', '-까지도', '-께서도' 등이 있다.

The form '[N] + [Particle] + 도' is also used at times.
- Examples include '-에도', '-에서도', '-에게도', '-까지도', '-께서도', etc.

▶▶ **예문** (1) 가: 이번 휴가 때 제주도에 갈 거예요?
Are you going to Jeju Island during this vacation?

나: 네, 시간이 되면 **부산에도** 갈 거고요.
Yes, and I will go to Busan too if time permits.

(2) 가: 면접시험 본 회사에서 합격 문자를 받았어요.
I got an acceptance notice from the company where I had an interview.

나: 축하해요. **가족들에게도** 빨리 기쁜 소식을 알리세요.
Congratulations. Please let your family also know about this great news.

2. '[명1]도 [명2]도'의 형태로 써서 '앞과 뒤에 나오는 것 모두'라는 의미이다.

[In the form '[N1]도 [N2]도'] This expression means 'both [N1] and [N2]'.

▶▶ **예문** (1) 가: 이 옷이 왜 마음에 안 들어요?
Why are you not satisfied with this dress?

나: 미안하지만 **색깔도 디자인도** 제 스타일이 아니에요.
I'm sorry, but both the color and design are not my taste.

(2) 가: 커피 드실래요? 녹차 드실래요?
Would you like coffee? Or would you like green tea?

나: **커피도 녹차도** 다 마시고 싶지 않아요. 그냥 물 주세요.
I don't want to drink coffee or green tea. Just give me some water, please.

3. [부정문에서 쓰여] 가장 쉽다고 생각하는 경우나 최소한의 행위도 없음을 나타낸다.

[Used in a negative sentence] This particle is attached to nouns to indicate that even what is thought as the easiest or the least regarding an action with the noun has not been done.

▶▶ **예문** (1) 가: 일이 많아요? 아침부터 계속 일하고 있네요.
Do you have a lot of work? You sure have been working since morning.

나: 네, 벌써 3시인데 아직 **점심도** 못 먹었어요.
Yes, it's 3 already, but I couldn't even have lunch.

(2) 가: 민수 씨가 언제 미국으로 유학을 가죠?
　　　　When is Minsu going to America to study?

　　　나: 어제 이미 떠났어요. 우리에게 인사도 없이 갔네요.
　　　　He already left yesterday. He just went even without saying goodbye to us.

4. ['아무도', '아무것도', '하나도' 등의 형태로 부정문에 쓰여] 전체 내용을 부정하는 의미이다.
[Used in a negative sentence] '[N]도' is used to completely negate the presence of the noun. This expression is used to form words that correspond to 'no one', 'nobody', 'nothing', etc. in English.

▶ 예문　(1) 가: 집에 들어갔을 때 누가 있었어요?
　　　　　　Was someone there when you entered the house?

　　　　　나: 제가 들어갔을 때 아무도 없었어요.
　　　　　　No one was there when I entered.

　　　　(2) 가: 친구에게서 무슨 소식을 들었어요?
　　　　　　Did you hear any news from your friend?

　　　　　나: 아니요, 아직 아무것도 듣지 못했어요.
　　　　　　No, I haven't heard anything yet.

　　　　(3) 가: 올해는 바빠서 영화를 한 편도 못 봤어요.
　　　　　　I was busy this year, so I could not even watch one movie.

　　　　　나: 그래요? 저는 주말마다 영화를 봤어요.
　　　　　　Really? I watched movies every weekend.

형태

	[명]도
친구	친구 + 도
동생	동생 + 도

083　[명] 동안(에)

의미

[때(=시간)를 나타내는 [명사]와 함께 쓰여] '그 시간에'라는 의미이다.

[Combined with a noun indicating time] This pattern is used to express 'during or for a certain period of time' given by the noun.

▶ 예문　(1) 가: 얼마 동안 한국에 있을 거예요?
　　　　　　For how long are you going to stay in Korea?

나: 앞으로 **4년 동안** 한국에 있을 거예요.
　　I'm going to stay in Korea for the next 4 years.

(2) 가: 이번 **방학 동안에** 뭐 할 거예요?
　　What are you going to do during this vacation?

나: 아르바이트해서 번 돈으로 배낭여행을 떠날 거예요.
　　I am going backpacking with the money I earned from working part-time.

형태

	[명] 동안(에)
2주	2주 + 동안(에)
10분	10분 + 동안(에)

참고

1. [동]는 동안(에)
　▶ 자세한 설명은 문형020을 보세요

084   [명] 때

의미

[명사]가 가리키는 그 시점을 나타낸다.
・ '-때' is attached behind a noun to express the time during the event/period that is given by the noun.

예문

(1) 가: 이번 **휴가 때** 뭐 할 거예요?
　　What are you doing this vacation?

나: 오래간만에 고향에 가려고 합니다.
　　I am planning to go to my hometown after a long time.

(2) 저는 **방학 때**마다 아르바이트 때문에 바빠요.
　　I am busy working part-time every vacation.

(3) 가: 언제 시간이 있어요?
　　When do you have time?

나: 지금은 바쁘고 이따가 **저녁 때** 시간이 있어요.
　　I am busy now, but I will have time later in the evening.

✤ '점심 때, 저녁 때, 시험 때, 방학 때, 졸업 때, 명절 때, 크리스마스 때, 추석 때'와 같이 어떤 시점을 단순히 가리킬 때 사용한다.

'-때' is used when simply indicating a particular time such as '점심 때(at lunchtime), 저녁 때(in the evening), 시험 때(during the test/in the exam), 방학 때(during vacation), 명절 때(on holidays), 크리스마스 때(on Christmas), and 추석 때(at Chuseok)'.

● '어제, 오늘, 내일, 아침, 오전, 오후, 주말'에는 '때'를 붙여 사용하지 않는다.

'-때' is not combined with the words '어제(yesterday), 오늘(today), 내일(tomorrow), 아침(morning), 오전(morning), 오후(afternoon), and 주말(weekend)'.

형태

[명] 때

| 크리스마스 | 크리스마스 + 때 |
| 방학 | 방학 + 때 |

085 [명] 때문에

의미

[명사]가 원인이 되어서 뒤의 결과가 나타난다는 의미이다.

- 주로 결과가 안 좋은 경우에 사용된다.

This pattern is used to indicate that the given [N] becomes the cause or reason for the occurrence of the following situation or state. It corresponds to "because of ~" in English.
- It is mostly used when stating the cause or reason behind a negative result.

예문 (1) 가: 발이 불편해요?
Do your feet feel uncomfortable?

나: 네, 새 **구두 때문에** 발이 아프네요.
Yes, because of the new shoes my feet are aching.

(2) 가: 피곤해 보이는데요. 왜 그래요?
You sure look tired. What's wrong?

나: 어젯밤에 우는 **아기 때문에** 잠을 못 잤거든요.
I couldn't sleep well because of the crying baby last night.

(3) 가: 길이 많이 막히네요.
There sure is so much traffic.

나: 저쪽에서 아파트 공사 중이에요. 아마 **공사 때문에** 길이 막힐 거예요.

The apartment building is under construction over there. Probably because of the construction there is much traffic.

(4) 가: 영수 씨는 **무엇 때문에** 스트레스를 받아요?
Because of what do you get stressed?

나: 저는 **시험 때문에** 스트레스를 받아요.
I get stressed because of exams.

(5) 가: 인터넷의 **발달 때문에** 살기 편해졌어요.
Because of the development of the Internet, life has become convenient.

나: 맞아요. 집에서도 인터넷으로 쇼핑할 수 있어서 너무 좋아요.
You're right. It's so good that I can do shopping online even at home.

형태

	[명] 때문에
친구	친구 + 때문에
동생	동생 + 때문에

참고

1. 비교

[명] 때문에	[명]이기 때문에
- 주어가 [명사]와 일치하지 않는다.	- 주어와 [명사]가 일치한다.
The subject of the sentence is not identical with the given [N].	The subject of the sentence including the pattern is identical with the given [N].
예문1 간호사가 **환자 때문에** 힘들어해요. 〈간호사 ≠ 환자〉 The nurse is having difficulties because of the patient. 〈The nurse ≠ the patient〉	예문1 그 사람이 **환자이기 때문에** 힘들게 해도 야단을 칠 수 없어요. 〈그 사람 = 환자〉 Because he is a patient, I cannot scold him even if he causes me any trouble. 〈He = a patient〉
예문2 나는 **동생 때문에** 스트레스를 받아요. 〈나 ≠ 동생〉 I get stressed because of my younger brother. 〈I ≠ my younger brother〉	예문2 나는 **동생이기 때문에** 스트레스를 받아요. 〈나 = 동생〉 I get stressed because I am a younger brother. 〈I = a younger brother〉

▶ '[명]이기 때문에'의 자세한 설명은 문형008을 보세요.

086 [명]랑/이랑

의미

주로 입말에서 사용한다.
The particle '-랑/이랑' is mainly used in speech.

1. 둘 이상의 사물을 연결할 때 사용한다.
This particle is attached to a noun to connect it to the following noun, via conjunction 'and' in English.

▶ **예문** (1) 가: 영수야, 오늘은 대청소하는 날이다.
　　　　　　　Yeongsu, today is a cleaning day.

　　　　　　나: 엄마, 저는 방이랑 거실을 청소하면 되죠?
　　　　　　　Mom, it's fine if I clean the room and the living room, right?

　　　　(2) 가: 동대문시장에서 뭐 샀어?
　　　　　　　What did you buy at Dongdaemun Market?

　　　　　　나: 옷이랑 구두랑 가방이랑 여러 가지를 잔뜩 샀어.
　　　　　　　I bought clothes, shoes, bags, and lots of other things.

2. '함께'라는 의미로 사용한다.
This particle is also attached to the noun that the subject performs an action with, corresponding to '(together) with [N]' in English.

▶ **예문** (1) 가: 영화는 누구랑 보러 가니?
　　　　　　　With whom are you going to watch a movie?

　　　　　　나: 영희랑 보러 가기로 했어요.
　　　　　　　I decided to go to watch one with Yeonghee.

　　　　(2) 가: 왜 다쳤어요?
　　　　　　　Why did you hurt yourself?

　　　　　　나: 친구들이랑 축구를 하다가 넘어졌어요.
　　　　　　　I fell while I was playing soccer with my friends.

✤ **'[명]과/와, [명]하고'로 바꿀 수 있다.**
'[명]랑/이랑' may be replaced with '[N]과/와' or '[N]하고' without any difference in meaning.

▶ **예문** (1) 옷이랑 구두랑 가방이랑 여러 가지를 잔뜩 샀어.
　　　　　→ 옷과 구두와 가방과 여러 가지를 잔뜩 샀어.

→ **옷하고 구두하고 가방하고 여러 가지**를 잔뜩 샀어.
(2) **친구들이랑** 축구를 하다가 넘어졌어요.
→ **친구들과** 축구를 하다가 넘어졌어요.
→ **친구들하고** 축구를 하다가 넘어졌어요.

형태

	[명]랑/이랑
친구	친구 + 랑
가방	가방 + 이랑

참고

1. [명]과/와
   ▶ 자세한 설명은 문형078을 보세요.

2. [명]하고
   ▶ 자세한 설명은 문형114를 보세요.

087 [명]로/으로

의미

1. 이동의 방향을 나타낸다.

The particle '-로/으로' is attached to nouns to express the direction of movement towards the given nouns.

예문 (1) 가: 이 버스는 **어디로** 가는 버스입니까?
　　　　　Where is this bus bound for?
　　　　나: **서울로** 가는 버스입니다.
　　　　　It's a bus bound for Seoul.
　　　(2) 가: 도서관이 어디에 있어요?
　　　　　Where is the library?
　　　　나: **오른쪽으로** 쭉 가세요. 저기 식당 옆에 있어요.
　　　　　Go along to the right. It's next to the restaurant over there.
　　　(3) 가: **어디로** 여행을 가고 싶어요? 산이 좋아요? 바다가 좋아요?
　　　　　To where do you want to travel? Do you prefer the mountains? Or do you prefer the sea?

나: 전 바다로 여행을 가고 싶어요.
I want to go on a trip to the sea.

2. 수단이나 도구, 재료를 나타낸다.
This particle is attached to the nouns that are used as a means, tool, or material for carrying out a particular action.

▶ **예문** (1) 가: 제주도에 무엇을 타고 갈 거예요?
How are you going to Jeju Island?

나: 시간이 없어서 비행기로 갈 거예요. 〈수단〉
I don't have much time, so I am going by plane. 〈means〉

(2) 가: 한국 음식은 젓가락과 숟가락으로 먹어요.
In Korea we eat food with chopsticks and spoons.

나: 그래요? 우리나라에서는 포크와 칼로 먹어요. 〈도구〉
Really? In my country we eat food with forks and knives. 〈tool〉

(3) 가: 이 빵은 재료가 뭐예요?
What is this bread made of?

나: 맛있지요? 이 빵은 쌀로 만들었어요. 〈재료〉
It tastes good, doesn't it? It's made from rice. 〈material〉

형태

[명]로/으로

버스	버스 + 로
사전	사전 + 으로
지하철	지하철 + 로

088   [명]를/을

의미

문장에서 목적어를 나타낸다.
The particle '-를/을' is attached to a noun and designates the noun as the object of the sentence.

▶ **예문** (1) 가: 어제 뭐 했어요?
What did you do yesterday?

나: 백화점에 가서 구두를 샀어요.
I went to the department store and bought a pair of shoes.

(2) 가: 직업이 뭐예요?
　　　What is your occupation?
　나: 저는 학교에서 학생들을 가르치고 있습니다.
　　　I teach students at school.

(3) 가: 커피 드릴까요? 녹차 드릴까요?
　　　Would you like coffee? Or would you like green tea?
　나: 그냥 물 주세요. 시원한 물을 마시고 싶어요.
　　　Just water, please. I'd like to drink cool water.

형태

	[명]를/을
우유	우유 + 를
빵	빵 + 을

089　[명]를/을 위해(서)

의미

앞부분을 목표로 해서 뒷부분을 한다는 의미이다.

- '[명]를/을 위하여(서)'의 준말이다.
　This pattern is used to indicate that the action given by the clause following the pattern is done for the objective given by the noun.
- This pattern is the shortened form of '[N]를/을 위하여(서)'.

예문

(1) 가: 올해 계획이 뭐예요?
　　　What's your plan for this year?
　나: 올해는 건강을 위해 운동 좀 하려고 해요.
　　　This year I intend to do some exercise for my health.

(2) 가: 은퇴 후 어떤 삶을 원하십니까?
　　　What kind of life do you want to live after retirement?
　나: 저보다 어려운 사람들을 위해 봉사하는 삶을 살고 싶습니다.
　　　I want to live a life of service for those who are in more difficultly than me.

(3) 가: 여기가 어디예요?
　　　Where is this place?
　나: 나라를 위해서 싸우다가 돌아가신 분들의 묘지가 있는 곳입니다.
　　　This is the place where there is a cemetery for the soldiers who fought and died for the country.

(4) 슈바이처 박사는 **아프리카 환자들을 위하여** 평생을 헌신한 분입니다.
Dr. Schweitzer is a man who devoted his whole life for patients in Africa.

형태

	[명]를/을 위해(서)
나라	나라 + 를 위해(서)
사람	사람 + 을 위해(서)

참고

1. [동]기 위해(서)
   ▶ 자세한 설명은 문형009를 보세요.

090   [명]마다

의미

1. '[명사]에 해당하는 것 모두 다'라는 의미이다.

The particle '-마다' is attached to a noun to express 'all of' or 'every(thing)' that corresponds to the noun.

예문 (1) 가: 정희 씨, 정말 날씬해졌네요.
Jeonghee, you've slimmed down so much.

나: 정말이요? 만나는 **사람마다** 같은 말을 하네요.
Really? Every person I meet says that.

(2) 가: 요즘 이 옷이 유행이에요? **가게마다** 있네요.
Is this dress in fashion these days? I see that every store has one.

나: 네, 요즘 이런 스타일이 유행인 것 같아요.
Yes, I think this style is popular these days.

(3) 가: **집마다** 태극기를 걸어 놓았네요. 무슨 날이에요?
I see that every house has put up the Korean flag. Is today special?

나: 아! 오늘이 삼일절이에요. 만세 운동을 한 날이죠.
Ah! Today is the Samiljeol. You know, Independence Movement Day.

2. 시간을 나타내는 [명사] 뒤에 붙어, '해당 시기에 한 번씩'의 뜻을 나타낸다.

When this particle is attached to a noun indicating time, this expression means 'once in a corresponding period of time' given by the noun.

▶ **예문** (1) 가: 서울에 가는 버스는 얼마나 자주 있어요?
　　　　　　　How often are there buses that are bound for Seoul?
　　　　나: 30분마다 있습니다.
　　　　　　　There is one once every 30 minutes.

　　　(2) 가: 다음 주에 시험이 있어서 시간이 없어요.
　　　　　　　I don't have time because there is an examination next week.
　　　　나: 지난주에도 시험을 보지 않았어요? 저희 학교는 두 달마다 있는데….
　　　　　　　You had an examination last week too, didn't you? My school has an examination once every two months….

형태

　　　　　　　[명]마다
회사　　　　회사 + 마다
주말　　　　주말 + 마다

091　[명]만

의미

1. 다른 것은 제외하고 그것에 한정한다는 의미이다.
　　The particle '-만' is attached to a noun to express an exclusion of the given noun from other nouns and a restriction or limit given by the noun. This particle usage corresponds to 'only [N]' in English.

▶ **예문** (1) 가: 이 이야기는 너만 알고 있어. 다른 사람에게 말하지 마.
　　　　　　　Only you should know about this. Don't tell anyone else.
　　　　나: 알았어. 다른 사람에게 말하지 않을게. 걱정하지 마.
　　　　　　　Sure. I won't tell anyone else. Don't worry.

　　　(2) 가: 운동을 안 하고 공부만 하면 건강이 안 좋아져요. 운동을 하세요.
　　　　　　　If you only study and never exercise, your health will fail. Do some exercise.
　　　　나: 저도 알지만, 운동을 할 시간이 없어요.
　　　　　　　I know that, but I don't have time to exercise.

1-1. '[명사] + [조사] + 만'의 형태로 쓰이기도 한다.
　　　- '-에만', '-에서만', '-에게만', '-까지만', '-께서만' 등이 있다.
　　　- The form '[N] + [Particle] + 만' is also used at times.
　　　- Examples include '-에만', '-에서만', '-에게만', '-까지만', '-께서만', etc.

》 **예문** (1) 가: 지난 주말에 뭐 했어요?
　　　　　　　　What did you do last weekend?
　　　　나: 너무 피곤해서 집에만 있었어요.
　　　　　　　　I was so tired, so I only stayed home.
　　　　(2) 가: 저, 서류를 몇 시까지 내야 합니까?
　　　　　　　　Excuse me, by what time must I submit the document(s)?
　　　　나: 오늘 오후 6시까지만 받습니다.
　　　　　　　　We receive them only until 6 this evening.

2. 그것이 최소한으로 제한된 것임을 나타낸다.
　This particle is also attached to a noun to indicate a limited 'minimum' of the noun.

》 **예문** (1) 가: 초콜릿 같이 먹을래?
　　　　　　　　Want to have some chocolate together?
　　　　나: 난 다이어트 중이니까 한 개만 줘.
　　　　　　　　I'm on a diet, so give me only one.
　　　　(2) 가: 이 미술관 입장료가 얼마입니까?
　　　　　　　　How much is admission to this art museum?
　　　　나: 할인표가 있으니까 이천 원만 내시면 입장할 수 있습니다.
　　　　　　　　You have a discount ticket, so you can enter if you just pay 2,000 won.

형태

	[명]만
친구	친구 + 만
동생	동생 + 만

092　[명]밖에 + 부정 표현

의미

앞 내용 이외에 다른 가능성이나 선택의 여지가 없음을 나타낸다.
When a negative expression follows the noun with the particle '-밖에' attached, it is used to indicate that there is no other possibility or choice except for that noun. It corresponds to 'nothing but [N]' in Englsih.

》 **예문** (1) 가: 이 세상에 믿을 수 있는 건 가족밖에 없는 것 같아요.
　　　　　　　　It seems that the only people we can trust in this world are family members.

나: 그렇죠. 가족이 최고예요.
Right. Family is the best.

(2) 가: 공연 시작 시간까지 10분밖에 안 남았어요. 빨리 뜁시다.
We have only 10 minutes left before the show begins. Let's run quickly.

나: 알았어요. 공연이 시작되면 들어갈 수 없는데….
I got it. If the show starts, we cannot enter….

(3) 가: 이번에 해외로 여행 갈 수 있어?
Can you travel abroad this time?

나: 미안, 휴가가 짧아서 국내밖에 못 갈 것 같아.
Sorry, but I can only make domestic trips because my days off are short.

(4) 가: 아이샤 씨는 돼지고기를 먹을 수 없어요?
Aisha, you can't eat pork?

나: 네, 저는 소고기밖에 먹을 수 없어요.
Yes, I can only eat beef.

형태

[명]밖에 + 부정 표현

1개	1개 + 밖에
가족	가족 + 밖에

093 [명]보다

의미

다른 대상과 비교할 때 사용한다.

The particle '-보다' is attached to a noun when that noun becomes the standard for comparison with another noun.

▶ **예문** (1) 가: 민수 씨와 마이클 씨 중에서 누가 더 커요?
Who is taller between Minsu and Michael?

나: 마이클 씨요. 마이클 씨가 민수 씨보다 더 커요.
Michael. Michael is taller than Minsu.

(2) 가: 난 공포 영화를 좋아하는데 넌 어떤 영화를 좋아해?
I like horror movies, but what kind of movies do you like?

나: 난 공포 영화보다 코미디 영화를 더 좋아해.
I like comedies more than horror movies.

(3) 가: 이번 휴가에는 해외여행을 할까요?
   Shall we travel abroad this vacation?

   나: 전 해외여행보다 국내여행을 하고 싶어요.
   I would like to go on a domestic more than on an overseas trip.

형태

	[명]보다
우유	우유 + 보다
빵	빵 + 보다

094 [명]부터

의미

1. [시간을 나타내는 말에 붙어서] 시작점을 의미한다.
[Combined with a noun indicating time] The noun with the particle '-부터' attached becomes a starting/beginning point of a time frame.

▶ 예문 (1) 가: 한국은 언제부터 학기가 시작됩니까?
    In Korea from when does a school semester begin?

   나: 3월부터 시작됩니다.
    It starts from March.

   (2) 가: 점심 식사는 했습니까?
    Did you have lunch?

   나: 아침부터 너무 바빠서 아직 먹을 생각도 못 하고 있어요.
    Since this morning I've been too busy, so I cannot even think of eating yet.

   (3) 가: 몇 시부터 아르바이트를 할 수 있어요?
    From what time can you work part-time?

   나: 저는 6시부터 가능합니다.
    I can work from 6 o'clock.

1-1. [명사 이외에 아래의 형태로 사용되기도 한다.
    This particle may also be attached to other forms excluding nouns.

▶ 예문 (1) 가: 언니가 인기가 많겠어요.
    Your older sister must be popular.

나: 네, 언니는 예뻐서 어려서부터 인기가 많았어요.
Yes, she is pretty, so she has been popular since childhood.

2. [장소를 나타내는 말에 붙어서] 출발점을 의미한다.
[Combined with a noun indicating a place] The noun with this particle attached becomes a departure/starting point.

》 예문 (1) 가: 먼저 어디에 갈까요?
Where shall we go first?

나: 배고프니까 학교 식당부터 갑시다.
I am/We are hungry, so let's go to the school cafeteria first.

(2) 가: 다시 듣고 싶은 부분이 있습니까?
Is there any part that you would like to listen to again?

나: 네, 여기부터 다시 듣고 싶습니다.
Yes, I would like to listen from here again.

2-1. [명사] 이외에 아래의 형태로 사용되기도 한다.
This particle may also be attached to other forms excluding nouns.

》 예문 (1) 가: 총 몇 명입니까?
How many people are there in total?

나: 한 줄로 세우고 앞에서부터 1, 2, 3, 4 숫자 좀 세어 보겠습니다.
I will line them up into a single line and count the number from the front.

(2) 가: 이불을 빨았어요?
Did you wash the blanket?

나: 네, 어제 천장으로부터 물이 떨어져서 침대 시트가 젖었거든요.
Yes, it's because the bed sheet(s) got wet because water dripped down from the ceiling yesterday.

3. 순서를 나타낸다.
The noun with this particle attached becomes the starting point of a sequence, order, or series.

》 예문 (1) 가: 누가 먼저 발표하겠습니까?
Who will present first?

나: 저부터 하겠습니다.
I will present first.

(2) 가: 잠이 안 올 때 어떻게 합니까?
What do you do when you cannot fall sleep?

나: 100, 99, 98, 97 이런 식으로 100부터 거꾸로 세어 봅니다.
　　I count backwards from 100 like 100, 99, 98, 97, and so on.

형태

	[명]부터
1시	1시 + 부터
오늘	오늘 + 부터

참고

1. [명1]부터 [명2]까지
　▶ 자세한 설명은 문형095를 보세요.

095　　[명1]부터 [명2]까지

의미

1. 시간의 범위를 나타낸다.

This pattern is used to indicate a time frame, with the starting time given by the first noun, and the ending time given by the second noun.

▶ 예문　(1) 가: 휴가가 언제예요?
　　　　　　　When are your days off?

　　　　　　나: 7월 20일부터 25일까지예요.
　　　　　　　From July 20th to the 25th.

　　　　(2) 가: 근무 시간이 어떻게 되세요?
　　　　　　　What are your business hours?

　　　　　　나: 오전 9시부터 오후 6시까지입니다.
　　　　　　　It is from 9 a.m. to 6 p.m.

　　　　(3) 가: 매일 아르바이트를 해요?
　　　　　　　Do you work part-time everyday?

　　　　　　나: 아니요, 월요일부터 목요일까지만 해요.
　　　　　　　No, I work only from Monday to Thursday.

2. 이외에도 다양한 범위를 나타낼 때 사용한다.

In addition to time frames, this pattern is used for numerical ranges in various units of other nouns.

▶▶ **예문** (1) 가: 오늘 숙제가 어디예요?
　　　　　　　What section is homework for today?
　　　　나: 18쪽부터 20쪽까지예요.
　　　　　　　It's (the section) from page 18 to 20.
　　　(2) 가: 발레를 보고 싶은데 보통 가격이 어떻게 돼요?
　　　　　　　I'd like to see a ballet, but how much are ballet tickets generally?
　　　　나: 만 원부터 십만 원까지 다양해요.
　　　　　　　The price varies from 10,000 won to 100,000 won.
　　　(3) 가: 여자 옷은 몇 층에 있어요?
　　　　　　　Which floor is the women's clothing on?
　　　　나: 여성 의류 매장은 2층부터 4층까지입니다.
　　　　　　　The women's clothing stores are located on the second to fourth floors.

> ❖ 의미 2번의 경우, '[명1]에서 [명2]까지'로 바꿀 수 있다.
> 　When this expression is used in the cases given by usage 2 above, it may be replaced with '[N1]에서 [N2]까지' without any difference in meaning.
>
> ▶▶ **예문** (1) 18쪽부터 20쪽까지예요.
> 　　　　　→ 18쪽에서 20쪽까지예요.
> 　　　(2) 만 원부터 십만 원까지 다양해요.
> 　　　　　→ 만 원에서 십만 원까지 다양해요

형태

	[명1]부터 [명2]까지
아홉 시, 한 시	아홉 시 + 부터 한 시 + 까지
아침, 저녁	아침 + 부터 저녁 + 까지

참고

1. [명1]에서 [명2]까지
   ▶ 자세한 설명은 문형102를 보세요.

096 [명]에 〈장소/위치〉

의미

1. 사람 또는 사물이 있는 장소나 위치를 나타낸다.

- '있다, 없다, 많다, 적다' 등의 [형용사]와 어울린다.

The particle '-에' is attached to the noun that is designated as the location or place where the subject of the clause is.

- It is combined with adjectives such as 있다(to exist), 없다(to not exist), 많다(to be many/much), 적다(to be few/little), etc.

예문 (1) 가: 냉장고에 과일이 있어요?
Is there fruit in the refrigerator?

나: 네, 귤이 조금 있어요. 드실래요?
Yes, there are some tangerines. Would you like some?

(2) 가: 오늘 놀이공원에 사람이 많을까요?
Do you think there are many people at the amusement park today?

나: 주말이니까 많을 거예요.
Yes, I think there will be many because it's the weekend.

(3) 가: 혹시 제 영어책을 보셨어요?
Did you happen to see my English book?

나: 아까 저쪽 컴퓨터 옆에 있었어요. 한번 확인해 보세요.
It was next to the computer over there earlier. Please check it out.

2. 동작이 일어나는 장소 또는 위치를 나타낸다.

- '놓다, 두다, 살다, 앉다' 등의 [동사]와 어울린다.

The noun with this particle attached also indicates the location or position where an action performed by the subject of the clause occurs.

- It is combined with verbs such as 놓다(to put), 두다(to put), 살다(to live), 앉다(to sit), etc.

예문 (1) 가: 가족들은 모두 어디에 살아요?
Where does your whole family live?

나: 서울에 살아요.
They live in Seoul.

(2) 가: 여기에 앉으세요.
Please sit here.

나: 감사합니다.
Thank you.

(3) 가: 텔레비전을 <u>어디에</u> 놓을까요?
　　　 Where should I put the TV?

　　 나: 저기 <u>탁자 위에</u> 놓아 주세요.
　　　 Please put it on the table over there.

3. 동작의 방향이나 도착점을 나타낸다.

- 뒤에 이동의 뜻을 가진 '가다, 오다, 보내다, 오르다, 떨어지다' 등의 [동사]가 온다.

The noun with this particle attached becomes the direction or destination of an action that is performed by the subject of the clause.
- It is combined with verbs that express movement such as 가다(to go), 오다(to come), 보내다(to send), 오르다(to climb), 떨어지다(to fall), etc.

》예문 (1) 가: 지금 <u>어디에</u> 가요?
　　　　　 Where are you going now?

　　　　나: 친구 만나러 <u>시내에</u> 가요.
　　　　　 I am going downtown to meet my friend.

　　 (2) 가: 언제 <u>한국에</u> 왔어요?
　　　　　 When did you come to Korea?

　　　　나: 작년 겨울에 왔어요.
　　　　　 I came here last winter.

　　 (3) 가: 열쇠가 안 보이네. <u>어디에</u> 있지?
　　　　　 I can't find my keys. Where are they?

　　　　나: 열쇠요? <u>여기에</u> 떨어졌네요.
　　　　　 Keys? They have fallen (on the ground) here.

형태

	[명]에
의자	의자 + 에
서울	서울 + 에

참고

1. [명]에 〈시간〉, [명]에 〈기준〉
   ▶ 자세한 설명은 문형097, 098을 보세요.

097　[명]에　〈시간〉

의미

동작이 일어나는 때를 나타낸다.

The noun with the particle '-에' attached becomes the time in which an action performed by the subject of the clause occurs.

» **예문**　(1) 가: 몇 시에 수업이 끝나요?
　　　　　　　What time does your class finish?

　　　　　나: 12시 50분에 끝나요.
　　　　　　　It finishes at 12:50.

　　　(2) 가: 언제 방학을 해요?
　　　　　　　When does your school vacation begin?

　　　　　나: 6월 20일에 방학을 해요.
　　　　　　　It begins on June 20.

　　　(3) 가: 이번 주말에 뭐 할 거예요?
　　　　　　　What are you doing this weekend?

　　　　　나: 이번 주말이요? 약속 없는데 왜요?
　　　　　　　This weekend? I have no plans, but why (do you ask)?

　　　(4) 가: 제주도에 간 적이 있어요?
　　　　　　　Have you ever been to Jeju island?

　　　　　나: 네, 재작년에 간 적이 있어요. 아주 좋았어요.
　　　　　　　Yes, I went there the year before last. It was very good.

● 시간을 나타내는 말 중에서 '언제, 오늘, 내일, 모레, 어제, 그제, 아까, 지금, 이따가' 등에는 '-에'를 붙여 사용하지 않는다.

Among nouns that indicate time, this particle '-에' may not be attached to nouns such as 언제(when), 오늘(today), 내일(tomorrow), 모레(the day after tomorrow), 어제(yesterday), 그제(the day before yesterday), 아까(a while ago/earlier), 지금(now), 이따가(later), etc.

» **예문**　(1) 언제 방학을 해요? (○)
　　　　　　언제에 방학을 해요? (×)
　　　(2) 지금 뭐 해요? (○)
　　　　　　지금에 뭐 해요? (×)

형태

	[명]에
1시	1시 + 에
저녁	저녁 + 에

참고

1. [명]에 〈장소/위치〉, [명]에 〈기준〉
   ▶ 자세한 설명은 문형096, 098을 보세요.

098   [명]에   〈기준〉

의미

가격, 수량, 횟수 등을 말할 때 기준이 되는 단위임을 나타낸다.

[Attached to nouns referring to prices, quantities, frequency, and etc.] The noun with the particle '-에' attached becomes a unit of measure for another noun in the clause. This particle usage corresponds to 'a/per [N]', etc. in English.

예문

(1) 가: 아주머니, 이 사과 얼마예요?
    Ma'am, how much are these apples?

  나: 10,000원에 7개입니다.
    It is 10,000 won for 7.

(2) 가: 이 재료를 어떻게 나눌까요?
    How should I divide these materials?

  나: 모두 네 팀이니까 한 팀에 세 개씩 나눠 주세요.
    There are four teams in all, so please give three per team.

(3) 가: 영희 씨 아이는 하루에 몇 시간 컴퓨터 게임을 해요?
    Yeonghee, how many hours does your child spend playing computer games per day?

  나: 우리 아이는 하루에 30분씩 해요.
    My child spends 30 minutes a day.

(4) 이 잡지는 월간지라서 한 달에 한 번 발행합니다.
    This is a monthly magazine, so it is issued once a month.

형태

	[명]에
한 개	한 개 + 에
천 원	천 원 + 에

참고

1. [명]에 〈장소〉, [명]에 〈시간〉
   ▶ 자세한 설명은 문형096, 097을 보세요.

099   [명]에게

의미

[사람이나 동물을 나타내는 [명사] 뒤에 붙어] 주어의 동작이 미치는 대상임을 나타낸다.
- 주로 '주다, 보내다, 전화하다, 이야기하다' 등의 [동사]와 함께 사용한다.

[Attached to nouns referring to people or animals] The noun with the particle '-에게' attached becomes an indirect object that is influenced by or receives an action performed by the subject of the clause.
- It is mainly used with action verbs such as 주다(to give), 보내다(to send), 전화하다(to make a phone call), 이야기하다(to talk), etc.

예문

(1) 가: 이건 무슨 편지예요?
    What is this letter?

   나: 제가 친구에게 쓴 편지예요.
    It is the letter that I wrote to my friend.

(2) 가: 동생 생일인데 어떤 선물이 좋을까요?
    It's my younger brother's/sister's birthday, but what type of present do you think would be good?

   나: 학생이니까 동생에게 책을 선물하는 게 어때요?
    He/She is a student, so how about giving him/her a book as a present?

(3) 가: 주말에 뭐 할 거예요?
    What are you doing this weekend?

   나: 가족들에게 보낼 선물을 살 거예요.
    I will buy some presents that I will send to my family.

(4) 가: 애완동물을 키울 때 주의사항은 무엇입니까?
    What should I be careful of when raising a pet?

나: 사람이 먹는 음식을 애완동물에게 주면 안 됩니다.
You must not give food that people eat to your pet.

❖ '[명]한테'로 바꿀 수 있다. '[명]한테'는 주로 입말에 사용한다.
'[N]에게' may be replaced with '[N]한테' without any difference in meaning. '[N]한테' is mainly used during speech.

▶ 예문 (1) 제가 친구에게 쓴 편지예요.
→ 제가 친구한테 쓴 편지예요.
(2) 사람이 먹는 음식을 애완동물에게 주면 안 됩니다.
→ 사람이 먹는 음식을 애완동물한테 주면 안 됩니다.

❖ 동작이 미치는 대상이 높임의 대상인 경우에는 '[명]께'를 사용한다.
The honorific form '[N]께' is used when the recipient of the action stands in a higher position than the subject who performs the action.

▶ 예문 (1) 제가 친구에게 쓴 편지예요.
→ 제가 부모님께 쓴 편지예요.
(2) 동생에게 책을 선물하는 게 어때요?
→ 선생님께 책을 선물하는 게 어때요?

❖ 사람이나 동물이 아닌 경우에는 '[명]에'를 사용한다.
If the recipient of the action is not a human or an animal, the form '[N]에' is used.

▶ 예문 (1) 꽃에 물을 주세요.
Water the flowers, please.
(2) 나는 입지 않는 옷을 고아원에 보냈다.
I sent the clothes that I don't wear to the orphanage.

형태

	[명]에게
친구	친구 + 에게
가족	가족 + 에게

참고

1. [명]한테
   ▶ 자세한 설명은 문형115를 보세요.

100   [명]에게서

의미

[사람이나 동물을 나타내는 [명사] 뒤에 붙어] 동작의 출발점이 되는 대상임을 나타낸다.
- 주로 '받다, 듣다, 빌리다' 등과 같은 [동사]와 함께 사용한다.
- 입말에서는 '서'를 생략한 '[명]에게'의 형태로도 사용한다.

[Attached to nouns referring to people or animals] The noun with the particle '-에게서' attached becomes the starting point of a particular action that is performed by the subject of the clause.
- It is mainly used with action verbs such as 받다(to receive), 듣다(to listen), 빌리다(to borrow), etc.
- During speech the '서' is often omitted, leaving the form '[명]에게'.

예문 (1) 가: 이 꽃은 어디서 났어요?
    Where did this flower come from?

  나: 오늘 친구에게서 받은 꽃이에요.
    It's the flower I received from my friend today.

(2) 가: 책상 위에 있는 책은 누구 책이에요?
    Whose book is on the desk?

  나: 숙제를 하려고 선배에게서 빌린 책이에요.
    It is the book that I borrowed from one of my seniors in order to do my homework.

(3) 가: 부모님 소식을 어떻게 알았어요?
    How did you know the news about your parents?

  나: 동생에게서 소식을 들었어요.
    I heard it from my younger brother/sister.

(4) 가: 우유, 고기, 가죽 등 우리가 소에게서 얻는 것이 많아요.
    There are a lot of things we get from cows such as milk, meat, hide, etc.

  나: 맞아요. 소는 정말 고마운 동물이에요.
    That's right. Cows are really a blessing.

✢ '[명]한테서'로 바꿀 수 있다. '[명]한테서'는 주로 입말에 사용한다.

'[N]에게서' may be replaced with '[N]한테서' without any difference in meaning. '[N]한테서' is mainly used in speech.

예문 (1) 오늘 친구에게서 받은 꽃이에요.
      → 오늘 친구한테서 받은 꽃이에요.

(2) 숙제를 하려고 선배에게서 빌린 책이에요.
→ 숙제를 하려고 선배한테서 빌린 책이에요.

✤ **동작의 출발점이 되는 대상이 높임의 대상인 경우에는 '[명]께로부터'를 사용한다.**
- 입말에서는 '로부터'를 생략한 '[명]께'의 형태로도 사용한다.

The honorific form '[N]께로부터' is used when the starting point of the action stands in a higher position than the recipient of the action.
- In speech '로부터' is often omitted, leaving the form '[N]께'.

▶▶ 예문 (1) 오늘 친구에게서 받은 꽃이에요.
→ 오늘 어머니께로부터 받은 꽃이에요.
→ 오늘 어머니께 받은 꽃이에요.
(2) 숙제를 하려고 선배에게서 빌린 책이에요.
→ 숙제를 하려고 선생님께로부터 빌린 책이에요.
→ 숙제를 하려고 선생님께 빌린 책이에요.

✤ **사람이나 동물이 아닌 경우에는 '[명]에서, [명]로부터/으로부터'를 사용한다.**

If the noun is not a human or an animal, the forms '[N]에서, [N]로부터/으로부터' are used.

▶▶ 예문 (1) 사람들은 음악에서 많은 위로를 받는다.
People get a lot of comfort from music.
(2) 나무로부터 받는 혜택이 많아요.
There are many benefits we get from trees.

형태

[명]에게서

친구	친구 + 에게서
가족	가족 + 에게서

참고

1. [명]한테서
   ▶ 자세한 설명은 문형 116을 보세요.

2. [명]에게
   ▶ 자세한 설명은 문형 099를 보세요.

101 [명]에서

의미

1. [장소를 나타내는 [명사]에 붙어] 어떤 행위가 일어나는 장소를 나타낸다.

[Attached to nouns referring to places] The noun with the particle '-에서' attached becomes the place where an action performed by the subject of the clause occurs.

예문 (1) 가: 지금 뭐 해?
What are you doing now?

나: 집에서 텔레비전 보고 있어.
I am watching TV at home.

(2) 가: 방에서 자는 사람이 누구야?
Who is the person sleeping in the room?

나: 동생이야. 오늘 시험이 끝나서 일찍 왔거든.
It's my younger brother/sister. It's because he/she came back early after the exams finished today.

(3) 가: 이번 방학 때 뭐 할 거예요?
What are you going to do this vacation?

나: 고향에서 아르바이트를 하려고 해요.
I am planning to work part-time in my hometown.

2. 행동이나 상태가 미치는 범위를 나타낸다.

The noun with this particle attached is also used to indicate the range or the scope that is affected by an action or state.

예문 (1) 가: 어떤 사람이 되고 싶어요?
What kind of person do you want to be?

나: 세계에서 유명한 사람이 되고 싶어요.
I want to be a famous person in the world.

(2) 가: 누가 우리 반에서 제일 예쁜 것 같아?
Who do you think is the prettiest in our class?

나: 글쎄. 영희 씨가 제일 예쁘지 않아?
Well. Isn't Yeonghee the prettiest?

(3) 가: 그 사람은 어떤 사람이에요?
What kind of person is he/she?

나: 그 사람은 제가 만난 사람 중에서 가장 마음이 따뜻한 사람이에요.
Among the people I have met, he/she is the person with the warmest heart.

3. 동작의 출발점을 나타낸다.

The noun with this particle is also used to indicate the starting place of an action.

예문 (1) 가: 어디에서 왔어요?
　　　　　　　Where did you come from?

　　　　　나: 일본 오사카에서 왔어요.
　　　　　　　I came from Osaka, Japan.

　　　　(2) 가: 이 서류는 어디에서 받을 수 있어요?
　　　　　　　Where can I get this document?

　　　　　나: 사무실에서 받을 수 있어요.
　　　　　　　You can get it at the office.

　　　　(3) 가: 꽃에서 향기가 나지 않아.
　　　　　　　The flowers have no fragrance.

　　　　　나: 이 꽃은 조화잖아. 그러니까 냄새가 없지.
　　　　　　　You can see that they are artificial flowers. So (obviously) they have no fragrance.

형태

	[명]에서
회사	회사 + 에서
사무실	사무실 + 에서

참고

1. 비교

[명]에서	[명]에
- 장소를 나타내는 [명사]에 붙는다. This particle is attached to nouns that refer to places.	- 장소를 나타내는 [명사]에 붙는다. This particle is attached to nouns that refer to places.
- 동작이 시작되는 출발점을 나타낸다. The noun with this particle attached becomes the starting point of an action performed by the subject. 예문1 11시에 운동장에서 떠납니다. (O) 〈출발점〉 　　　We/I leave from the playground at 11. 　　　　　　　　　　　　　　　　〈the departure point〉 예문2 오후에 산에서 도착했습니다. (×)	- 동작이 끝나는 도착점을 나타낸다. The noun with this particle attached becomes the destination where an action performed by the subject finishes. 예문1 11시에 운동장에 떠납니다. (×) 예문2 오후에 산에 도착했습니다. (O) 〈도착점〉 　　　We/I arrived at the mountain in the afternoon. 　　　　　　　　　　　　　　　　〈the destination〉
- 어떤 행위가 일어나는 장소를 나타낸다. This form indicates the location where an action performed by the speaker occurs. 예문 방에서 열쇠를 봤어요. (O) 〈열쇠를 본 장소, 행위가 일어나는 장소〉 I saw the keys in the room. 〈the place where you saw the keys, the place where an action occurs〉	- 어떤 상황이 존재하는 장소를 나타낸다. This form indicates the location where a certain situation exists regarding the subject. 예문 방에 열쇠를 봤어요. (×) 　　　방에 열쇠가 있어요. (O) 〈열쇠가 있는 장소, 상황이 존재하는 장소〉 There are the keys in the room. 〈the place where

방에서 열쇠가 있어요. (×)	the keys are, the place where a certain situation exists〉
- 뒤에 주로 동사가 온다. This form is usually followed by verbs.	- 뒤에 주로 '있다, 없다, 많다' 등과 같은 형용사가 온다. This form is usually followed by adjectives such as '있다, 없다, 많다', etc.
예문 오전에 회의실에서 회의가 있어요. (○) In the morning we are having a meeting in the meeting room. 〈'회의가 있다'를 존재의 의미가 아닌 '회의를 한다'는 행위로 보기 때문이다.〉 〈It is because in this context '회의가 있다' is defined as 'to have a meeting'(action), and not as 'there is a meeting'(existence).〉	예문 오전에 회의실에 회의가 있어요. (×)

▶ '[명]에 <장소>'의 자세한 설명은 문형096을 보세요.

102 [명1]에서 [명2]까지

의미

1. [장소를 나타내는 [명사]에 붙어] 출발 지점과 도착 지점을 나타낸다.

[Attached to nouns referring to places] This expression is used to indicate (the distance between) the departure point given by [N1] and the destination given by [N2].

▶ 예문 (1) 가: 여기에서 정상까지 얼마나 걸려요?
　　　　　　How long does it take from here to the top?

　　　　　나: 약 2시간 반 정도 걸립니다.
　　　　　　It takes about two and a half hours.

　　　　(2) 가: 집에서 학교까지 멀어?
　　　　　　Is it far from your house to school?

　　　　　나: 아니, 멀지 않아. 걸어서 20분 정도야.
　　　　　　No, it's not far. It takes about 20 minutes on foot.

　　　　(3) 가: 중국 칭따오에서 한국 인천까지 어떻게 왔습니까?
　　　　　　How did you come from Qingdao, China to Incheon, Korea?

　　　　　나: 배가 싸서 배를 타고 왔습니다.
　　　　　　I came by ship because it was cheap.

2. 범위의 시작점과 끝점을 나타낸다.

This expression is also used to indicate the starting point given by [N1] and the ending point given by [N2] of a given range or scope.

▶▶ **예문** (1) 가: 시험 범위가 어디예요?
　　　　　　　How many pages is the test going to cover?
　　　　　나: 45쪽에서 80쪽까지입니다.
　　　　　　　It will be from page 45 to 80.

　　　　(2) 가: 여기에 있는 가방은 얼마 정도입니까?
　　　　　　　Around how much are the bags here?
　　　　　나: 만 원에서 십만 원까지 다양하게 있습니다.
　　　　　　　The prices vary from 10,000 to 100,000 won.

　　　　(3) 가: 어디가 아파요?
　　　　　　　Where does it hurt?
　　　　　나: 머리에서 발끝까지 모두 다 아파요. 아무래도 몸살인 것 같아요.
　　　　　　　It hurts all over my body from head to toe. I'm afraid that I am aching from fatigue.

　　　　(4) 가: 이 놀이기구는 몇 세까지 탈 수 있어요?
　　　　　　　Up to what age can (people) get on this ride?
　　　　　나: 3세에서 7세까지 탈 수 있습니다.
　　　　　　　(Children) between 3 and 7 years of age may get on.

❖ 의미 2번의 경우, '[명1]부터 [명2]까지'로 바꿀 수 있다.

When this expression is used in the cases given by usage 2, it may be replaced with '[N1]부터 [N2]까지' without any difference in meaning.

▶▶ **예문** (1) 45쪽에서 80쪽까지입니다.
　　　　　　→ 45쪽부터 80쪽까지입니다.

　　　　(2) 만 원에서 십만 원까지 다양하게 있습니다.
　　　　　　→ 만 원부터 십만 원까지 다양하게 있습니다.

형태

	[명1]에서 [명2]까지
여기, 저기	여기 + 에서 저기 + 까지
천 원, 만 원	천 원 + 에서 만 원 + 까지

참고

1. [명1]부터 [명2]까지
　　▶ 자세한 설명은 문형095를 보세요.

103 [명]예요/이에요

의미

[[명사] 뒤에 붙어] 서술하는 기능을 한다. 주로 비공식적인 말하기에서 사용한다.

[Attached to nouns] '-예요/이에요' is used at the end of declarative sentences to make the subject the predicate. It is mainly used in informal speech. It corresponds to '(the subject) is/are [N](s)' in English.

▶ **예문** (1) 가: 고향이 어디예요?
　　　　　　　Where is your hometown?

　　　　　나: 제 고향은 부산이에요.
　　　　　　　My hometown is Busan.

　　　(2) 가: 수미 씨는 책을 많이 읽는 것 같아요.
　　　　　　　Sumi, it seems like you read a lot.

　　　　　나: 네, 제 취미가 독서예요. 그래서 책을 자주 읽어요.
　　　　　　　Yes, my hobby is reading. So I read books often.

　　　(3) 가: 남자 친구가 다른 나라 사람이에요?
　　　　　　　Is your boyfriend from another country?

　　　　　나: 네, 미국에서 공부할 때 만났어요. 미국 사람이에요.
　　　　　　　Yes, I met him while I was studying in the USA. He is American.

　　　(4) 가: 올해 유행하는 옷은 뭐예요?
　　　　　　　What are clothes that are in fashion this year?

　　　　　나: 작년에 유행한 옷은 통이 좁은 바지였어요. 그런데 올해 유행하는 옷은 통이 넓은 바지예요.
　　　　　　　Last year narrow-legged pants were popular. But this year wide-legged pants are in fashion.

✦ 공식적인 말하기에서는 '[명]입니다'를 사용한다.

In formal speech, '[N]입니다' is used instead of '[N]예요/이에요'.

▶ **예문** (1) 제 고향은 부산이에요.
　　　　　　　→ 제 고향은 부산입니다.

　　　(2) 작년에 유행한 옷은 통이 좁은 바지였어요.
　　　　　　　→ 작년에 유행한 옷은 통이 좁은 바지였습니다.

형태

	과거 [명]였어요/이었어요	현재 [명]예요/이에요
친구	친구 + 였어요	친구 + 예요
학생	학생 + 이었어요	학생 + 이에요

참고

1. [명]입니다
   ▶ 자세한 설명은 문형109를 보세요.

2. [명]가/이 아니다
   ▶ 자세한 설명은 문형077을 보세요.

104 [명]예요?/이에요?

의미

[명사]를 지정하여 물어보는 형태로 주로 비공식적인 말하기에서 사용한다.

[Attached to nouns] '-예요?/이에요?' is used at the end of interrogative sentences to make the subject the predicate. It is mainly used in informal speech. It corresponds to 'is/are (the subject) [N](s)?' in English.

▶▶ 예문

(1) 가: 직업이 **가수예요**?
   Is your occupation singer?
   나: 네, 제 직업은 가수예요.
   Yes, my occupation is singer.

(2) 가: 고향이 중국 **베이징이에요**?
   Is your hometown Beijing, China?
   나: 아니요, 제 고향은 중국 상하이에요.
   No, my hometown is Shanghai, China.

(3) 가: 어제 그 사람은 **누구였어요**?
   Who was that person yesterday?
   나: 제 동생이었어요.
   It was my younger brother/sister.

❖ **공식적인 말하기에서는 '[명]입니까?'를 사용한다.**
In formal speech, '[N]입니까?' is used instead of '[N]예요?/이에요?'.

≫ **예문** (1) 직업이 가수예요?
→ 직업이 가수입니까?
(2) 고향이 중국 베이징이에요?
→ 고향이 중국 베이징입니까?

형태

	과거 [명]였어요?/이었어요?	현재 [명]예요?/이에요?
친구 학생	친구 + 였어요? 학생 + 이었어요?	친구 + 예요? 학생 + 이에요?

참고

1. [명]입니까?
▶ 자세한 설명은 문형108을 보세요.

105   [명1]의 [명2]

의미

'소유, 소속, 수량, 주체' 등의 의미를 표현한다.

[N2] falls under the possession of, has affiliation with, quantifies a characteristic of, or stands in an object position to [N1] with the particle '-의'.

≫ **예문** (1) 가: 여기에 있는 우산은 누구의 우산입니까?
Whose umbrella is this here?
나: 철수 씨의 우산입니다.   〈소유〉
It's Cheolsu's umbrella.   〈possession〉
(2) 가: 어디에서 일하십니까?
Where do you work?
나: 저는 한국대학교의 직원입니다.   〈소속〉
I am a Korean University employee.   〈affiliation〉
(3) 가: 사과 7개에 10,000원이면 사과 한 개의 가격은 얼마예요?
If the price of seven apples is 10,000 won, what's the price of one apple?

나: 1,500원입니다. 〈수량〉
It is 1,500 won. 〈quantity〉

(4) 가: 오늘 가족 파티는 뭐 때문에 하는 거예요?
What is today's family party for?

나: 우리 아버지께서 금연에 성공하셨어요. 그래서 아버지의 금연을 축하하기 위해서 하는 거예요. 〈주체〉
My father succeeded in quitting smoking. So we are having a party to celebrate the end of his smoking. 〈subject〉

❖ '나, 너, 저'의 경우, '나의, 너의, 저의'를 줄여서 '내, 네, 제'로 쓰기도 한다.
In the case of the nouns '나, 너, 저', the shorten forms '내, 네, 제' may be used instead of '나의, 너의, 저의'.

▶ 예문 (1) 나의 꿈 → 내 꿈(my dream), 너의 소식 → 네 소식(your news), 저의 가방 → 제 가방(my bag)

(2) 가: 이 가방은 누구의 가방입니까?
Whose bag is this?

나: 제 가방입니다.
It is my bag.

❖ 앞뒤 [명사]의 수식 관계가 분명할 경우에 '-의'를 생략할 수 있다.
If the intention to modify [N2] with [N1] is clear (based on context), the particle '-의' may be omitted.

▶ 예문 (1) 누구의 우산 → 누구 우산(whose umbrella), 어디의 소속 → 어디 소속(belong to where), 라디오의 소리 → 라디오 소리(the sound of the radio), 가을의 바다 → 가을 바다(Autumn sea), 가족의 생일 → 가족 생일(family's birthday), 우리(의) 나라 → 우리나라(my country)

(2) 가: 라디오의 소리가 너무 커요. 소리를 좀 줄여 주세요.
The sound of the radio is too loud. Please turn down the sound a bit.

나: 네, 알겠습니다. 지금 라디오 소리는 어때요?
Okay, I got it. How is the sound of the radio now?

형태

	[명1]의 [명2]
그 가수, 노래	그 가수 + 의 + 노래
우리 반, 학생	우리 반 + 의 + 학생

106   [명1]인 [명2]

의미

뒤에 오는 [명사]를 수식할 때 사용한다.
[N1] with '인' attached modifies the following [N2] with the verb 'to be'. This expression usage corresponds to '[N2] who/that is/are [N1]' in English.

예문 (1) **형은 의사예요**. 형은 지금 제주도에 살아요.
My older brother is a doctor. He lives in Jeju island now.

→ **의사인 형**은 지금 제주도에 살아요.
My older brother who is a doctor lives in Jeju island now.

(2) 이 차는 아주 맛이 좋아요. **이 차는 중국산이에요**.
This tea tastes very good. It is from China.

→ **중국산인 이 차**는 아주 맛이 좋아요.
This tea which is from China tastes very good.

형태

	[명1]인 [명2]
주부, 엄마	주부 + 인 + 엄마
고등학생, 내 동생	고등학생 + 인 + 내 동생

참고

1. [동]는 [명]
   ▶ 자세한 설명은 문형016을 보세요.

2. [형] ㄴ/은/는 [명]
   ▶ 자세한 설명은 문형071을 보세요.

107   [명]인 것 같다

의미

말하는 사람이 추측하여 말할 때 사용하는데, 어느 정도 확신을 가지고 말하는 경우이다.
This pattern is used by the speaker when guessing or presuming that the subject of the clause is the predicate(=[N]) with some degree of certainty.

>> **예문** (1) 가: 저 사람 누구야? 영수 옆에 있는 사람?
    Who is that person? The person next to Yeongsu?

    나: 글쎄. 두 사람이 장난을 치는 모습을 보니까 친구인 것 같은데.
    I don't know. Seeing that those two are fooling around, they seem to be friends.

    (2) 가: 이게 무엇인 것 같아요?
    What do you think this is?

    나: 모형 차 아니에요?
    Isn't it a model car?

    다: 하하하. 아니에요. 이건 라이터예요.
    Hahaha. No. This is a lighter.

❖ '[명]인 것 같다'보다 확신의 정도가 낮을 때는 '[명]일 것 같다'를 사용한다.

The form '[명]일 것 같다' is used when the degree of certainty that the speaker has regarding the subject of the clause is lower than that of the form '[N]인 것 같다'.

>> **예문** (1) 가: 저 사람이 누구일 것 같아요?
    Who do you think that person is?

    나: 친구가 아닐까요? 두 사람이 다정해 보이는데요.
    Wouldn't he/she be a friend? Those two look intimate.

    (2) 가: 지희 씨의 결혼반지 봤어?
    Did you see Jihee's wedding ring?

    나: 아니, 못 봤지만 비싼 반지일 것 같아.
    No, even though I couldn't see, it's probably an expensive one.

형태

	[명]인 것 같다
친구	친구 + 인 것 같다
동생	동생 + 인 것 같다

참고

1. [동]는 것 같다
    ▶ 자세한 설명은 문형017을 보세요.

2. [형] ㄴ/은/는 것 같다
    ▶ 자세한 설명은 문형072를 보세요.

3. [명]일 것 같다
   ▶ 자세한 설명은 문형024를 보세요.

108 [명]입니까?

의미

[명사]를 지정하여 물어봄을 나타낸다.

- 주로 공식적인 상황에서 사용한다.

[Attached to nouns] '-입니까?' is used to make the subject the predicate in an interrogative sentence. It corresponds to 'is/are (the subject) [N](s)?' in English.
- It is mostly used in formal situations.

예문 (1) 가: 안녕하세요? 저는 김영수입니다. 이름이 무엇입니까?
       Hello? I am Kim Yeongsu. What is your name?

  나: 안녕하세요? 저는 데이비드입니다. 만나서 반갑습니다.
       Hello? I am David. Nice to meet you.

(2) 가: 저 사람이 누구입니까?
       Who is that person?

  나: 저 사람은 영수 씨의 형입니다.
       That person is Yeongsu's older brother.

(3) 가: 사과가 얼마입니까?
       How much are the apples?

  나: 5개에 10,000원입니다.
       It is 10,000 won for 5.

(4) 가: 오늘이 생일입니까?
       Is today your birthday?

  나: 네, 오늘이 제 생일입니다.
       Yes, today is my birthday.

(5) 가: 중국 사람입니까?
       Are you Chinese?

  나: 아니요, 저는 일본 사람입니다.
       No, I am Japanese.

❖ 비공식적 말하기의 경우, '[명]예요?/이에요?'로 바꿀 수 있다.
In informal speech, '[N]입니까?' may be replaced with '[N]예요?/이에요?' without any difference in meaning.

》》 **예문** (1) 저 사람이 누구입니까?
→ 저 사람이 누구예요?
(2) 오늘이 생일입니까?
→ 오늘이 생일이에요?

형태

	[명]입니까?
가수	가수 + 입니까?
학생	학생 + 입니까?

참고

1. [명]입니다
   ▶ 자세한 설명은 문형109를 보세요.

2. [명]였습니까?/이었습니까?
   ▶ 자세한 설명은 문형062([명]였/이었-)를 보세요.

3. [명]예요?/이에요?
   ▶ 자세한 설명은 문형104를 보세요.

109　[명]입니다

의미

[[명사] 뒤에 붙어서] 서술하는 기능을 한다.

- 주로 공식적인 상황에서 사용한다.

[Attached to nouns] '-입니다' is used to make the subject the predicate in a declarative sentence. It corresponds to '(the subject) is/are [N](s)' in English.
- It is mainly used in formal situations.

》》 **예문** (1) 가: 어느 나라 사람입니까?
What is your nationality?

나: 저는 중국 사람입니다.
　　I am Chinese.

(2) 가: 오늘 발표 주제가 무엇입니까?
　　What is the subject of today's presentation?

나: 발표 주제는 '한국에서의 유학 생활'입니다.
　　The subject of today's presentation is 'Korean life as a foreign student'.

(3) 가: 김수미 씨, 우리 학과에 지원한 동기가 무엇입니까?
　　Miss Sumi Kim, what is your motivation for applying to our department?

나: 제 장래 희망이 역사학자입니다. 그래서 지원했습니다.
　　My ideal job is a historian. That is why I applied.

(4) 가: 고향이 서울입니까?
　　Is your hometown Seoul?

나: 네, 제 고향은 서울입니다.
　　Yes, my hometown is Seoul.

(5) 가: 오늘이 합격자 발표하는 날입니까?
　　Is today the day in which those who passed the examination will be announced?

나: 아니요, 오늘이 아니고 내일입니다.
　　No, it is not today, but tomorrow.

❖ 비공식적 말하기의 경우, '[명]예요/이에요'로 바꿀 수 있다.

In informal speech, '[N]입니다' may be replaced with '[N]예요/이에요' without any difference in meaning.

▶ 예문 (1) 저는 중국 사람입니다.
　　　　　→ 저는 중국 사람이에요.
　　　(2) 제 장래 희망이 역사학자입니다.
　　　　　→ 제 장래 희망이 역사학자예요.

형태

	[명]입니다
친구	친구 + 입니다
동생	동생 + 입니다

참고

1. [명]입니까?
　▶ 자세한 설명은 문형108을 보세요.

2. [명]였습니다/이었습니다
   ▶ 자세한 설명은 문형062([명]였/이었-)를 보세요.

3. [명]예요/이에요
   ▶ 자세한 설명은 문형103을 보세요.

110 [명] 전(에)

의미

1. [시간을 나타내는 [명사]와 함께 쓰여서] '[명사]가 의미하는 시간만큼 앞에'라는 의미이다.

   [Combined with a noun indicating time] This pattern is used to express 'before the period of time designated by the noun'.

   » 예문 (1) 가: 언제 한국에 왔습니까?
   When did you come to Korea?
   나: 제가 한국에 온 건 일 년 전입니다.
   I came to Korea one year ago.

   (2) 가: 참가 신청서를 모레까지 내겠습니다.
   I will submit the sign-up sheet by the day after tomorrow.
   나: 접수가 시험 하루 전에 끝나니까 내일까지 내셔야 합니다.
   The acceptance of applications will be finished the day before the examination, so you must submit it by tomorrow.

2. [동작을 나타내는 [명사]와 함께 쓰여서] [명사]가 의미하는 행위보다 뒤의 행동이나 상황이 먼저 일어남을 나타낸다.

   [Combined with an action noun] This pattern is used to indicate that the action following the '- 전(에)' occurs before the action designated by the noun.

   » 예문 (1) 가: 이건 뭐예요?
   What is this?
   나: 이건 식사 전 먹는 애피타이저예요.
   This is an appetizer that you eat before having the main dish.

   (2) 가: 결혼 준비 때문에 너무 피곤해요.
   I'm really tired due to wedding preparations.
   나: 그렇죠? 결혼 전에 준비할 것이 많으니까요.
   Yes, right? It's because there are a lot of things to prepare before a wedding.

형태

	[명] 전(에)
하루	하루 + 전(에)
수업	수업 + 전(에)

참고

1. [명] 후(에)
   ▶ 자세한 설명은 문형117을 보세요.

2. [동]기 전(에)
   ▶ 자세한 설명은 문형010을 보세요.

111   [명] 중(에)

의미

'어떤 동작을 하는 도중'이라는 의미이다.

- '목욕(하다), 이야기(하다), 수업(하다), 생각(하다), 식사(하다), 연습(하다), 운전(하다), 통화(하다), 회의(하다)' 등 '하다'와 결합하는 [명사] 뒤에 주로 붙는다.
  This pattern means 'in the middle of doing something'.
- '- 중(에)' is usually attached to nouns such as '목욕(하다)(to take a bath), 이야기(하다)(to talk), 수업(하다)(to give/take lessons), 생각(하다)(to think), 식사(하다)(to have a meal), 연습(하다)(to practice), 운전(하다)(to drive), 통화(하다)(to talk on the phone), 회의(하다)(to have a meeting)', all of which are combined with '하다'.

예문

(1) 운전 중에 전화 통화를 하면 안 됩니다!
    You must not talk on the phone in the middle of driving!

(2) 가: 한국에서 식사할 때 말해도 괜찮아요?
    In Korea is it okay to speak during mealtime?

    나: 옛날에 한국은 식사 중 말하면 혼났어요. 하지만 지금은 괜찮아요.
    In the past if a person spoke while having a meal, he got scolded. But nowadays it is okay.

(3) 가: 회의 중에 전화를 받지 마십시오.
    Don't answer the phone during a meeting.

    나: 네, 죄송합니다.
    Okay, I am sorry.

(4) 가: 여보세요? 사장님 좀 바꿔 주세요.
　　　　Hello? I'd like to talk to the president.

　　나: 지금 사장님께서는 **외출 중**이십니다.
　　　　The president is out right now.

(5) 가: 요즘 도서관에 사람이 많아요?
　　　　Are there many people in the library these days?

　　나: 네, **시험 기간 중**이라서 도서관을 이용하는 학생이 많아요.
　　　　Yes, many students are using the library as they are in the exam period.

> ♣ '하다 동사(=[명] + 하다)'의 경우, '[동]는 (도)중(에)'로 바꿀 수 있다.
> In the case of '하다 verbs(=[N] + 하다)', '[N] 중(에)' may be replaced with '[V]는 (도)중(에)' without any difference in meaning.
>
> ▶ **예문** (1) **운전 중에** 전화 통화를 하면 안 돼요.
> 　　　　　→ **운전하는 중에** 전화 통화를 하면 안 돼요.
> 　　　　(2) **회의 중에** 전화를 받지 마십시오.
> 　　　　　→ **회의하는 도중에** 전화를 받지 마십시오.

형태

	[명] 중(에)
통화	통화 + 중(에)
방학	방학 + 중(에)

참고

1. [명] 중(에서)
　▶ 자세한 설명은 문형112를 보세요.

2. [동]는 (도)중(에)
　▶ 자세한 설명은 문형019를 보세요.

112 [명] 중(에서)

의미

'둘 이상의 여럿 가운데'라는 의미이다.
This pattern is used to indicate a choice that is made between two nouns or among a group of nouns.

예문 (1) 가: 모두 마음에 들어요. 다 사고 싶어요.
　　　　　　I like them all. I want to buy all of them.
　　　나: 안 돼요. 이 중에서 하나만 고르세요.
　　　　　　No. Choose only one among them, please.

(2) 가: 가족 중에서 가장 친한 사람이 누구예요?
　　　　Who is the person you are closest with among your family members?
　　나: 아무래도 엄마죠.
　　　　I think it's my mom.

(3) 가: 한국 음식 중 좋아하는 음식이 뭐예요?
　　　　Among Korean dishes what is food that you like?
　　나: 저는 불고기가 제일 맛있어요.
　　　　Bulgogi is the most delicious for me.

(4) 가: 영수 씨는 파란색과 하얀색 중 어떤 색이 좋아요?
　　　　Yeongsu, between blue and white, which color do you like?
　　나: 저는 둘 다 좋아요.
　　　　I like them both.

형태

	[명] 중(에서)
가수	가수 + 중(에서)
음식	음식 + 중(에서)

참고

1. [명] 중(에)
　　▶ 자세한 설명은 문형111을 보세요.

113 [명]처럼

의미

[명사]와 비교했을 때 비슷하거나 같다는 의미로 사용한다.

The noun with the particle '-처럼' attached becomes a basis of comparison for the subject/object of the clause, and is used to indicate that the subject/object is similar to or is the same as the noun with this particle attached.

▶ **예문** (1) 가: 미영 씨 동생도 키가 커요?
Miyeong, is your younger brother/sister tall too?

나: 네, 내 동생도 나처럼 키가 커요.
Yes, he/she is also tall like me.

(2) 가: 와! 이 음식은 철수 씨의 아내가 만들었어요?
Wow! Did your wife make this food, Cheolsu?

나: 네, 제 아내는 요리사처럼 요리를 잘해요.
Yes, my wife is as good at cooking as a cook.

(3) 가: 마이클 씨와 얘기해 봤어요? 한국말을 정말 잘해요.
Have you tried talking with Michael? He speaks Korean really well.

나: 그렇죠? 어제 얘기해 봤는데 한국 사람처럼 한국말을 잘하더군요.
Right? I tried talking with him yesterday, and I was surprised to see that he spoke Korean as well as a native Korean.

(4) 가: 제 딸 사진이에요. 예쁘지요?
This is the picture of my daughter. She is pretty, right?

나: 네, 아이가 인형처럼 예뻐요.
Yes, she is as pretty as a doll.

✤ '[명]같이'로 바꿀 수 있다.

'[N]처럼' may be replaced with '[N]같이' without any difference in meaning.

▶ **예문** (1) 내 동생도 나처럼 키가 커요.
→ 내 동생도 나같이 키가 커요.

(2) 제 아내는 요리사처럼 요리를 잘해요.
→ 제 아내는 요리사같이 요리를 잘해요.

형태

	[명]처럼
친구	친구 + 처럼
가족	가족 + 처럼

114 [명]하고

의미

1. 둘 이상의 대상이 나열됨을 나타낸다.

The particle '-하고' is used to list multiple nouns that are connected via conjunction 'and' in English.

▶ **예문** (1) 가: 어떤 한국 음식을 좋아합니까?
　　　　　　What Korean food do you like?
　　　　나: 저는 불고기하고 삼계탕을 좋아해요.
　　　　　　I like Bulgogi and Samgyetang.

　　　(2) 가: 가족이 어떻게 돼요?
　　　　　　How many (people) are there in your family?
　　　　나: 우리 가족은 아버지하고 어머니하고 형하고 저, 네 명이에요.
　　　　　　There are four people in my family: my father, mother, older brother, and me.

2. 어떤 일이나 동작을 같이 하는 사람을 나타낸다. '-하고(같이/함께)'의 형태로도 쓰인다.

This particle is also used to indicate the person with whom the subject performs an action. The form '-하고(같이/함께)' may also be used.

▶ **예문** (1) 가: 가족과 같이 여행을 다녀왔어요?
　　　　　　Did you travel with your family?
　　　　나: 아니요, 친구하고 같이 다녀왔어요.
　　　　　　No, I traveled with a friend.

　　　(2) 가: 영수야, 오후에 나하고 농구 할래?
　　　　　　Yeongsu, will you play basketball with me this afternoon?
　　　　나: 미안해. 여자 친구하고 영화 보기로 해서 지금 나가야 해.
　　　　　　I'm sorry, but I have to go out now because I promised to watch a movie with my girlfriend.

✤ **'[명]과/와, [명]랑/이랑'으로 바꿀 수 있다.**

'[N]하고' may be replaced with '[N]과/와, [N]랑/이랑' without any difference in meaning.

>> **예문** (1) 저는 불고기하고 삼계탕을 좋아해요.
　　　　→ 저는 불고기와 삼계탕을 좋아해요.
　　　　→ 저는 불고기랑 삼계탕을 좋아해요.
　　(2) 친구하고 같이 다녀왔어요.
　　　　→ 친구와 같이 다녀왔어요.
　　　　→ 친구랑 같이 다녀왔어요.

형태

	[명]하고
친구	친구 + 하고
동생	동생 + 하고

참고

1. [명]과/와
   ▶ 자세한 설명은 문형078을 보세요.

2. [명]랑/이랑
   ▶ 자세한 설명은 문형086을 보세요.

115　[명]한테

의미

[사람이나 동물을 나타내는 [명사] 뒤에 붙어] 주어의 동작이 미치는 대상임을 나타낸다.
- 주로 '주다, 보내다, 전화하다, 이야기하다' 등의 [동사]와 함께 사용한다.
- 입말에서 주로 사용한다.

　[Attached to nouns referring to people or animals] The noun with the particle '-한테' attached becomes an indirect object that is influenced by or receives an action performed by the subject of the clause.
　- It is mostly used with action verbs such as 주다(to give), 보내다(to send), 전화하다(to make a phone call), 이야기하다(to talk), etc.
　- It is mainly used in speech.

>> **예문** (1) 가: 이건 뭐예요?
　　　　　What is this?
　　　　나: 그건 제 동생한테 줄 선물이에요. 내일이 동생 생일이거든요.
　　　　　It is a gift I will give to my younger brother/sister. It's because tomorrow is his/her birthday.

(2) 가: 영수 씨, 지금 뭐 해요?
   Yeongsu, what are you doing now?

   나: 친구한테 편지를 쓰고 있어요.
   I am writing a letter to my friend.

(3) 가: 누구와 통화하고 있어요?
   Who are you on the phone with?

   나: 미영 씨가 안 와서 지금 미영 씨한테 전화하고 있어요.
   Miyeong didn't come, so I am making a call to her.

(4) 가: 서류는 어떻게 제출해야 됩니까?
   How must I submit the documents?

   나: 저한테 이메일로 보내시면 됩니다.
   You can send them to me by email.

❖ '[명]에게'로 바꿀 수 있다. '[명]에게'는 주로 글말에서 많이 사용한다.

'[N]한테' may be replaced with '[N]에게' without any difference in meaning. '[N]에게' is mainly used in writing.

▶ 예문 (1) 그건 제 동생한테 줄 선물이에요.
   → 그건 제 동생에게 줄 선물이에요.

   (2) 친구한테 편지를 쓰고 있어요.
   → 친구에게 편지를 쓰고 있어요.

❖ 동작이 미치는 대상이 높임의 대상인 경우에는 '[명]께'를 사용한다.

The honorific form '[N]께' is used when the recipient of the action stands in a higher position than the subject who performs the action.

▶ 예문 (1) 그건 제 동생한테 줄 선물이에요.
   → 그건 제 어머니께 드릴 선물이에요.

   (2) 친구한테 편지를 쓰고 있어요.
   → 선생님께 편지를 쓰고 있어요.

형태

	[명]한테
친구	친구 + 한테
동생	동생 + 한테

참고

1. [명]에게

   ▶ 자세한 설명은 문형099를 보세요.

116   [명]한테서

의미

[사람이나 동물을 나타내는 [명사] 뒤에 붙어] 동작의 출발점이 되는 대상임을 나타낸다.
- 주로 '받다, 듣다, 빌리다' 등과 같은 [동사]와 함께 사용한다.
- 입말에서는 '서'를 생략한 '[명]한테'의 형태로도 사용한다.

[Attached to nouns referring to people or animals] The noun with the particle '-한테서' attached becomes the starting point of a particular action that is performed by the subject of the clause.
- It is mostly used with action verbs such as 받다(to receive), 듣다(to listen), 빌리다(to borrow), etc.
- During speech the '서' is often omitted, leaving the form '[명]한테'.

예문 (1) 가: 이거 뭐예요?
What is this?
나: 제 생일 선물이에요. 오늘 친구한테서 받았어요.
It's my birthday present. I received it from my friend today.

(2) 가: 고향 소식은 자주 들어요?
Do you often hear news about your hometown?
나: 네, 일주일에 한 번씩 동생한테서 고향 소식이 와요.
Yes, I hear it from my younger brother once a week.

(3) 가: 이번 발표 준비는 어떻게 하고 있습니까?
How are you preparing for this presentation?
나: 선배한테서 빌린 자료를 보면서 준비하고 있습니다.
I'm preparing for it while referring to the materials that I borrowed from my senior.

(4) 가: 클래식을 들으면서 자란 소한테서 나오는 우유가 맛도 좋고 양도 많아요.
Milk that comes from cows that were raised while listening to classical music has good taste and is large in quantity.
나: 맞아요. 저도 그런 이야기를 들은 적이 있어요.
You're right. I've also heard of that before.

✦ '[명]에게서'로 바꿀 수 있다. '[명]에게서'는 주로 글말에 사용한다.
'[N]한테서' may be replaced with '[N]에게서' without any difference in meaning. '[N]에게서' is mainly used in writing.

예문 (1) 오늘 친구한테서 선물을 받았어요.
→ 오늘 친구에게서 선물을 받았어요.

(2) 일주일에 한 번씩 동생한테서 고향 소식이 와요.
→ 일주일에 한 번씩 동생에게서 고향 소식이 와요.

❖ 동작의 출발점이 되는 대상이 높임의 대상인 경우에는 '[명]께로부터'를 사용한다.
The honorific form '[N]께로부터' is used when the starting point of the action stands in a higher position than the recipient of the action.

▶▶ **예문** (1) 오늘 친구한테 선물을 받았어요.
　　　　　　→ 오늘 어머니께로부터 선물을 받았어요.
　　　　(2) 일주일에 한 번씩 동생한테서 고향 소식이 와요.
　　　　　　→ 일주일에 한 번씩 부모님께로부터 고향 소식이 와요.

형태

	[명]한테서
친구	친구 + 한테서
가족	가족 + 한테서

참고

1. [명]에게서
　▶ 자세한 설명은 문형100을 보세요.

2. [명]한테
　▶ 자세한 설명은 문형115를 보세요.

117　[명] 후(에)

의미

[때(=시간)를 나타내는 [명사]와 함께 쓰여] '명사가 나타내는 시간이 지난 다음(에)'라는 의미이다.
- '하다 동사(=[명] + 하다)'의 경우에도 사용할 수 있다.

[Combined with a noun indicating time] This pattern expresses 'after a particular time given by the noun'.
- It may also be used in the case of '하다 verbs(=[N] + 하다)'.

▶▶ **예문**　(1) 컵라면은 물을 붓고 3분 후에 먹어야 합니다.
　　　　　　You must eat cup ramen 3 minutes after you pour water in it.
　　　　(2) 가: 결과가 언제 나옵니까?
　　　　　　When will the results come out?
　　　　나: 일주일 후에 나옵니다.
　　　　　　They will come out in a week.

(3) 가: 미영 씨, **퇴근 후** 약속이 있어요? (← 퇴근 + 하다)
　　　Miyeong, do you have any plans after work?

　　나: 아니요, 약속 없는데요. 왜요?
　　　No, I don't have any plans. Why (do you ask)?

> ❖ '[명] 후(에)'는 '[명] 뒤(에)'로 바꿀 수 있다. 단, '하다 동사(=[명] + 하다)'의 경우는 '[명] 뒤(에)'로 바꿀 수 없다.
>
> '[N] 후(에)' may be replaced with the form '[N] 뒤(에)'. However, in the case of '하다 verbs(=[N] + 하다)' it may not be replaced with '[N] 뒤(에)'.
>
> ▶▶ **예문** (1) 컵라면은 물을 붓고 **3분 후에** 먹어야 합니다.
> 　　　　　→ 컵라면은 물을 붓고 **3분 뒤에** 먹어야 합니다. (○)
> 　　　 (2) 결과는 **일주일 후에** 나옵니다.
> 　　　　　→ 결과는 **일주일 뒤에** 나옵니다. (○)
> 　　　 (3) 미영 씨, **퇴근 후** 약속이 있어요?
> 　　　　　→ 미영 씨, **퇴근 뒤** 약속이 있어요? (×)

형태

	[명] 후(에)
삼 주	삼 주 + 후(에)
한 시간	한 시간 + 후(에)

참고

1. [동] 전에
　▶ 자세한 설명은 문형110을 보세요.

2. [동] ㄴ/은 후(에)
　▶ 자세한 설명은 문형014를 보세요.

부록

부록 1 불규칙 동사, 불규칙 형용사 Irregular Verbs, Irregular Adjectives

1. 'ㄷ' 불규칙 〈'ㄷ' irregular conjugation〉

'ㄷ' 받침으로 끝나는 일부 [동사]에 모음으로 시작하는 어미가 붙으면 'ㄷ'이 'ㄹ'로 바뀌는 것을 말한다.

When set verbs ending in a 'ㄷ' bottom consonant are combined with an ending that begins with a vowel (e.g. '아/어', '으'), the 'ㄷ' bottom consonant changes into a 'ㄹ' before the conjugation is made.

예문

(1) 가: 영수 씨는 자주 듣는 음악이 뭐예요?
   Yeongsu, what music do you listen to often?
   나: 저는 클래식을 좋아해서 자주 들어요.
   I like classical music, so I listen to it often.

(2) 가: 저녁을 먹은 후에 산책하러 갈까요?
   Shall we go for a walk after dinner?
   나: 좋아요. 공원에 가서 좀 걸읍시다.
   Great. Let's go to the park and take a little walk.

(3) 가: 바람이 많이 부니까 창문을 닫는 게 좋겠어요.
   I think we should close the window because it is very windy.
   나: 네, 제가 창문을 닫을게요.
   Yes, I'll close the window.

형태

		-ㅂ니다/습니다	-아서/어서 -았어요/었어요	-니까/으니까 -세요/으세요
규칙	닫다	닫 + 습니다	닫 + 아서 닫 + 았어요	닫 + 으니까 닫 + 으세요
	믿다	믿 + 습니다	믿 + 어서 믿 + 었어요	믿 + 으니까 믿 + 으세요
	받다	받 + 습니다	받 + 아서 받 + 았어요	받 + 으니까 받 + 으세요
불규칙	걷다	걷 + 습니다	걸 + 어서 걸 + 었어요	걸 + 으니까 걸 + 으세요
	듣다	듣 + 습니다	들 + 어서 들 + 었어요	들 + 으니까 들 + 으세요
	묻다	묻 + 습니다	물 + 어서 물 + 었어요	물 + 으니까 물 + 으세요
	싣다	싣 + 습니다	실 + 어서 실 + 었어요	실 + 으니까 실 + 으세요

2. 'ㄹ' 불규칙 〈'ㄹ' irregular conjugation〉

'ㄹ' 받침으로 끝나는 [동사], [형용사]에 'ㄴ, ㅂ, ㅅ'으로 시작하는 어미가 붙으면 'ㄹ'이 탈락하는 것을 말한다.

When verbs and adjectives ending in a 'ㄹ' bottom consonant are combined with an ending that begins with 'ㄴ, ㅂ, ㅅ' (which may or may not include '으'), the 'ㄹ' bottom consonant is removed before the conjugation is made.

》》 예문 (1) 가: 음식 만드는 냄새가 집 안에 가득 찼어요.
　　　　　　　The whole house is filled with the smell of cooking.

　　　　　　나: 그럼 춥더라도 잠깐 창문을 엽시다.
　　　　　　　Then let's open the window for a moment even though it is cold.

　　　　(2) 가: 불고기가 정말 맛있어요. 수민 씨가 만들었어요?
　　　　　　　This bulgogi is really good. Did you cook it, Sumin?

　　　　　　나: 아니요. 이건 저희 엄마가 만드셨어요.
　　　　　　　No. My mom cooked it.

　　　　(3) 가: 저기 머리가 짧은 분이 영수 씨 어머니세요?
　　　　　　　Is that person with the short hair your mother, Yeongsu?

　　　　　　나: 아니요, 저희 어머니는 머리가 기세요.
　　　　　　　No, my mother has a long hair.

형태

[동사]	-ㅂ니다/습니다	-아서/어서 -았어요/었어요	-니까/으니까 -세요/으세요
열다	여+ㅂ니다→엽니다	열+어서 열+었어요	여+니까 여+세요
놀다	노+ㅂ니다→놉니다	놀+아서 놀+았어요	노+니까 노+세요
살다	사+ㅂ니다→삽니다	살+아서 살+았어요	사+니까 사+세요
만들다	만드+ㅂ니다→만듭니다	만들+어서 만들+었어요	만드+니까 만드+세요
[형용사]			
길다	기+ㅂ니다→깁니다	길+어서 길+었어요	기+니까 기+세요
달다	다+ㅂ니다→답니다	달+아서 달+았어요	다+니까 다+세요
멀다	머+ㅂ니다→멉니다	멀+어서 멀+었어요	머+니까 머+세요
힘들다	힘드+ㅂ니다→힘듭니다	힘들+어서 힘들+었어요	힘드+니까 힘드+세요

3. 'ㅂ' 불규칙 ⟨'ㅂ' irregular conjugation⟩

'ㅂ' 받침으로 끝나는 일부 [동사], [형용사]에 모음으로 시작하는 어미가 붙으면 'ㅂ'이 '오/우'로 바뀐다.

When set verbs and adjectives ending in a 'ㅂ' bottom consonant are combined with an ending that begins with a vowel (e.g. '아/어,' '으'), the 'ㅂ' bottom consonant changes into a '오/우' before the conjugation is made.

예문 (1) 가: 정수 씨는 집안일을 해요?
　　　　　　Jeongsu, do you do chores at home?

　　　　나: 잘하지는 못하지만 가끔 아내의 집안일을 도와요.
　　　　　　I can't do them all that well, but occasionally I help my wife with some chores.

　　(2) 가: 감기가 심하네요. 왜 감기에 걸렸어요?
　　　　　　You sure have a bad cold. Why did you catch a cold?

　　　　나: 어제 보일러가 고장 나서 너무 추웠거든요.
　　　　　　It was because yesterday the boiler broke and so it was too cold.

　　(3) 가: 이 방은 어때요? 조용하고 깨끗해서 마음에 들지요?
　　　　　　How is this room? It's quiet and clean, so you like it, don't you?

　　　　나: 조용한 건 좋은데 방이 좀 좁아요.
　　　　　　It's good that it's quiet, but the room is a little small.

형태

[동사]		-ㅂ니다/습니다	-아서/어서 -았어요/었어요	-니까/으니까 -세요/으세요
규칙	잡다	잡 + 습니다	잡 + 아서 잡 + 았어요	잡 + 으니까 잡 + 으세요
	입다	입 + 습니다	입 + 어서 입 + 었어요	입 + 으니까 입 + 으세요
불규칙	돕다	돕 + 습니다	도 + 오 + 아서 → 도와서 도 + 오 + 았어요 → 도왔어요	도 + 우 + 니까 도 + 우 + 세요
	줍다	줍 + 습니다	주 + 우 + 어서 → 주워서 주 + 우 + 었어요 → 주웠어요	주 + 우 + 니까 주 + 우 + 세요
	굽다	굽 + 습니다	구 + 우 + 어서 → 구워서 구 + 우 + 었어요 → 구웠어요	구 + 우 + 니까 구 + 우 + 세요
[형용사]				
규칙	좁다	좁 + 습니다	좁 + 아서 좁 + 았어요	좁 + 으니까 좁 + 으세요
불규칙	곱다	곱 + 습니다	고 + 오 + 아서 → 고와서 고 + 오 + 았어요 → 고왔어요	고 + 우 + 니까 고 + 우 + 세요
	춥다	춥 + 습니다	추 + 우 + 어서 → 추워서 추 + 우 + 었어요 → 추웠어요	추 + 우 + 니까 추 + 우 + 세요
	아름답다	아름답 + 습니다	아름다 + 우 + 어서 → 아름다워서 아름다 + 우 + 었어요 → 아름다웠어요	아름다 + 우 + 니까 아름다 + 우 + 세요

4. 'ㅅ' 불규칙 〈'ㅅ' irregular conjugation〉

'ㅅ' 받침으로 끝나는 일부 [동사]에 모음으로 시작하는 어미가 붙으면 'ㅅ'이 탈락한다.
When set verbs ending in a 'ㅅ' bottom consonant are combined with an ending that begins with a vowel (e.g. '아/어,' '으'), the 'ㅅ' bottom consonant is removed before the conjugation is made.

▶ 예문

(1) 가: 감기 때문에 힘들어서 아무것도 할 수 없어요.
　　　I can't do anything because I am suffering from a cold.
　나: 병원에 가 보세요. 치료를 받으면 빨리 나을 거예요.
　　　Please try going to the hospital. If you receive treatment, you will get better soon.

(2) 가: 이 사진 속의 건물이 정말 멋있네요.
　　　The building in this picture is really awesome.
　나: 그렇죠? 이 건물은 500년 전에 지은 건물이에요.
　　　Isn't it? This building is one that was constructed 500 years ago.

(3) 가: 자, 사진을 찍을 거예요. 웃으세요.
　　　Alright, I will take your picture. Smile.
　나: 네, 예쁘게 찍어 주세요.
　　　Okay, please take a good picture.

형태

[동사]		-ㅂ니다/습니다	-아서/어서 -았어요/었어요	-니까/으니까 -세요/으세요
규칙	벗다	벗 + 습니다	벗 + 어서 벗 + 었어요	벗 + 으니까 벗 + 으세요
	씻다	씻 + 습니다	씻 + 어서 씻 + 었어요	씻 + 으니까 씻 + 으세요
	웃다	웃 + 습니다	웃 + 어서 웃 + 었어요	웃 + 으니까 웃 + 으세요
불규칙	긋다	긋 + 습니다	그 + 어서 그 + 었어요	그 + 으니까 그 + 으세요
	낫다	낫 + 습니다	나 + 아서 나 + 았어요	나 + 으니까 나 + 으세요
	붓다	붓 + 습니다	부 + 어서 부 + 었어요	부 + 으니까 부 + + 으세요
	잇다	잇 + 습니다	이 + 어서 이 + 었어요	이 + 으니까 이 + 으세요
	젓다	젓 + 습니다	저 + 어서 저 + 었어요	저 + 으니까 저 + 으세요
	짓다	짓 + 습니다	지 + 어서 지 + 었어요	지 + 으니까 지 + 으세요

5. 'ㅎ' 불규칙 〈'ㅎ' irregular conjugation〉

① 'ㅎ' 받침으로 끝나는 대부분의 [형용사]에 모음으로 시작하는 어미가 붙으면 'ㅎ'이 탈락하고 'ㅣ'가 추가된다.
　When most adjectives ending in a 'ㅎ' bottom consonant are combined with an ending that begins with a vowel (e.g. '아/어,' '으'), the 'ㅎ' bottom consonant is removed and a 'ㅣ' is added.

② [형용사]가 [명사]를 꾸미는 경우에도 'ㅎ'이 탈락하게 된다.
　When these adjectives modify a noun, the 'ㅎ' bottom consonant is also removed.

> ● 'ㅎ' 불규칙은 [형용사]에만 있고 [동사]에는 없다.
> 　'ㅎ' irregular conjugation applies only to adjectives and not verbs.

》예문　(1) 가: 이 사과와 저 사과 중에 어떤 게 더 맛있을 것 같아요?
　　　　　　Which do you think will taste better between this apple and that apple?
　　　　나: 이 사과가 빨개서 더 맛있을 것 같아요.
　　　　　　I think this will taste better because it is red.

　　(2) 가: 주말에 부산 날씨는 어땠어요?
　　　　　　How was the weather in Busan last weekend?
　　　　나: 하늘은 파랗고 구름은 하얬어요. 정말 날씨가 좋았어요.
　　　　　　The sky was blue and the clouds were white. The weather was really nice.

　　(3) 가: 누가 영희 씨의 동생이에요?
　　　　　　Who is your younger brother/sister, Yeonghee?
　　　　나: 저쪽에 하얀 모자를 쓴 사람이 제 동생이에요.
　　　　　　The one wearing a white hat over there is my younger brother/sister.

형태

		-ㅂ니까?/습니까?	-아서/어서	-ㄴ/은 [명사]
규칙	좋다	좋 + 습니까?	좋 + 아서	좋 + 은 → 좋은 친구
불규칙	어떻다	어떻 + 습니까?	어떠 + ㅣ + 어서 → 어때서	어떠 + ㄴ → 어떤 선물
	이렇다	이렇 + 습니까?	이러 + ㅣ + 어서 → 이래서	이러 + ㄴ → 이런 날씨
	그렇다	그렇 + 습니까?	그러 + ㅣ + 어서 → 그래서	그러 + ㄴ → 그런 사람
	저렇다	저렇 + 습니까?	저러 + ㅣ + 어서 → 저래서	저러 + ㄴ → 저런 모습
	까맣다	까맣 + 습니까?	까마 + ㅣ + 아서 → 까매서	까마 + ㄴ → 까만 머리
	노랗다	노랗 + 습니까?	노라 + ㅣ + 아서 → 노래서	노라 + ㄴ → 노란 색깔
	파랗다	파랗 + 습니까?	파라 + ㅣ + 아서 → 파래서	파라 + ㄴ → 파란 하늘
	하얗다	하얗 + 습니까?	하야 + ㅣ + 아서 → 하얘서	하야 + ㄴ → 하얀 구름

6. '으' 불규칙 〈'으' irregular conjugation〉

모음 'ㅡ'로 끝나는 [동사], [형용사] 뒤에 모음으로 시작하는 어미가 붙으면 'ㅡ'가 탈락한다.
When verbs or adjectives ending in the vowel 'ㅡ' (except for '르') are combined with an ending that begins with a vowel, the 'ㅡ' is removed before the conjugation is made.

▶▶ **예문** (1) 가: 어머니 생신에 어떤 선물을 했어요?
　　　　　 What type of present did you give to your mother on her birthday?
　　　　나: 편지를 써서 선물과 같이 보내 드렸어요.
　　　　　 I wrote a letter and sent it to her with the present.

　　　(2) 가: 요리가 끝났으면 벨브를 잠그세요.
　　　　　 If you have finished cooking, please turn off the gas valve.
　　　　나: 네, 제가 아까 잠갔어요.
　　　　　 Yes, I turned it off earlier.

　　　(3) 가: 민수 씨, 왜 그래요? 무슨 일 있어요?
　　　　　 Minsu, what's wrong? Is something bothering you?
　　　　나: 머리가 아파요.
　　　　　 I have a headache.

형태

[동사]	-ㅂ니다/습니다	-아서/어서 -았어요/었어요	-니까/으니까 -세요/으세요
쓰다	쓰+ㅂ니다	쓰 + 어서 → 써서 쓰 + 었어요 → 썼어요	쓰 + 니까 쓰 + 세요
끄다	끄+ㅂ니다	끄 + 어서 → 꺼서 끄 + 었어요 → 껐어요	끄 + 니까 끄 + 세요
뜨다	뜨+ㅂ니다	뜨 + 어서 → 떠서 뜨 + 었어요 → 떴어요	뜨 + 니까 뜨 + 세요
잠그다	잠그+ㅂ니다	잠그 + 아서 → 잠가서 잠그 + 았어요 → 잠갔어요	잠그 + 니까 잠그 + 세요
[형용사]			
크다	크+ㅂ니다	크 + 어서 → 커서 크 + 었어요 → 컸어요	크 + 니까 크 + 세요
아프다	아프+ㅂ니다	아프 + 아서 → 아파서 아프 + 았어요 → 아팠어요	아프 + 니까 아프 + 세요
바쁘다	바쁘+ㅂ니다	바쁘 + 아서 → 바빠서 바쁘 + 았어요 → 바빴어요	바쁘 + 니까 바쁘 + 세요
예쁘다	예쁘+ㅂ니다	예쁘 + 어서 → 예뻐서 예쁘 + 었어요 → 예뻤어요	예쁘 + 니까 예쁘 + 세요

7. '르' 불규칙 〈'르' irregular conjugation〉

'르'로 끝나는 [동사], [형용사]에 '-아/어'로 시작하는 어미가 붙으면 'ㅡ'가 탈락하고 'ㄹ'이 추가된다.

When verbs or adjectives ending in a '르' are combined with an ending that begins with '-아/어', the 'ㅡ' is removed from '르' and a 'ㄹ' bottom consonant is added to the previous syllable before the conjugation is made.

예문

(1) 가: 혹시 철수 씨가 어디에 있는지 알아요?
　　　Do you happen to know where Cheolsu is?

　　나: 미안해요. 전 30분 전에 나갔다가 지금 들어와서 몰라요.
　　　I am sorry. I went out 30 minutes ago and came back just now, so I don't know.

(2) 가: 영희 씨는 머리가 정말 기네요. 언제부터 길렀어요?
　　　Yeonghee, you've got a really long hair. Since when did you let your hair grow?

　　나: 3년 동안 길렀어요.
　　　I grew it for 3 years.

(3) 가: 서울에서 부산까지 버스가 빨라요? 기차가 빨라요?
　　　Are the buses from Seoul to Busan fast? Or are the trains fast?

　　나: 주말에는 고속도로에 차가 많으니까 기차가 빠를 거예요.
　　　Because there are so many cars on the highway on the weekends, I think the trains are fast(er).

형태

	[동사]	-ㅂ니다/습니다	-아서/어서 -았어요/었어요	-니까/으니까 -세요/으세요
규칙	따르다	따르 + ㅂ니다	따르 + 아서 → 따라서 따르 + 았어요 → 따랐어요	따르 + 니까 따르 + 세요
	치르다	치르 + ㅂ니다	치르 + 어서 → 치러서 치르 + 었어요 → 치렀어요	치르 + 니까 치르 + 세요
불규칙	고르다	고르 + ㅂ니다	고 + ㄹㄹ + 아서 → 골라서 고 + ㄹㄹ + 았어요 → 골랐어요	고르 + 니까 고르 + 세요
	기르다	기르 + ㅂ니다	기 + ㄹㄹ + 어서 → 길러서 기 + ㄹㄹ + 었어요 → 길렀어요	기르 + 니까 기르 + 세요
	모르다	모르 + ㅂ니다	모 + ㄹㄹ + 아서 → 몰라서 모 + ㄹㄹ + 았어요 → 몰랐어요	모르 + 니까 모르 + 세요
	부르다	부르 + ㅂ니다	부 + ㄹㄹ + 어서 → 불러서 부 + ㄹㄹ + 었어요 → 불렀어요	부르 + 니까 부르 + 세요
	자르다	자르 + ㅂ니다	자 + ㄹㄹ + 아서 → 잘라서 자 + ㄹㄹ + 았어요 → 잘랐어요	자르 + 니까 자르 + 세요
[형용사]				
불규칙	다르다	다르 + ㅂ니다	다 + ㄹㄹ + 아서 → 달라서 다 + ㄹㄹ + 았어요 → 달랐어요	다르 + 니까 다르 + 세요
	빠르다	빠르 + ㅂ니다	빠 + ㄹㄹ + 아서 → 빨라서 빠 + ㄹㄹ + 았어요 → 빨랐어요	빠르 + 니까 빠르 + 세요
	게으르다	게으르 + ㅂ니다	게으 + ㄹㄹ + 어서 → 게을러서 게으 + ㄹㄹ + 었어요 → 게을렀어요	게으르 + 니까 게으르 + 세요

부록 2 숫자 〈한자어 숫자〉 Numbers 〈Sino-Korean Numbers〉

1. 숫자 표현하기에는 두 가지가 있는데 그중의 하나이다.
There are two ways to express numbers and one is by using Sino-Korean numbers.

0	영, 공				
1	일	10	십	100	백
2	이	20	이십	1,000	천
3	삼	30	삼십	10,000	만
4	사	40	사십	100,000	십만
5	오	50	오십	1,000,000	백만
6	육	60	육십	10,000,000	천만
7	칠	70	칠십	100,000,000	억
8	팔	80	팔십		
9	구	90	구십		
10	십	100	백		

2. 다음의 단위명사와 결합하여 사용된다.
Sino-Korean numbers are used when combined with the following unit nouns.

	쓰기	읽기
번호(numbers)	1번, 2번, 3번…	일 번, 이 번, 삼 번…
날짜(dates)	1945년 8월 15일	천구백사십오 년 팔 월 십오 일
가격(price)	25,000원	이만 오천 원
층수(floors)	1층, 2층, 3층…	일 층, 이 층, 삼 층…
시간(time)	10분, 20분, 30분…	십 분, 이십 분, 삼십 분…
단원(unit/chapter)	1과, 2과, 3과…	일 과, 이 과, 삼 과…
책의 쪽수(pages of a book)	1쪽, 2쪽, 3쪽…	일 쪽, 이 쪽, 삼 쪽…
방의 호수(room numbers)	101호, 201호, 301호…	백일 호, 이백일 호, 삼백일 호…
지하철 노선(subway lines)	1호선, 2호선, 3호선…	일 호선, 이 호선, 삼 호선…
주문하기(ordering food) - 고기/떡볶이(meat/TTeokbokki)	1인분, 2인분, 3인분…	일 인분, 이 인분, 삼 인분…
온도(temperature)	10도, 20도, 30도…	십 도, 이십 도, 삼십 도…
무게(weight)	1kg, 2kg, 3kg…	일 킬로그램, 이 킬로그램, 삼 킬로그램…
나이(age)	20세, 30세, 40세…	이십 세, 삼십 세, 사십 세…

》》 예문 (1) 전화 번호〈Phone numbers〉
가: 전화 번호 좀 알려 주세요.
　　Please tell me your phone number.

나: 제 전화번호는 010-2345-6789번입니다.
　　My phone number is 010-2345-6789.　　‖ 공일공에 이삼사오에 육칠팔구 ‖

(2) 날짜〈Dates〉
　가: 생일이 몇 월 며칠입니까?
　　When is your birthday?
　나: 제 생일은 10월 8일입니다.　　‖ 시월팔일 ‖
　　My birthday is October 8.

(3) 가격〈Price〉
　가: 바지가 예쁘군요. 바지가 얼마였어요?
　　Your pants sure are pretty. How much were they?
　나: 25,000원이었어요.　　‖ 이만 오천 원 ‖
　　They were 25,000 won.

(4) 그 외〈Etc.〉
　- 치과는 4층에 있습니다.　　‖ 사 층 ‖
　　The dentist's is on the fourth floor.
　- 지금 약속 시간보다 30분 지각했습니다.　　‖ 삼십 분 ‖
　　Now you are 30 minutes late for the appointed time.
　- 오늘은 5과를 공부하겠습니다.　　‖ 오 과 ‖
　　We will study unit 5 today.
　- 책 60쪽을 보십시오.　　‖ 육십 쪽 ‖
　　Look at page 60 of your books.
　- 방 번호는 20층 2014호입니다.　　‖ 이십 층 이천십사 호 ‖
　　The room number is 2014 on the 20th floor.
　- 서울을 순환하는 지하철은 2호선입니다.　　‖ 이 호선 ‖
　　The subway that circles Seoul is Line number 2.
　- 불고기 3인분을 주문했습니다.　　‖ 삼 인분 ‖
　　We ordered three servings of Bulgogi.
　- 여름에는 30도를 넘는 더위가 계속됩니다.　　‖ 삼십 도 ‖
　　In summer the heat continues with a temperature of over 30 degrees.
　- 현재 만 20세 이상의 남녀를 성인으로 봅니다.　　‖ 이십 세 ‖
　　Men and women aged 20 and over are now considered to be adults.

> **참고**

날짜에서 6월, 10월의 발음에 주의해야 한다.
You have to be careful in pronouncing the words for June and October in Korean.
1월, 2월, 3월, 4월, 5월, 6월[유 월], 7월, 8월, 9월, 10월[시 월], 11월, 12월

부록 3 숫자 〈고유어 숫자〉 Numbers 〈Native Korean Numbers〉

1. 숫자 표현하기에는 두 가지가 있는데 그중의 하나이다.
- 단위명사 앞에서 '하나/둘/셋/넷/스물'은 '한/두/세/네/스무'로 바뀐다.

There are two ways to express numbers and one is by using native Korean numbers.
- '하나/둘/셋/넷/스물' change to '한/두/세/네/스무' when they come before unit nouns.

1	하나(→한)	10	열
2	둘(→두)	20	스물(→스무)
3	셋(→세)	30	서른
4	넷(→네)	40	마흔
5	다섯	50	쉰
6	여섯	60	예순
7	일곱	70	일흔
8	여덟	80	여든
9	아홉	90	아흔
10	열		

2. 다음의 단위명사와 결합하여 사용된다.

Native Korean numbers are used when combined with the following unit nouns.

	쓰기	읽기
시간(time)	1시, 2시, 3시…	한 시, 두 시, 세 시…
나이(age)	10살, 20살, 30살…	열 살, 스무 살, 서른 살…
물건(things)	1개, 2개, 3개…	한 개, 두 개, 세 개…
책(books)	2권, 4권, 6권…	두 권, 네 권, 여섯 권…
사람(people)	1명, 2명, 3명…	한 명, 두 명, 세 명…
윗사람(seniors)	1분, 2분, 3분…	한 분, 두 분, 세 분…
동물(animals)	2마리, 4마리, 6마리…	두 마리, 네 마리, 여섯 마리…
전자제품(electronics)	1대, 2대, 3대…	한 대, 두 대, 세 대…
종이, CD 등 얇은 것(thin flat things such as papers, CDs, etc.)	3장, 6장, 9장…	세 장, 여섯 장, 아홉 장…
옷, 그릇 등의 세트(suits of clothing, plates, etc.)	1벌, 2벌, 3벌…	한 벌, 두 벌, 세 벌…
양말, 장갑 등 쌍으로 이루어진 것(pairs of socks, gloves, etc.)	1켤레, 2켤레, 3켤레…	한 켤레, 두 켤레, 세 켤레…
포도, 꽃 등 뭉치로 된 것(bunches of grapes, flowers, etc.)	2송이, 3송이, 4송이…	두 송이, 세 송이, 네 송이…
횟수(frequency)	1번, 2번, 3번…	한 번, 두 번, 세 번…

기간(period)	1달, 2달, 3달…	한 달, 두 달, 세 달…
맥주, 주스, 우유 등(bottles of beer, juice, milk, etc.)	1병, 2병, 3병…	한 병, 두 병, 세 병…
커피, 차 등(cups of coffee, tea, etc.)	2잔, 4잔, 6잔…	두 잔, 네 잔, 여섯 잔…
자장면, 우동 등(bowls of Jajangmyeon, Udon, etc.)	1그릇, 2그릇, 3그릇…	한 그릇, 두 그릇, 세 그릇…
과자, 사탕 등(bags of snacks, candies, etc.)	1봉지, 2봉지, 3봉지…	한 봉지, 두 봉지, 세 봉지…
사과, 배 등(boxes of apples, pears, etc.)	1상자, 2상자, 3상자…	한 상자, 두 상자, 세 상자…
연필, 우산과 같이 긴 것(long thin things such as pencils, umbrellas, etc.)	1자루, 2자루, 3자루…	한 자루, 두 자루, 세 자루…

▶▶ **예문** (1) 시간〈Time〉

　　가: 지금 몇 시예요?
　　　　What time is it now?

　　나: 3시가 조금 넘었어요.　　‖세 시‖
　　　　It's a little past three.

　(2) 나이〈Age〉

　　가: 희수 씨 어머니는 연세가 어떻게 되세요?
　　　　Heesu, how old is your mother?

　　나: 45살이세요.　　‖마흔다섯 살‖
　　　　She is forty-five years old.

　(3) 물건〈Things〉

　　가: 회의실에 의자가 모두 몇 개 있습니까?
　　　　How many chairs are there altogether in the meeting room?

　　나: 모두 10개 있습니다.　　‖열 개‖
　　　　There are ten altogether.

　(4) 그 외〈Etc.〉

　　- 책상 위에 책이 5권 있습니다.　　‖다섯 권‖
　　　　There are five books on the desk.

　　- 어른이 2명, 아이가 4명입니다.　　‖두 명, 네 명‖
　　　　There are two adults and four children.

　　- 오늘 2시에 예약 손님이 7분 계십니다.　　‖두 시, 일곱 분‖
　　　　We have seven guests who are booked at two today.

　　- 우리 집에서는 개 4마리를 키우고 있습니다.　　‖네 마리‖
　　　　We are raising four dogs at home.

　　- 사무실에 컴퓨터가 모두 10대 있습니다.　　‖열 대‖
　　　　There are ten computers altogether in the office.

- 클래식 CD 5장을 주문했습니다. ‖ 다섯 장 ‖
  I ordered five classical music CDs.

- 원피스 2벌과 정장 1벌을 샀어요. ‖ 두 벌, 한 벌 ‖
  I bought two dresses and one suit.

- 크리스마스 선물로 양말 3켤레를 준비했습니다. ‖ 세 켤레 ‖
  I prepared three pairs of socks as a Christmas gift.

- 포도 2송이만 포장해 주세요. ‖ 두 송이 ‖
  Please wrap up two bunches of grapes.

- 1주일에 2번 문화센터에 갑니다. 그러니까 1달에 8번 가는 거죠.
  ‖ 두 번, 한 달, 여덟 번 ‖
  I go to the Cultural Center twice a week. So I go there eight times a month.

- 슈퍼에서 맥주 3병과 우유 1팩 좀 사다 주시겠어요? ‖ 세 병, 한 팩 ‖
  Would you buy me three bottles of beer and one pack of milk at the supermarket?

- 커피 3잔 주세요. ‖ 세 잔 ‖
  Three coffees, please.

- 자장면 2그릇 주문하겠습니다. ‖ 두 그릇 ‖
  We will order two bowls of Jajangmyeon.

- 가게에서 올 때 과자 3봉지와 껌 1통만 사다 주세요. ‖ 세 봉지, 한 통 ‖
  Please buy me three bags of snacks and one pack of gum when you come from the store.

- 이번 명절에 사과 2상자가 선물로 왔어요. ‖ 두 상자 ‖
  Two boxes of apples came as a present for this national holiday.

- 빨간색, 파란색, 검은색 이렇게 볼펜을 3자루 사 왔습니다. ‖ 세 자루 ‖
  I bought three ballpoint pens. They are red, blue, and black.

부록 4 단위명사 Unit Nouns

수를 셀 때 사용하는 [명사]이다.
These nouns are used when counting numbers.

1. 고유어 숫자와 결합하는 단위명사 Unit nouns combined with native Korean numbers

	단위명사	보기
사람(people)	명	한 명, 두 명, 세 명…
윗사람(seniors)	분	한 분, 두 분, 세 분…
동물(animals)	마리	한 마리, 두 마리, 세 마리…
책(books)	권	한 권, 두 권, 세 권…
종이(paper sheets), CD	장	한 장, 두 장, 세 장…
자동차(cars), 컴퓨터(computers)…	대	한 대, 두 대, 세 대…
커피(coffee), 차(tea)	잔	한 잔, 두 잔, 세 잔…
음료수(beverages)	병	한 병, 두 병, 세 병…
연필(pencils), 우산(umbrellas)	자루	한 자루, 두 자루, 세 자루…
꽃(flowers)	송이	한 송이, 두 송이, 세 송이…
신발(shoes), 장갑(gloves)	켤레	한 켤레, 두 켤레, 세 켤레…
물건(things)	개	한 개, 두 개, 세 개…
나이(age)	살	한 살, 두 살, 세 살…

▶▶ **예문** (1) 가: 교실에 학생이 얼마나 있어요?
How many students are there in the classroom?
나: 학생이 **열다섯 명** 있어요.
There are fifteen students.

(2) 가: 커피를 많이 마시는 것 같아요.
I think you drink a lot of coffee.
나: 네, 저는 하루에 커피를 **네 잔** 마셔요.
Yes, I drink four cups of coffee a day.

(3) 가: 한 달 동안 책을 얼마나 읽었어요?
How many books did you read for the last month?
나: 지난달에는 바빠서 **두 권**밖에 못 읽었어요.
Last month I was busy, so I could only read two books.

2. 한자어 숫자와 결합하는 단위명사 Unit nouns combined with Sino-Korean numbers

	단위명사	보기
번호(numbers)	번	일 번, 이 번, 삼 번…
날짜(dates)	년	일 년, 이 년, 삼 년…
	월	일 월, 이 월, 삼 월…
	일	일 일, 이 일, 삼 일…
고기(meat), 떡볶이(TTeokbokki)	인분	일 인분, 이 인분, 삼 인분…
아파트 건물(apartment buildings)	동	백일 동, 백이 동, 백삼 동…
방의 호수(room numbers)	호	일 호, 이 호, 삼 호…
책의 쪽수(pages of a book)	쪽	일 쪽, 이 쪽, 삼 쪽…
돈(money)	원	만 원, 이만 원, 삼만 원…
지하철 노선(subway lines)	호선	일 호선, 이 호선, 삼 호선…
무게(weight)	kg(킬로그램)	일 킬로그램, 이 킬로그램, 삼 킬로그램…
온도(temperature)	도	일 도, 이 도, 삼 도…
책의 단원(units/chapters of a book)	과	일 과, 이 과, 삼 과…
건물의 높이(height of a building/stairs)	층	일 층, 이 층, 삼 층…
나이(age)	세	일 세, 이 세, 삼 세…

》》 예문 (1) 가: 태어난 날이 언제예요?
　　　　　　　When is the day you were born?

　　　　　나: 저는 1995년 2월 25일에 태어났어요.　　　‖ 천구백구십오 년 이 월 이십오 일 ‖
　　　　　　　I was born in February 25, 1995.

　　　(2) 가: 손님, 주문하시겠습니까?
　　　　　　　Sir, would you like to order?

　　　　　나: 여기 삼겹살 5인분 주세요.　　　　　　　　　‖ 오 인분 ‖
　　　　　　　5 servings of Samgyeopsal, please.

　　　(3) 가: 이 가방이 마음에 들어요. 그런데 얼마예요?
　　　　　　　I like this bag. But how much is it?

　　　　　나: 네, 이 가방은 10만 원입니다.　　　　　　　‖ 십만 원 ‖
　　　　　　　This bag is 100,000 won.

부록 5 여기, 거기, 저기 Expressions for Locations

장소를 가리킬 때 사용한다.
- 여기는 여기 또는 거기, 거기는 여기, 저기는 저기로 대답한다.
  These expressions are used to indicate locations.
  - When answering a question with 여기 in it, 여기 or 거기 is used. For a question with 거기, 여기 is used, and for a question with 저기, 저기 is used.

▶▶ **예문** (1) 가: **여기**가 어디입니까?
   Where is this place?

   나: **여기**는 사무실입니다.
   This place is the office.

(2) 가: 여보세요? **거기**가 문화동 정호 씨 댁입니까?
   Hello? Is this the Jeongho residence in Munhwa-dong?

   나: 네? 아니요, **여기**는 문화동이 아니고 신촌동인데요.
   Excuse me? No, this is not Munhwa-dong but is Shinchon-dong.

(3) 가: 여보세요? 영수 씨, **여기**로 좀 와 주시겠어요?
   Hello? Yeongsu, would you come here for a bit, please?

   나: **거기**가 어디인데요?
   Where are you?

(4) 가: **저기**는 어디예요?
   Where is that place over there?

   나: **저기**는 우리 학교 도서관이에요.
   That is our school library.

부록 6 이/그/저 [명] Determiners

사물이나 사람, 또는 장소를 지정해서 말할 때 사용한다.
- 화자가 가리키는 것이 화자와 가까울 때 → 이
- 화자가 가리키는 것이 청자와 가까울 때 → 그
- 화자가 가리키는 것이 화자와 청자에게서 멀리 있을 때 → 저
  These expressions are used to refer to a thing, person, or a place. And they are used as determiners.
  - When what the speaker is referring to is near the speaker → 이

- When what the speaker is referring to is near the listener → 그
- When what the speaker is referring to is far from both the speaker and the listener → 저

>>> **예문** (1) 가: 사진 속의 이 사람은 누구입니까?
Who is this person in the picture?

나: 그 사람은 민수입니다.
He is Minsu.

(2) 가: 그 책은 누구 책입니까?
Whose book is that?

나: 이 책은 제 책입니다.
This book is mine.

(3) 가: 난 이 차가 마음에 드는데 너는 어떤 차가 마음에 들어?
I like this car, but what type of car do you like?

나: 나는 저기에 있는 저 차를 사고 싶어.
I want to buy that car over there.

(4) 가: 누가 민수 씨 회사의 사장님입니까?
Who is the president of your company, Minsu?

나: 우리 사장님은 바로 저 분입니다.
Our company president is that person.

(5) 가: 어제 영화 봤어요?
Did you watch a movie yesterday?

나: 네, 봤어요.
Yes, I did.

가: 그 영화 어땠어요?
How was that movie?

나: 감동도 있고 재미도 있는 영화였어요.
It was both touching and interesting.

형태

	이 [명]	그 [명]	저 [명]
사람	이 사람	그 사람	저 사람
자동차	이 자동차	그 자동차	저 자동차

부록 7   이것/그것/저것 Demonstrative Pronouns

사물을 지정해서 말할 때 사용한다.
- 화자가 가리키는 것이 화자와 가까울 때 → 이것
- 화자가 가리키는 것이 청자와 가까울 때 → 그것
- 화자가 가리키는 것이 화자와 청자에게서 멀리 있을 때 → 저것

These expressions are used to indicate a thing. And they are used as pronouns.
- When what the speaker is referring to is near the speaker → 이것
- When what the speaker is referring to is near the listener → 그것
- When what the speaker is referring to is far from both the speaker and the listener → 저것

예문

(1) 가: 이것은 무엇입니까?
What is this?

나: 그것은 책입니다.
It is a book.

(2) 가: 어떤 게 영수 씨 가방이에요?
Which one is your bag, Yeongsu?

나: 그것이 제 가방입니다.
That is my bag.

(3) 가: 민수 씨는 매운 음식을 좋아하죠? 그럼 이것을 드세요.
Minsu, you like spicy food, don't you? Then please eat this.

나: 네, 저는 그것으로 주문하겠습니다.
Yes, I will order it.

(4) 가: 저것은 누구의 그림입니까?
Whose painting is that?

나: 저것은 피카소의 그림입니다.
That is (one of) Picasso's paintings.

(5) 가: 새로 나온 휴대폰이 어느 것입니까?
Which one is a newly released phone?

나: 이것이 새로 나온 휴대폰입니다.
This is a newly released phone.

(6) 나는 어제 아버지께로부터 선물을 받았습니다. 그것은 자전거였습니다.
I received a gift from my father yesterday. It was a bicycle.

❖ **다음과 같이 줄여서 쓸 수 있다.**

When the particles '-가/이, -는/은, -를/을, -로/으로,' are added to '이것/그것/저것', they can be shortened as follows.

이것이 → 이게	그것이 → 그게	저것이 → 저게
이것은 → 이건	그것은 → 그건	저것은 → 저건
이것을 → 이걸	그것을 → 그걸	저것을 → 저걸
이것으로 → 이걸로	그것으로 → 그걸로	저것으로 → 저걸로

형태

	-이	-은	-을	-으로
이것	이것 + 이	이것 + 은	이것 + 을	이것 + 으로
그것	그것 + 이	그것 + 은	그것 + 을	그것 + 으로
저것	저것 + 이	저것 + 은	저것 + 을	저것 + 으로

부록 8 존대 표현 Honorific Expressions

1. 어휘 Vocabulary

1-1. [명사] Nouns

이름 → 성함 (name)	나이 → 연세 (age)
밥 → 진지 (meal)	생일 → 생신 (birthday)
집 → 댁 (house)	말 → 말씀 (word)
명, 사람 → 분 (person)	부모 → 부모님 (parents)
아들 → 아드님 (son)	딸 → 따님 (daughter)
사장 → 사장님 (boss/president of a company)	

▶▶ 예문 (1) 이름이 뭐예요? → 성함이 어떻게 되세요?
What is your name?

(2) 나이가 몇 살이에요? → 연세가 어떻게 되세요?
How old are you?

(3) 동생이 밥을 먹습니다. → 아버지께서 진지를 드십니다.
My younger brother/sister is having a meal. → My father is having a meal.

(4) 오늘 내 생일이야. → 선생님은 생신이 언제세요?
Today is my birthday. → When is your birthday, teacher?

(5) 집이 어디예요? → 댁이 어디세요?
   Where is your house?

(6) 친구의 말을 들었어요. → 선생님의 말씀을 들었습니다.
   I heard what my friend said. → I heard what the teacher said.

(7) 제 아들은 세 살입니다. → 아드님은 몇 살입니까?
   My son is three years old. → How old is your son?

(8) 제가 이 회사의 사장입니다. → 이 회사 사장님은 어디에 계십니까?
   I am the president of this company. → Where is the company president?

1-2. [조사] Particles

[명]이/가 → [명]께서	[명]은/는 → [명]께서는
[명]에게/한테 → [명]께	[명]에게서/한테서 → [명]께(로부터)
내가(←나 + 가) → 제가(←저 + 가)	

▶▶ 예문 (1) 동생이 한복을 입습니다. → 할아버지께서 한복을 입으십니다.
   My younger brother/sister is putting on a Hanbok. → My grandfather is putting on a Hanbok.

(2) 언니는 책을 좋아합니다. → 어머니께서는 책을 좋아하십니다.
   My older sister likes books. → My mother likes books.

(3) 형에게 선물을 줬어요. → 아버지께 선물을 드렸어요.
   I gave my older brother a present. → I gave my father a present.

(4) 친구에게서 칭찬을 들었어요. → 선생님께(로부터) 칭찬을 들었어요.
   I heard compliments from my friend. → I heard compliments from my teacher.

(5) 내가 갈게. → 제가 가겠습니다.
   I will go.

1-3. [동사][형용사] Verbs, Adjectives

자다 → 주무시다 (to sleep)	말하다 → 말씀하시다 (to talk)
먹다 → 잡수시다, 드시다 (to eat)	마시다 → 드시다 (to drink)
죽다 → 돌아가시다 (to die)	배고프다 → 시장하시다 (to be hungry)
아프다 → 편찮으시다 (to be sick)	있다 → 계시다, 있으시다 (to be/to have)
주다 → 드리다 (to give)	묻다/물어보다 → 여쭈다/여쭙다 (to ask)
만나다 → 뵈다, 뵙다 (to meet/to see)	데리고 가다 → 모시고 가다 (to take/bring someone)

▶▶ 예문 (1) 동생이 잡니다. → 아버지께서 주무십니다.
   My younger brother/sister is sleeping. → My father is sleeping.

(2) 친구가 말합니다. → 선생님께서 말씀하십니다.
   My friend is talking. → My teacher is talking.

(3) 누나가 밥을 먹어요. → 할머니께서 진지를 잡수세요./드세요.
My older sister is having a meal. → My grandmother is having a meal.

(4) 형이 주스를 마십니다. → 삼촌께서 주스를 드십니다.
My older brother is drinking juice. → My uncle is drinking juice.

(5) 유명한 영화배우가 죽었어요. → 사장님께서 돌아가셨어요.
A famous movie star died. → The company president passed away.

(6) 영수 씨, 배고파요? → 할아버지, 시장하세요?
Yeongsu, are you hungry? → Grandpa, are you hungry?

(7) 친구가 아파요. → 어머니께서 편찮으세요.
My friend is sick. → My mother is sick.

(8) 가족은 모두 고향에 있습니까? → 부모님께서는 고향에 계십니까? 〈사람〉
Are all your family members in your hometown? → Are your parents in your hometown?
〈people〉

(9) 영희 씨, 볼펜이 있습니까? → 손님, 볼펜이 있으십니까? 〈물건〉
Yeonghee, do you have a pen? → Sir, do you have a pen? 〈things〉

(10) 오빠한테 생일 선물을 줬어요. → 아주머니께 선물을 드렸어요.
I gave my older brother a birthday gift. → I gave my aunt a birthday gift.

(11) 모르는 것을 친구에게 물었어요. → 모르는 것을 선생님께 여쭸어요.
I asked my friend about what I didn't understand. → I asked the teacher about what I didn't understand.

(12) 영희 씨, 잠깐 만날 수 있을까요? → 교수님, 잠깐 뵐 수 있을까요?
Yeonghee, can I see you a moment? → Professor, can I see you a moment?

(13) 아이를 데리고 가도 됩니까? → 부모님을 모시고 가도 됩니까?
May I bring my child? → May I bring my parents?

2. 문법 형태 Grammatical Forms : [동]시/으시-, [형]시/으시-, [명](이)시-

▶▶ 예문 (1) 동생이 옷을 삽니다. → 할머니께서 옷을 사십니다.
My younger brother/sister is buying clothes. → My grandmother is buying clothes.

(2) 언니가 친구를 만났어요. → 어머니께서 친구분을 만나셨어요.
My older sister met her friend. → My mother met her friend.

(3) 동생이 키가 아주 크군요. → 아버지께서 키가 아주 크시군요.
Your younger brother/sister is sure very tall. → Your father is sure very tall.

(4) 저 사람이 누구예요? → 저 분은 누구세요?
Who is that person?

> **참고**

1. [동사/으사, [형사/으사, [명(이)사
   ▶ 자세한 설명은 문형 047, 048을 보세요.

부록 9 | 접속사 Conjunctions

1. 그리고

[의미] 앞 문장과 뒤 문장을 대등하게 연결할 때 사용한다.
This conjunction is used to connect two sentences coordinately.

▶ 예문 (1) 가: 야스다 씨는 어떤 과일을 좋아하세요?
Yasda, what types of fruits do you like?

나: 저는 사과를 좋아해요. 그리고 귤도 좋아해요.
I like apples. And I also like mandarins.

(2) 가: 이 방은 어떠세요?
How is this room?

나: 방이 넓군요. 그리고 아주 깨끗하네요.
It sure is spacious. And it is also very clean indeed.

(3) 가: 오늘은 아침에 일찍 일어났어요?
Did you get up early this morning?

나: 네, 7시에 일어났어요. 그리고 8시에 밥을 먹었어요.
Yes, I got up at 7. And I had a meal at 8.

❖ 아래와 같이 한 문장으로 만들 수 있다.
Two sentences that are connected with '그리고' can be made into one sentence as follows.

▶ 예문 (1) 저는 사과를 좋아해요. 그리고 귤도 좋아해요.
→ 저는 사과를 좋아하고 귤도 좋아해요.

(2) 7시에 일어났어요. 그리고 8시에 밥을 먹었어요.
→ 7시에 일어났고 8시에 밥을 먹었어요.

2. 그래서

[의미] 앞 문장이 뒤 문장의 이유나 원인, 근거를 나타낼 때 사용한다.
This conjunction is used when indicating that the first sentence is the reason, cause, or basis for the second sentence.

▶▶ **예문** (1) 가: 어디에 가요?
　　　　　　　　　Where are you going?

　　　　　　나: 배가 많이 아파요. 그래서 병원에 가요.
　　　　　　　　　My stomach hurts much. So I am going to the hospital.

　　　　(2) 가: 영화가 어땠어요?
　　　　　　　　　How was the movie?

　　　　　　나: 영화가 너무 슬펐어요. 그래서 많이 울었어요.
　　　　　　　　　It was very sad. So I cried a lot.

　　　　(3) 가: 오늘은 회사에 왜 늦었습니까?
　　　　　　　　　Why were you late for work today?

　　　　　　나: 아침에 늦잠을 잤습니다. 그래서 늦었습니다. 죄송합니다.
　　　　　　　　　I overslept this morning. So I was late. I am sorry.

　　　　(4) 가: 어머, 저 뉴스를 보세요. 중국에서 지진이 났네요.
　　　　　　　　　Gosh, look at that news. It seems that there was an earthquake in China.

　　　　　　나: 그렇군요. 그래서 건물이 무너지고 사람들이 많이 다쳤군요.
　　　　　　　　　Yes, I can see that. So it seems the buildings collapsed and people got injured a lot.

❖ **아래와 같이 한 문장으로 만들 수 있다.**
Two sentences that are connected with '그래서' can be made into one sentence as follows.

▶▶ **예문** (1) 배가 많이 아파요. 그래서 병원에 가요.
　　　　　　→ 배가 많이 아파서 병원에 가요.

　　　　(2) 아침에 늦잠을 잤습니다. 그래서 늦었습니다.
　　　　　　→ 아침에 늦잠을 자서 늦었습니다.

---

3. 그렇지만, 하지만, 그러나

　　의미　앞 문장과 뒤 문장이 반대되거나 대립되는 내용일 때 사용한다.
　　　　　These conjunctions are used when the contents of the first and second sentences are opposite or contrary to each other.

▶▶ **예문** (1) 가: 이 옷 어때요?
　　　　　　　　　How do you like this dress?

　　　　　　나: 예뻐요. 그렇지만 너무 비싸요.
　　　　　　　　　It is pretty. But it's too expensive.

　　　　(2) 가: 김치 맛이 어때?
　　　　　　　　　How is the taste of kimchi?

나: 조금 매워. 하지만 맛있어.
A little spicy. But it tastes good.

(3) 가: 그곳은 여름입니까?
Is it summer there?

나: 아니요, 이곳은 지금 겨울입니다. 그러나 별로 춥지 않습니다.
No, it is winter here now. But it's not that cold.

> ❖ '그렇지만/하지만'과 연결될 경우에는 아래와 같이 한 문장으로 만들 수 있다.
> Two sentences that are connected with '그렇지만/하지만' can be made into one sentence as follows.
>
> » 예문 (1) 예뻐요. 그렇지만 너무 비싸요.
> → 예쁘지만 너무 비싸요.
> (2) 조금 매워. 하지만 맛있어.
> → 조금 맵지만 맛있어.

4. 그러니까

[의미] 앞 문장이 뒤 문장의 필연적인 이유일 때 사용한다.
This conjunction is used when indicating that the first sentence is the inevitable reason for the second sentence.

» 예문 (1) 가: 지금 몇 시예요? 2부 공연 시작이 멀었나?
What time is it now? How soon does the second part of the performance begin?

나: 곧 시작할 시간이에요. 그러니까 빨리 안으로 들어갑시다.
It'll soon be the starting time. So let's go inside quickly.

(2) 가: 먼저 가려고?
Are you leaving first?

나: 응, 다른 약속이 있어. 그러니까 먼저 가 볼게. 미안해.
Yes, I have other plans. So I'll get going first. Sorry.

(3) 비가 내렸다. 그러니까 우산이 없는 사람들이 뛰어가기 시작했다.
It rained. So people who don't have umbrellas started to run.

> ❖ 아래와 같이 한 문장으로 만들 수 있다.
> Two sentences that are connected with '그러니까' can be made into one sentence as follows.
>
> » 예문 (1) 다른 약속이 있어. 그러니까 먼저 가 볼게. 미안해.
> → 다른 약속이 있으니까 먼저 가 볼게. 미안해.
> (2) 비가 내렸다. 그러니까 우산이 없는 사람들이 뛰어가기 시작했다.
> → 비가 내리니까 우산이 없는 사람들이 뛰어가기 시작했다.

5. 그러면

의미 앞 문장이 뒤 문장의 전제조건 또는 가정임을 나타낼 때 사용한다.
This conjunction is used when indicating that the first sentence is the prerequisite or assumption for the second sentence.

예문 (1) 가: 어제 잠을 못 잤어요. 머리가 너무 아프네요.
　　　　　　I couldn't sleep yesterday. I (really) have a bad headache.

　　　　나: 아파요? 그러면 오늘은 집에 일찍 가서 쉬세요.
　　　　　　Does (your head) hurt? Then go home early today and get some rest.

　　(2) 가: 존슨 씨는 혼자 있을 때 고향 생각이 나지 않습니까? 그러면 어떻게 해요?
　　　　　　Johnson, don't you feel homesick when you are alone? What do you do in that case?

　　　　나: 저는 가족사진을 보거나 바로 가족한테 전화를 해요.
　　　　　　I look at my family photos or immediately make a phone call to them.

　　(3) 너는 공부만 열심히 해. 그러면 나는 네가 공부 잘할 수 있게 도울게.
　　　　Just make sure you study hard. Then I will support you so that you can concentrate on studying.

❖ **아래와 같이 한 문장으로 만들 수 있다.**
Two sentences that are connected with '그러면' can be made into one sentence as follows.

예문 (1) 아파요? 그러면 오늘은 집에 일찍 가서 쉬세요.
　　　　→ 아프면 오늘은 집에 일찍 가서 쉬세요.

　　(2) 존슨 씨는 혼자 있을 때 고향 생각이 나지 않습니까? 그러면 어떻게 해요?
　　　　→ 존슨 씨는 혼자 있을 때 고향 생각이 나면 어떻게 해요?

❖ **아래와 같이 줄여 쓸 수 있다.**
'그러면' can be shortened as '그럼' as follows.

예문 (1) 너는 공부만 열심히 해. 그러면 나는 네가 공부 잘할 수 있게 도울게.
　　　　→ 너는 공부만 열심히 해. 그럼 나는 네가 공부 잘할 수 있게 도울게.

---

6. 그런데

의미 1. 앞 문장과 뒤 문장의 내용이 반대될 때 사용한다.
This conjunction is used when indicating that the first sentence contrasts with the second sentence.

예문 (1) 영희의 부모님은 키가 무척 크십니다. 그런데 영희는 아주 작습니다.
　　　　Yeonghee's parents are very tall. But Yeonghee is very short.

(2) 저는 운동을 좋아하고 공부를 좋아하지 않습니다. 그런데 제 동생은 운동을 싫어하고 공부를 좋아합니다.
I like sports and don't like studying. But my younger brother/sister doesn't like sports and likes studying.

❖ 의미 1번의 경우, 아래와 같이 한 문장으로 만들 수 있다.

When '그런데' is used with the meaning given by usage 1 above, two sentences that are connected with '그런데' can be made into one sentence as follows.

▶ 예문 (1) 영희의 부모님은 키가 무척 크십니다. 그런데 영희는 아주 작습니다.
→ 영희의 부모님은 키가 무척 크신데 영희는 아주 작습니다.

(2) 저는 운동을 좋아하고 공부를 좋아하지 않습니다. 그런데 제 동생은 운동을 싫어하고 공부를 좋아합니다.
→ 저는 운동을 좋아하고 공부를 좋아하지 않는데 제 동생은 운동을 싫어하고 공부를 좋아합니다.

의미 2. 대화 도중에 화제를 바꿀 때 사용한다.
This conjunction is also used to change the subject of the conversation.

▶ 예문 (1) 가: 이 식당 음식이 어때요? 맛있죠?
How is the food in this restaurant? It's good, isn't it?

나: 네, 맛있어요. 그런데 오늘 바쁘지 않아요?
Yes, it is good. But aren't you busy today?

(2) 가: 지금 퇴근하세요? 그런데 어제 파티에는 왜 안 왔어요?
Are you leaving work now? But why did you not come to the party yesterday?

나: 갑자기 급한 일이 생겨서 못 갔어요.
I couldn't go because something urgent happened.

(3) 오늘 날씨가 무척 덥네요. 그런데 왜 에어컨을 안 켜고 근무하세요?
It sure is very hot today. But why are you working without turning on the air conditioner?

(4) 약속 시간에 늦었어요. 그런데 택시가 잡히지 않아 더 늦을 것 같아요.
I'm late for the appointed time. And I think I will be more late because it's hard to get a taxi.

연습문제

01 연습문제

※ [1~39] 〈보기〉에서 알맞은 것을 골라 (   ) 안에 쓰십시오.

보기   -입니다   -입니까?   -예요/이에요   -가/이 되다   -가/이 아니다

1. 가: 치즈를 어떻게 만들어요?
   나: 이렇게 우유를 계속 저으면 치즈(   ). 그러니까 계속 저으세요.

2. 가: 어느 나라 사람이에요?
   나: 저는 중국 사람(   ).

3. 가: 미나 씨의 오빠는 학생이에요?
   나: 아니요, 제 오빠는 학생(   ). 회사원이에요.

4-5. 가: 실례합니다. 여기가 우체국(   )?
    나: 네, 우체국(   ).

보기   -도   -의   -가/이   -과/와   -를/을   -는/은

6. 가: 어제 축구 시합에서 어디가 우승을 했어요?
   나: 우리나라(   ) 우승을 했어요.

7. 가: 이름이 뭐예요?
   나: 제 이름(   ) 김지수입니다.

8. 가: 좋아하는 과일이 뭐예요?
   나: 저는 사과를 좋아합니다. 딸기(   ) 좋아합니다.

9. 가: 영수 씨는 책(   ) 많이 읽어요?
   나: 아니요, 많이 읽지 않아요.

10. 가: 이 책은 누구(   ) 책입니까?
    나: 제 책입니다.

11. 가: 좋아하는 과일이 뭐예요?
    나: 저는 사과(   ) 딸기를 좋아해요.

보기   -만   -보다   -마다   -부터   -나/이나   -까지

12. 가: 아침에 뭘 먹어요?
    나: 저는 빵(   ) 시리얼을 먹어요.

13. 가: 신청 서류를 언제(　　) 제출해야 해요?
    나: 다음 주 수요일입니다.

14. 가: 언제(　　) 일을 시작할 수 있습니까?
    나: 언제든지 가능합니다.

15. 가: 한라산과 설악산 중에서 어느 산이 더 높아요?
    나: 한라산이 설악산(　　) 더 높아요.

16. 가: 희수 씨는 아침(　　) 운동해요?
    나: 네, 저는 매일 아침에 운동해요.

17. 가: 정수야, 어서 일어나. 이제 일어나야 할 시간이야. 학교 가야지.
    나: 10분(　　) 더 잘게요. 엄마.

보기　-하고　　-에서　　-로/으로　　-에〈시간〉　　-에〈기준〉　　-에〈장소/위치〉

18. 가: 이 옷은 무엇(　　) 만들었어요?
    나: 재료는 종이입니다.

19. 가: 멜론이 얼마예요?
    나: 한 개(　　) 5,000원입니다.

20. 가: 내일 몇 시(　　) 만날까요?
    나: 2시쯤 만납시다.

21. 가: 지갑이 어디(　　) 있지?
    나: 아까 저쪽에서 봤어. 저쪽을 찾아봐.

22. 가: 백화점(　　) 뭘 사려고 해?
    나: 컴퓨터를 새로 사려고 해.

23. 가: 시험장에 휴대전화를 가지고 들어가도 돼요?
    나: 아니요, 펜(　　) 지우개만 가지고 들어갈 수 있어요.

보기　-랑/이랑　　-에게　　-에게서　　-부터 -까지　　-에서 -까지

24. 가: 이번 토요일이 동생 생일이지?
    나: 응, 그래서 동생(　　) 줄 선물을 사러 백화점에 가려고 해.

25. 가: 수영 씨에게 소중한 선물이 뭐예요?
    나: 친구(　　) 받은 반지예요. 친구가 직접 만들어 줬어요.

26. 가: 슈퍼에서 뭘 사 가지고 갈까?
    나: 우유(　　) 빵(　　) 바나나를 사 와.

27. 가: (서울/부산 →   ) 얼마나 걸려요?
    나: KTX로 2시간 30분쯤 걸려요.

28. 가: 근무시간이 어떻게 됩니까?
    나: (9시/6시 →   )입니다.

| 보기 | -밖에   -처럼   -후(에)   -한테   -한테서 |

29. 가: 이 약을 언제 먹어야 해요?
    나: 하루 세 번 식사 (   ) 드시면 됩니다.

30. 가: 영희야, 오만 원 있으면 빌려줘.
    나: 미안한데, 지금 삼만 원(   ) 없는데….

31. 가: 가족과 연락은 자주 해요?
    나: 네, 일주일에 한 번씩 동생(   ) 연락이 와요.

32. 가: 그건 무슨 책이에요?
    나: 어린이날 선물로 아이(   ) 주려고 샀어요.

33. 가: 중국에서는 설날에 무엇을 해요?
    나: 한국(   ) 중국에서도 어른들께 세배를 드려요.

| 보기 | -(이)시-   -시/으시-   존대표현〈드시다, 잡수시다, 주무시다, 편찮으시다, 시장하시다 …〉 |

34. 아이가 책을 읽습니다.
    → 아버지께서 책을 (   ).

35. 동생은 방에서 잡니다.
    → 할아버지께서는 방에서 (   ).

36. 누나는 중학교 수학 선생님입니다.
    → 어머니는 중학교 수학 선생님(   ).

37. 형은 클래식 음악을 자주 들어요.
    → 김 선생님께서는 클래식 음악을 자주 (   ).

38. 가: 누가 커피를 마십니까?
    나: 할머니께서 커피를 (   ).

39. 가: 어제 병원에 왜 갔어요?
    나: 아버지께서 (   ) 같이 병원에 다녀왔어요.

※ [40~120] (　) 안의 단어와 〈보기〉의 문형을 사용하여 알맞게 쓰십시오.

보기　　-고 있다　　-고 싶다　　-기로 하다　　-ㄹ/을 수 있다/없다　　-겠다

40. 가: 마이클 씨, 왜 어제 숙제를 안 했어요?
    나: 죄송합니다, 선생님. 오늘은 꼭 (하다 → 　　　　　　).

41. 가: 영수 씨가 운전을 좀 해 주세요.
    나: 미안해요. 저는 지금 술을 마셔서 (운전하다 → 　　　　　　).

42. 가: 이번 주말에 같이 쇼핑을 할까요?
    나: 미안해요. 저는 친구와 등산을 (하다 → 　　　　　　).

43. 가: 여보세요? 민수 씨, 왜 아까 전화를 안 받았어요?
    나: 미안해요. 아까 (목욕하다 → 　　　　　　).

44. 가: 점심에 뭐 먹을까요?
    나: 날씨가 더우니까 냉면을 (먹다 → 　　　　　　). 우리 냉면 먹어요.

보기　　-ㄹ/을 것 같다　　-는 것 같다　　-ㄹ/을 것이다　　-네(요)　　-ㄹ게(요)/을게(요)

45. 가: 이 옷 어때요? 어제 백화점에서 샀어요.
    나: 와! 정말 (예쁘다 → 　　　　　　). 얼마예요?

46. 가: 미영 씨는 초콜릿을 정말 (좋아하다 → 　　　　　　). 자주 먹네요.
    나: 네, 전 초콜릿이 너무 좋아요.

47. 가: 이번 주 토요일이 민수 씨 생일이에요. 금요일에 생일파티를 하는 게 어때요?
    나: 좋아요. 제가 케이크를 (만들다 → 　　　　　　).

48. 가: 어! 하늘이 갑자기 어두워지네요.
    나: 그러게요. 비가 (오다 → 　　　　　　). 빨리 갑시다.

49. 가: 김진수 기자! 영화 소식을 알려 주시겠습니까?
    나: 네, 이번 주에 부산 영화제가 열리는데요. 유명한 배우들도 (참석하다 → 　　　　　　).
    　　그래서 영화 팬들의 기대가 큽니다.

보기　　-는 게 좋겠다　　-려고(요)/으려고(요)　　-면/으면 안 되다
　　　　　-ㄹ/을 줄 알다/모르다　　-ㄴ/은 적이 있다/없다

50. 가: 지난 주말에 제주도에 갔어요.
    나: 저도 제주도에 (가다 → 　　　　　　). 정말 아름다웠어요.

51. 가: 줄리아 씨는 한국 요리를 할 수 있어요?
    나: 네, 작년에 한국 요리를 배웠어요. 그래서 한국 요리를 (하다 → 　　　　　　).

52. 가: 콜록콜록, 콜록콜록.
    나: 아침보다 기침을 더 많이 하네요. 오늘은 일찍 집에 가서 (쉬다 →   ).

53. 가: 어제 왜 서울에 다녀왔어요?
    나: 서울에 사는 친구를 (만나다 →   ).

54. 가: 들어가도 돼요?
    나: 아니요. 아직 청소를 하고 있어서 (들어오다 →   ).

보기 -아/어/여 보다   -ㄹ래(요)/을래(요)   -ㅂ시다/읍시다   -ㅂ니다/습니다
      -십시오/으십시오

55. 가: 어디에서 오셨습니까?
    나: 저는 캐나다에서 (오다 →   ).

56. 가: 어디에서 만날까요?
    나: 날씨가 좋으니까 우리 공원에서 (만나다 →   ).

57. 가: 이 옷이 저한테 어울릴까요?
    나: 어울릴 거예요. 한번 (입다 →   ).

58. 가: 어서 (오다 →   ), 손님. 무엇을 도와 드릴까요?
    나: 휴대전화가 고장 나서 고치려고요.

59. 가: 우리 뭐 마실까요?
    나: 전 너무 더우니까 아이스커피 (마시다 →   ).

보기 -아/어/여 주다   -아도/어도/여도 되다   -아야/어야/여야 되다
      -아/어/여 주다/드리다   -았으면/었으면/였으면 좋겠다

60. 가: 엄마! 이 문제 너무 어려워요. 좀 (가르치다 →   ).
    나: 어떤 문제가 어렵니?

61. 가: 이렇게 많은 음식을 혼자 다 만들었어요?
    나: 아니요. 친구가 와서 (돕다 →   ).

62. 가: 서류 제출은 언제까지입니까?
    나: 25일까지 (내다 →   ).

63. 가: 비가 오는데 우산이 없어요.
    나: 그래요? 여기 우산 하나가 남으니까 (쓰다 →   ).

64. 가: 루시아 씨의 소원은 뭐예요?
    나: 저는 가족 모두 (건강하다 →   ).

보기	-세요/으세요	-아요/어요/여요 〈청유문〉	-아요/어요/여요 〈평서문〉
	-아야/어야/여야 하다	-러/으러 (가다/오다/다니다)	

65. 가: 비행기 출발 시간이 몇 시입니까?
    나: 4시 비행기니까 2시 전에 공항에 (도착하다 →   ).

66. 가: 무슨 음식을 먹을까요?
    나: 더우니까 우리 냉면을 (먹다 →   ).

67. 가: 어떤 음악을 좋아해요?
    나: 저는 클래식을 좋아해서 자주 (듣다 →   ).

68. 가: 영희 씨, 어디에 가요?
    나: 서점에 책 (사다 →   ).

69. 가: 여기에서 잠깐만 (기다리다 →   ).
    나: 네, 알겠습니다.

보기	-지 않다	-지 말다	-지요	-지 못하다	-려고/으려고 하다

70. 가: 여름휴가 때 뭐 할 거예요?
    나: 전 영어 공부를 위해서 미국으로 어학연수를 (가다 →   ).

71. 가: 이 얘기는 비밀이에요. 다른 사람에게 (말하다 →   ).
    나: 네, 알겠어요.

72. 가: 이 땅콩 샌드위치가 맛있는데 먹어 봐요.
    나: 먹고 싶지만 알레르기가 있어서 (먹다 →   ).

73. 가: 오늘 같이 삼겹살 먹을까요?
    나: 미안해요. 저는 채식주의자라서 고기를 (먹다 →   ).

74. 가: 이번 주말에 바빠요?
    나: (바쁘다 →   ). 다음 주에 시험이잖아요.

보기	안 -	못 -	-았/었/였-	-ㄴ/은/는 것 같다	-면/으면 좋겠다
	-는데(요)/ㄴ데(요)/은데(요)		-아지다/어지다/여지다		

75. 가: 영수 씨, 빨리 갑시다.
    나: 다리가 아파서 빨리 (가다 →   ). 천천히 가요.

76. 가: 아직도 머리가 아파요?
    나: 아니요, 지금은 (아프다 →   ). 걱정해 줘서 고마워요.

240 | 이해하기 쉬운 한국어 초급 문형

77. 가: 저는 저 옷이 마음에 들어요.
    나: 그래요? 전 이 옷이 더 (예쁘다 →   ).

78. 가: 다음 주말에 친구랑 제주도에 갈 거예요.
    나: 그래요? 전 작년 여름에 제주도에 (가다 →   ). 정말 좋았어요.

79. 가: 여보세요? 김철수 씨 좀 부탁합니다.
    나: 지금 (주무시다 →   ).

80. 가: 영수 씨는 방학에 뭐 하고 싶어요?
    나: 그냥 집에서 (푹 쉬다 →   ).

81. 가: 요즘 다이어트를 해요? (날씬하다 →   ).
    나: 다이어트를 한 게 아니고 스트레스를 받아서 살이 좀 빠졌어요.

보기 -예요?/이에요? -지요?/(이)지요? -ㄹ까요?/을까요? -인 것 같다
     -ㅂ니까?/습니까? -아요?/어요?/여요? -아/어/여 주다/드리다

82. 가: 이번 주말에 같이 영화를 (보다 →   )?
    나: 네, 좋아요. 영화 봅시다.

83. 가: 어떤 영화를 (좋아하다 →   )?
    나: 저는 코미디 영화를 좋아합니다.

84. 가: 민철 씨, 수업 끝나고 같이 시내에 갈래요?
    나: 좋아요. 그런데 수업이 언제 (끝나다 →   )?

85. 가: 저 남자 정말 (멋있다 →   )?
    나: 네, 정말 멋있네요. 누구예요?

86. 가: 손님, 남은 음식을 (포장하다 →   )?
    나: 아니요. 괜찮아요.

87. 가: 저 여자는 누구예요?
    나: 철수 씨와 같이 있는 걸 보니까 철수 씨 (여자 친구 →   ).

88. 가: 이거 받으세요. 미영 씨 주려고 백화점에서 샀어요.
    나: 정말이요? 진짜 제 (선물 →   )?

보기 -고 -거나 -ㄴ/은 지 -기 전(에) -기 때문에 -ㄴ/은 후(에)/뒤(에)

89. 가: 영희 씨는 금요일 저녁에 보통 뭐 해요?
    나: 저는 보통 친구를 만나서 (수다를 떨다 →   ) 혼자서 영화를 봐요.

90. 가: 영희 씨는 어떤 동생이에요?
    나: 아주 (착하다 →   ) 예쁜 동생이에요.

91. 가: 잘 먹겠습니다.
    나: 손 씻었어? (밥 먹다 →   ) 손을 씻어야지.

92. 가: 이곳에 얼마나 살았어요?
    나: 이곳으로 (이사 오다 →   ) 1년 조금 넘었어요.

93. 가: 시험이 (끝나다 →   ) 뭐 할 거예요?
    나: 친구들하고 시내에 가려고 해요.

94. 가: 내일 몇 시쯤 출발할까요?
    나: 주말에는 (차가 밀리다 →   ) 7시쯤 출발하는 게 좋겠어요.

보기 -ㄹ/을 때   -는 동안(에)   -는데/ㄴ데/은데   -니까/으니까
        -ㄹ까/을까 봐(서)   -아서/어서/여서

95. 가: 외국어를 공부할 때는 (틀리다 →   ) 말 안 하면 안 돼요.
    나: 네, 맞아요. 틀려도 괜찮으니까 자꾸 말하는 연습을 해야 해요.

96. 가: 밖에 비가 많이 와요. 우산 없는데….
    나: 그래요? 제가 우산을 (가지고 오다 →   ) 걱정 마세요.

97. 가: 비행기 (타고 오다 →   ) 지루했지?
    나: 아니요, 영화도 보고 음악도 들을 수 있어서 재미있었어요.

98. 가: 아주머니, 이거 (예쁘다 →   ) 얼마예요?
    나: 오천 원입니다.

99. 가: 수영 씨는 (아프다 →   ) 누가 가장 먼저 생각이 나요?
    나: 당연히 엄마죠.

100. 가: 오늘 백화점에 왜 가요?
     나: 친구 생일이라서 백화점에 (가다 →   ) 선물을 사려고 해요.

보기 -면/으면   -아서/어서/여서   -면서/으면서   -지만
        -러고/으러고   -는/ㄴ/은

101. 가: 희수 씨는 대학교를 가는 것도 아닌데 뭐 (하다 →   ) 한국어를 공부해요?
     나: 제가 한국 드라마를 좋아해요. 한국어로 드라마를 보고 싶어서 공부하고 있어요.

102. 가: 내일 비가 (오다 →   ) 어떻게 해요?
     나: 아이들이 감기에 걸리기 쉬우니까 소풍 계획을 취소해야죠.

103. 가: 한국에서는 (식사하다 →   ) 말하면 안 되죠?
   나: 예전에는 그랬어요. 하지만 요즘에는 괜찮아요.

104. 가: 하늘 좀 보세요. 오늘 날씨가 참 좋아요.
   나: 네, 오늘 날씨가 (맑다 →   ) 등산하기 좋겠어요.

105. 가: 지금 저기에서 (식사하다 →   ) 사람이 누구예요?
   나: 우리 회사 부장님이세요.

106. 가: 한국어 공부가 힘들지 않아요?
   나: 처음이라서 (힘들다 →   ) 재미있어요.

보기 -인 - 전(에) - 중(에) - 때 - 중(에서) -를/을 위해(서) - 동안(에)

107. 가: 내일이 크리스마스인데 뭐 할 거예요?
   나: 저희 가족은 (크리스마스 →   ) 항상 집에서 파티를 해요.

108. 가: 저 그림은 어디에서 샀어요?
   나: 아, 저 그림이요? 저건 산 게 아니고 직업이 (화가 →   ) 친구가 그려 줬어요.

109. 가: 수진 씨는 언제 결혼했어요?
   나: 저는 (삼 년 →   ) 결혼했어요.

110. 가: 캐나다에서는 몇 년이나 살았어요?
   나: 대학교 졸업하고 갔으니까 (칠 년 →   ) 살았네요.

111. 가: 마이클 씨, (수업 →   ) 졸지 마세요.
   나: 죄송합니다, 선생님.

112. 가: (과일 →   ) 가장 좋아하는 과일이 뭐예요?
   나: 저는 사과를 가장 좋아해요.

113. 가: 민수 씨는 올해 계획이 뭐예요?
   나: 저는 올해 (건강 →   ) 담배를 꼭 끊으려고 해요.

보기 -게 -기 -ㅁ/음 -는 (도)중(에) -고 (나서) -ㄴ/은/는
   -면서(도)/으면서(도)

114. 가: 오늘 왜 이렇게 늦었어요?
   나: 죄송합니다. 버스를 타고 (오다 →   ) 잠이 들어서 종점까지 갔어요.

115. 가: 취미가 뭐예요?
   나: 제 취미는 (음악 듣다 →   )입니다.

116. 가: 머리를 어떻게 해 드릴까요?
　　　나: 날씨가 더우니까 (짧다 → 　　　　　　　) 잘라 주세요.

117. 가: 대학교를 졸업하고 뭐 할 거예요?
　　　나: 대학교를 (졸업하다 → 　　　　　　　) 취직을 하려고 해요.

118. 가: '오늘 약속 시간, 1시간 연기 (바라다 → 　　　　　　　).' 이 메모 누가 남겼어요?
　　　나: 아까 제가 과장님한테 온 전화를 받아서 메모한 거예요.

119. 가: 매일 김밥을 드시네요. 김밥을 좋아해요?
　　　나: 네, 김밥은 (싸다 → 　　　　　　　) 맛있으니까요.

120. 가: 나라마다 문화가 같아요?
　　　나: 아니요. 나라마다 (다르다 → 　　　　　　　) 문화를 가지고 있어요.

02 연습문제

※ (   )에 가장 알맞은 것을 고르십시오.

1. 제 동생은 농구 선수(   ) 농구를 잘해요.
   ① 처럼 ② 에게
   ③ 마다 ④ 밖에
   〈33회 15번〉

2. 지갑에 돈이 천 원(   ) 없어요.
   ① 까지 ② 마다
   ③ 밖에 ④ 부터
   〈32회 15번〉

3. 책상 위에 공책(   ) 연필이 있어요.
   ① 만 ② 도
   ③ 하고 ④ 에서
   〈31회 14번〉

4. 동생이 책(   ) 읽어요.
   ① 과 ② 을
   ③ 에 ④ 의
   〈31회 13번〉

5. 열두 시(   ) 한 시까지 점심시간입니다.
   ① 밖에 ② 보다
   ③ 부터 ④ 처럼
   〈30회 15번〉

6. 동생(   ) 전자사전을 선물할 거예요.
   ① 으로 ② 보다
   ③ 에서 ④ 한테
   〈29회 15번〉

7. 저는 겨울(   ) 여름을 더 좋아해요.
   ① 보다 ② 에게
   ③ 밖에 ④ 한테서
   〈27회 15번〉

8. 사과가 비싸요. 그래서 하나(   ) 샀어요.
   ① 에 ② 로
   ③ 도 ④ 만
   〈27회 14번〉

9. 집에서 학교(   ) 걸어서 다녀요.
   ① 까지　　　　　　　② 에게
   ③ 밖에　　　　　　　④ 처럼　　　　　　　　〈26회 15번〉

10. 저는 작년(   ) 한국어 공부를 시작했어요.
    ① 마다　　　　　　　② 보다
    ③ 이나　　　　　　　④ 부터　　　　　　　　〈25회 15번〉

11. 어머니 생신 선물로 지갑(   ) 시계를 살까 해요.
    ① 마다　　　　　　　② 이나
    ③ 처럼　　　　　　　④ 까지　　　　　　　　〈24회 15번〉

12. 저는 주말(   ) 운동합니다.
    ① 이　　　　　　　　② 에
    ③ 하고　　　　　　　④ 에서　　　　　　　　〈24회 14번〉

13. 비가 와요. 그리고 바람(   ) 불어요.
    ① 도　　　　　　　　② 의
    ③ 에서　　　　　　　④ 한테　　　　　　　　〈23회 14번〉

14. 운동장에 사람(   ) 많아요.
    ① 과　　　　　　　　② 에
    ③ 을　　　　　　　　④ 이　　　　　　　　　〈23회 13번〉

15. 도서관(   ) 책을 읽어요.
    ① 이　　　　　　　　② 에
    ③ 에서　　　　　　　④ 하고　　　　　　　　〈22회 13번〉

16. 아버지(   ) 아침을 드십니다.
    ① 에게　　　　　　　② 한테
    ③ 께서　　　　　　　④ 에서　　　　　　　　〈21회 15번〉

17. 가게에서 우유(   ) 빵을 삽니다.
    ① 는　　　　　　　　② 의
    ③ 와　　　　　　　　④ 도　　　　　　　　　〈20회 14번〉

18. 할머니 댁에 열 시(   ) 있었어요.
    ① 까지　　　　　　　② 한테
    ③ 보다　　　　　　　④ 마다　　　　　　　　〈19회 15번〉

19. 우체국이 3층에 있어요. 3층( ) 가세요.
    ① 에서
    ② 에게
    ③ 으로
    ④ 하고
    〈18회 14번〉

20. 민수 씨( ) 한국 사람입니다.
    ① 는
    ② 를
    ③ 의
    ④ 에
    〈18회 13번〉

21. 호텔에서 공항까지 버스( ) 두 시간쯤 걸려요.
    ① 로
    ② 나
    ③ 의
    ④ 보다
    〈16회 15번〉

22. 저는 한국( ) 왔습니다.
    ① 과
    ② 이
    ③ 한테
    ④ 에서
    〈15회 14번〉

23. 어제 친구( ) 편지를 썼어요.
    ① 를
    ② 에
    ③ 에게
    ④ 에서
    〈13회 14번〉

24. 의자는 나무( ) 만들었어요.
    ① 로
    ② 의
    ③ 를
    ④ 도
    〈9회 2급 15번〉

25. 집( ) 회사까지 시간이 많이 걸려요.
    ① 에
    ② 을
    ③ 으로
    ④ 에서
    〈8회 1급 14번〉

26. 선생님, 잠깐만요. 선생님( ) 말씀 드릴 게 있어요.
    ① 에
    ② 께
    ③ 에서
    ④ 께서
    〈7회 2급 12번〉

27. 저는 토요일( ) 수영을 합니다.
    ① 씩
    ② 마다
    ③ 번째
    ④ 에서
    〈6회 2급 14번〉

28. 가: 방( ) 사람이 많아요?
    나: 네, 많아요.
    ① 에
    ② 에서
    ③ 을
    ④ 한테
    〈3회 1급 16번〉

연습문제/답안

02 연습문제 | 247

29. 가: 요즘 많이 덥네요.
    나: 네. 시원하게 비가 (   ).
    ① 내리게 돼요
    ② 내릴 수 없어요
    ③ 내리면 좋겠어요
    ④ 내리는 것 같아요
    〈34회 19번〉

30. 가: 영수 씨는 왔어요?
    나: 아직 안 (   ).
    ① 올 거예요
    ② 와 봤어요
    ③ 오면 안 돼요
    ④ 온 것 같아요
    〈32회 19번〉

31. 가: 내일 백화점에 갈까요?
    나: 아니요. 저는 집에서 (   ).
    ① 쉬네요
    ② 쉬세요
    ③ 쉴까요
    ④ 쉴래요
    〈32회 18번〉

32. 가: 한국 가수를 (   )?
    나: 네, 저는 한국 가수를 좋아합니다.
    ① 좋아합니까
    ② 좋아합니다
    ③ 좋아합시다
    ④ 좋아하십시오
    〈32회 16번〉

33. 가: 내일이 수미 씨의 생일이지요? 제가 케이크를 준비할까요?
    나: 케이크는 제가 살 거니까 음료수를 (   ).
    ① 가져오겠어요
    ② 가져오지 못해요
    ③ 가져온 것 같아요
    ④ 가져왔으면 좋겠어요
    〈31회 19번〉

34. 가: 내일 저녁에 뭐 할 거예요?
    나: 민수 씨하고 회의 준비를 (   ).
    ① 하지 않아요
    ② 하기로 했어요
    ③ 한 적 없어요
    ④ 한 것 같았어요
    〈30회 19번〉

35. 가: 은행에 사람이 많습니까?
    나: 네, (   ).
    ① 많습니다
    ② 많습니까
    ③ 많겠습니다
    ④ 많으십시오
    〈28회 16번〉

36. 가: 여기에서 사진을 찍어도 돼요?
    나: 죄송하지만 박물관에서는 (   ).
    ① 찍어도 돼요
    ② 찍어야 해요
    ③ 찍을 수 없어요
    ④ 찍을 줄 몰라요
    〈27회 19번〉

37. 가: 이 책 읽었어요?
    나: 네. 저도 (   ). 정말 슬펐어요.
    ① 읽고 싶어요
    ② 읽어 봤어요
    ③ 읽을 거예요
    ④ 읽으러 가요
    〈27회 18번〉

38. 가: 여기에 앉으시겠어요?
    나: 아니요. 저쪽에 (   ).
    ① 앉네요
    ② 앉을게요
    ③ 앉았어요
    ④ 앉으세요
    〈26회 18번〉

39. 가: 이 사진을 이메일로 받을 수 있을까요?
    나: 네. 여기에 이메일 주소를 (   ).
    ① 써 봤어요
    ② 써 주세요
    ③ 쓰러 왔어요
    ④ 쓰려고 해요
    〈24회 19번〉

40. 가: 다리가 아파서 좀 쉬고 싶어요.
    나: 그러면 저기에 잠깐 (   ).
    ① 앉읍시다
    ② 앉을래요
    ③ 앉지 않아요
    ④ 앉지 못합니다
    〈24회 18번〉

41. 가: 한국 영화를 (   )?
    나: 네. 그래서 자주 봐요.
    ① 좋아해요
    ② 좋아했어요
    ③ 좋아할래요
    ④ 좋아할 거예요
    〈24회 17번〉

42. 가: 지금 숙제를 내야 해요?
    나: 아니요. 다음 시간에 (   ).
    ① 내도 돼요
    ② 내 봤어요
    ③ 내지 말아요
    ④ 낼 수 없어요
    〈23회 19번〉

43. 가: 내일 등산을 갑시다.
    나: 미안해요. 저는 집에서 좀 (   ).
    ① 쉬십시오
    ② 쉬었어요
    ③ 쉬고 싶어요
    ④ 쉬지 않아요
    〈23회 18번〉

44. 가: 민수 씨는 아직 안 왔어요?
    나: 잠깐 밖에 (   ).
    ① 나가 봤어요
    ② 나가야 돼요
    ③ 나간 것 같아요
    ④ 나가려고 해요
    〈22회 19번〉

45. 가: 이 음식 맛이 좀 이상한데요?
    나: 음식이 오래된 것 같아요. (   ).
    ① 먹을 거예요   ② 먹어야 해요
    ③ 먹고 있어요   ④ 먹지 마세요   〈21회 18번〉

46. 가: 이 컵 지혜 씨가 만들었어요? 정말 예쁘네요.
    나: 고마워요. 유미 씨도 한번 (   ).
    ① 배울게요   ② 배워 보세요
    ③ 배워야 해요   ④ 배우려고 해요   〈21회 17번〉

47. 가: 집에서 학교까지 두 시간 걸려요.
    나: 그래요? 정말 (   ).
    ① 힘든데요   ② 힘들겠어요
    ③ 힘들까 해요   ④ 힘들어도 돼요   〈20회 19번〉

48. 가: 이번 방학에 뭐 해요?
    나: 저는 고향에 (   ).
    ① 가세요   ② 갔어요
    ③ 갔겠어요   ④ 갈 거예요   〈19회 16번〉

49. 가: 아직 출발 안 했어요?
    나: 네. 바빠서 못 했어요. 3시쯤 (   ).
    ① 출발해 주세요   ② 출발하지 않아요
    ③ 출발하려고 해요   ④ 출발하지 말아요   〈18회 18번〉

50. 가: 내일 같이 운동하러 가요.
    나: 미안해요. 내일 친구가 오기 때문에 공항에 (   ).
    ① 가야 돼요   ② 가게 돼요
    ③ 가 있어요   ④ 갈 수 없어요   〈17회 19번〉

51. 가: 지금 날씨가 좋아요?
    나: 네, 날씨가 (   ).
    ① 좋아요   ② 좋았어요
    ③ 좋으세요   ④ 좋겠어요   〈17회 16번〉

52. 가: 오늘 백화점이 복잡할까요?
    나: 네. 휴일이니까 아마 사람이 (   ).
    ① 많았겠어요   ② 많으면 돼요
    ③ 많을 거예요   ④ 많지 않았어요   〈16회 19번〉

53. 가: 오늘 친구를 만날 거예요?
    나: 아니요. 시간이 없어서 (   ).
    ① 못 만나요
    ② 안 만났어요
    ③ 만날 거예요
    ④ 만나지 마세요
    ⟨16회 17번⟩

54. 가: 봄인데 계속 춥네요.
    나: 네, 내일은 더 (   ).
    ① 추우면 돼요
    ② 추우려고 해요
    ③ 추울 것 같아요
    ④ 춥지 않았어요
    ⟨15회 19번⟩

55. 가: 운전을 할 수 있어요?
    나: 아니요, 지금 (   )
    ① 배웠어요
    ② 배우십시오
    ③ 배워 보세요
    ④ 배우고 있어요
    ⟨14회 17번⟩

56. 가: 어서 오세요. 손님, 뭘 드릴까요?
    나: 커피 한 잔 (   ).
    ① 주세요
    ② 줍시다
    ③ 줬어요
    ④ 주겠어요
    ⟨13회 17번⟩

57. 가: 지금 나가도 돼요?
    나: 아니요, 지금 (   ).
    ① 나가도 돼요
    ② 나가지 않아요
    ③ 나갈 수 있어요
    ④ 나가면 안 돼요
    ⟨9회 2급 17번⟩

58. 가: 저녁 먹을까요?
    나: 미안해요. 저는 조금 전에 (   ).
    ① 먹어요
    ② 먹을래요
    ③ 먹었어요
    ④ 먹을 거예요
    ⟨9회 1급 17번⟩

59. 가: 피아노를 (   )?
    나: 네, 어릴 때부터 배워서 잘 쳐요.
    ① 치고 싶어요
    ② 치지 마세요
    ③ 칠 수 없어요
    ④ 칠 줄 알아요
    ⟨8회 2급 21번⟩

60. 가: 실례합니다. 아이는 표를 안 사도 됩니까?
    나: 아니요, 아이의 표도 꼭 (   ).
    ① 사도 됩니다
    ② 사면 됩니다
    ③ 사야 합니다
    ④ 사려고 합니다
    ⟨6회 2급 22번⟩

61. 가: 내일 우리 같이 영화를 (   )
    나: 네, 좋아요. 같이 영화를 봐요.
    ① 보세요　　　　　② 봅니다
    ③ 볼까요?　　　　④ 봤어요? 〈6회 1급 16번〉

62. 가: 왜 오늘은 (   )?
    나: 피곤해서 산책하지 않았어요.
    ① 안 산책했어요　　② 산책 안 했어요
    ③ 산책할 거예요　　④ 산책하겠어요 〈3회 1급 20번〉

63. 가: 오늘은 어제보다 날씨가 안 덥네요.
    나: 네, 어제는 무척 더웠는데 오늘은 많이 (   ).
    ① 시원한지 몰랐어요　② 시원해졌어요
    ③ 시원해야 했어요　　④ 시원해 보였어요 〈3회 2급 17번〉

64. 가: 할머니께서는 지금 댁에 계세요?
    나: 지금 집에 안 계세요. 조금 전에 친구분 댁에 (   ).
    ① 가요　　　　　　② 갔어요
    ③ 가실 거예요　　④ 가셨어요 〈3회 2급 16번〉

65. 가: 이 소설책 재미있어요. 제가 빌려 드릴 테니까 읽어 보세요.
    나: 아, 이 책이요? 저도 전에 (   ). 아주 재미있었어요.
    ① 읽어 보세요　　　② 읽으면 안 돼요
    ③ 읽어 본 적이 있어요　④ 못 읽어 봤는데요 〈2회 2급 11번〉

66. 가: 회사 생활이 어때요?
    나: 일은 (   ) 재미있어요.
    ① 힘들고　　　　② 힘드니까
    ③ 힘들어서　　　④ 힘들지만 〈23회 20번〉

67. 가: 날씨가 흐려서 바다가 잘 안 보여요.
    나: 날씨가 (   ) 한 번 더 와요.
    ① 좋아서　　　　② 좋은데
    ③ 좋을 때　　　　④ 좋기 때문에 〈22회 22번〉

68. 가: 지금 가도 될까요? 약속이 있어서요.
    나: 네. 약속이 (   ) 먼저 가세요.
    ① 있으면　　　　② 있어도
    ③ 있거나　　　　④ 있어서 〈22회 21번〉

69. 가: 민수 씨는 잠이 안 올 때는 어떻게 해요?
    나: 따뜻한 물로 (   ) 우유를 마셔요.
    ① 목욕하면   ② 목욕하거나
    ③ 목욕하는데   ④ 목욕하려고   〈32회 22번〉

70. 가: 이 모자는 어때요?
    나: 글쎄요. 색은 (   ) 디자인이 마음에 안 들어요.
    ① 예쁜데   ② 예뻐서
    ③ 예쁘게   ④ 예쁘거나   〈31회 22번〉

71. 가: 갈비탕이 맛있겠네요.
    나: 네. 그런데 좀 (   ) 조심하세요.
    ① 뜨겁지   ② 뜨겁거나
    ③ 뜨거우면서   ④ 뜨거우니까   〈28회 22번〉

72. 가: 지금 어디에 가요?
    나: 영화를 (   ) 극장에 가요.
    ① 보러   ② 봐서
    ③ 보면   ④ 보지만   〈28회 20번〉

73. 가: 그게 뭐예요?
    나: 이거요? 어머니께 (   ) 선물을 샀어요.
    ① 드리거나   ② 드리려고
    ③ 드리면서   ④ 드리는데   〈26회 22번〉

74. 가: 왜 모임에 안 왔어요?
    나: 감기에 (   ) 집에서 쉬었어요.
    ① 걸려서   ② 걸리면
    ③ 걸리려고   ④ 걸리지만   〈25회 21번〉

75. 가: 수미 씨가 이 불고기를 만들었어요?
    나: 네. 제가 요리 책을 (   ) 만들었어요.
    ① 보러   ② 봐도
    ③ 보면서   ④ 보거나   〈24회 22번〉

76. 가: 요즘 포도가 싸요?
    나: 네. (   ) 맛있어요.
    ① 싸고   ② 싸게
    ③ 싸서   ④ 싸면   〈24회 20번〉

77. 가: 지혜 씨 결혼식은 언제예요?
    나: 글쎄요. (　　) 생각이 잘 안 나네요.
    ① 들었는데　　② 들었으면
    ③ 들으려고　　④ 들으면서 〈23회 22번〉

78. 가: 수미 씨 생일 선물로 뭘 줄 거예요?
    나: 저는 케이크를 (　　) 줄 거예요.
    ① 만들지만　　② 만들려고
    ③ 만들어서　　④ 만드니까 〈12회 22번〉

79. 가: 한국에 (　　) 뭐 했어요?
    나: 회사에 다녔어요.
    ① 오면서　　② 오지만
    ③ 오기 전에　　④ 오기 때문에 〈8회 2급 16번〉

80. 가: 이제 저는 가 보겠습니다.
    나: 지금은 비가 (　　) 조금 후에 가세요.
    ① 오고　　② 와서
    ③ 와야　　④ 오니까 〈6회 2급 16번〉

81. 가: 빵이 맛있었어요?
    나: 네, 아주 (　　) 먹었어요.
    ① 맛있게　　② 맛있는
    ③ 맛있고　　④ 맛있지만 〈6회 1급 23번〉

82. 조금 전에 저쪽에 앉아서 책을 (　　) 사람이 누구입니까?
    ① 읽고　　② 읽는
    ③ 읽은　　④ 읽을 〈5회 2급 18번〉

83. 저는 지난 3월에 한국에 왔습니다. 한국에 (　　) 지 7개월이 되었습니다.
    ① 온　　② 왔는
    ③ 오는　　④ 왔던 〈4회 2급 15번〉

84. 가: 내일 누구를 만나요?
    나: 내일 (　　) 친구는 고등학교 동창이에요.
    ① 만난　　② 만나던
    ③ 만날　　④ 만났던 〈3회 2급 15번〉

03 연습문제

※ 밑줄 친 부분과 바꾸어 쓸 수 있는 것을 고르십시오.

1. 가: 왜 백화점에 가세요?
   나: 겨울 옷이 없어서 옷을 좀 <u>사려고 해요</u>.
   ① 살게요　　　　　② 사세요
   ③ 샀어요　　　　　④ 살 거예요　　　　　〈5회 1급 18번〉

2. 가: 여기에 이름을 <u>써 주세요</u>.
   나: 네, 알겠습니다.
   ① 쓰세요　　　　　② 씁시다
   ③ 씁니다　　　　　④ 쓰고 있어요　　　　〈5회 1급 19번〉

3. 가: 피곤하세요?
   나: 아니요, <u>피곤하지 않아요</u>.
   ① 못 피곤해요　　　② 안 피곤해요
   ③ 피곤 못 해요　　　④ 피곤 안 해요　　　　〈5회 1급 20번〉

4. 여기서는 큰 소리로 <u>얘기해도 돼요</u>.
   ① 얘기합시다　　　　② 얘기할 수 있어요
   ③ 얘기할까요?　　　　④ 얘기하시겠습니까?　〈4회 2급 22번〉

5. 미선 씨가 많이 <u>아픈가 봐요</u>. 힘이 없어 보여요.
   ① 아플까요?　　　　② 아플 거예요
   ③ 아픈지 알아요　　④ 아픈 것 같아요　　　〈4회 2급 23번〉

6. 이곳은 출입 금지입니다. <u>들어가면 안 됩니다</u>.
   ① 들어갈 수 있습니다　② 들어가도 됩니다
   ③ 들어가십시오　　　　④ 들어가지 마십시오　〈3회 2급 10번〉

7. 제 동생은 자전거를 잘 타는데 저는 <u>탈 줄 몰라요</u>.
   ① 못 타요　　　　　② 타면 좋아요
   ③ 탈 수 있어요　　　④ 못 타 봤어요　　　　〈3회 2급 12번〉

8. 저기 있는 게 뭐예요? 꼭 <u>나무같이</u> 보이는데요.
   ① 나무 같은　　　　② 나무만하게
   ③ 나무마다　　　　　④ 나무처럼　　　　　　〈3회 2급 9번〉

9. 사전을 사러 서점에 가요.
   ① 사고
   ② 사서
   ③ 사려고
   ④ 사지만
   〈4회 2급 20번〉

10. 어제 많이 잤는데 또 자고 싶습니다.
    ① 자서
    ② 자도
    ③ 잤고
    ④ 잤지만
    〈4회 2급 21번〉

11. 할아버님께 드리기 위해서 산 선물입니다.
    ① 드리려고
    ② 드리러
    ③ 드릴 테니까
    ④ 드니까
    〈3회 2급 8번〉

12. 공항에 갔는데 우연히 고등학교 때 친구를 만났어요.
    ① 가서
    ② 가기 전에
    ③ 갔지만
    ④ 가면서
    〈3회 2급 11번〉

13. 가: 내일 몇 시에 출발하겠습니까?
    나: 아침 7시쯤 출발하겠습니다.
    ① 출발할래요
    ② 출발하네요
    ③ 출발하고 있어요
    ④ 출발할 것 같아요

14. 가: 켈리 씨의 여동생도 예쁘겠어요. 그렇죠?
    나: 네, 켈리 씨가 예쁘니까 동생도 예쁠 거예요.
    ① 예뻐져요
    ② 예쁜가 봐요
    ③ 예쁜 것 같아요
    ④ 예쁠 것 같아요

15. 가: 주말에 뭐 할까?
    나: 영화 볼까? 나는 영화를 보고 싶어.
    ① 보자
    ② 봐도 돼
    ③ 보면 안 돼
    ④ 봤으면 좋겠어

16. 가: 왜 창문을 닫았어요?
    나: 밖이 시끄럽기 때문에 아기가 깰 것 같아서요.
    ① 시끄럽거나
    ② 시끄러워서
    ③ 시끄럽지만
    ④ 시끄러울까 봐서

17. 가: 오늘 소풍을 갑니까?
    나: 아니요, 비가 오는데 바람까지 불어서 취소했어요.
    ① 바람이
    ② 바람은
    ③ 바람도
    ④ 바람을

18. 가: 이 컵라면은 언제 먹을 수 있어요?
    나: 물을 붓고 3분 후에 먹어야 합니다.
    ① 3분 전에 ② 3분 중에
    ③ 3분 뒤에 ④ 3분 동안에

19. 가: 오늘 날씨는 어떻습니까?
    나: 오전에 비가 온 후 오후에 날씨가 개겠습니다.
    ① 온 지 ② 올 때
    ③ 오는 동안 ④ 오고 나서

20. 가: 저 사람 누구예요?
    나: 예전에 희수 씨의 남자 친구였는데 지금은 아니에요.
    ① 남자 친구였지만 ② 남자 친구였으면
    ③ 남자 친구였으니까 ④ 남자 친구였을 때

21. 가: 어떤 한국 음식을 좋아합니까?
    나: 저는 불고기하고 삼계탕을 좋아해요.
    ① 불고기를 ② 불고기와
    ③ 불고기보다 ④ 불고기부터

22. 가: 민수 씨, 어떤 외국어를 잘해요?
    나: 저는 어렸을 때 러시아에 살았어요. 그래서 러시아어를 할 수 있어요.
    ① 해도 돼요 ② 하고 있어요
    ③ 할 줄 알아요 ④ 한 적이 있어요

23. 가: 데이비드 씨는 김치를 안 좋아해요?
    나: 아니요, 좋아하는데 이 김치는 빨개서 매울까 봐서 안 먹어요.
    ① 매우니까 ② 매우면서
    ③ 맵기 때문에 ④ 매울 것 같아서

24. 가: 왜 다쳤어요?
    나: 친구들이랑 축구를 하다가 넘어졌어요.
    ① 친구들과 ② 친구들에
    ③ 친구들한테 ④ 친구들마다

25. 가: 지금이 겨울이면 좋겠어. 스키 타고 싶어.
    나: 너는 정말로 스키를 좋아하는구나.
    ① 겨울인데 ② 겨울이니까
    ③ 겨울이라면 ④ 겨울일까 봐서

26. 가: 뭘 먹을까? 비빔냉면 어때?
    나: 난 매운 음식을 못 먹어. 물냉면 먹을래.
    ① 먹을 수 없어   ② 먹을 것 같아
    ③ 먹을 줄 몰라   ④ 먹으면 안 돼

27. 가: 발레를 보고 싶은데 보통 가격이 어떻게 돼요?
    나: 만 원부터 십만 원까지 다양해요.
    ① 만 원보다   ② 만 원으로
    ③ 만 원하고   ④ 만 원에서

28. 가: 이 노래를 들어 봤습니까?
    나: 네, 어렸을 때 들어 봤습니다.
    ① 들어 볼게요   ② 들어 보면 돼요
    ③ 들어 보려고 해요   ④ 들어 본 적이 있습니다

29. 가: 왜 이렇게 일이 서툴러요?
    나: 죄송합니다. 신입 사원이어서 그래요.
    ① 신입 사원이지만   ② 신입 사원이라서
    ③ 신입 사원이면서   ④ 신입 사원이었으면

30. 가: 이 꽃은 어디서 났어요?
    나: 오늘 친구에게서 받은 꽃이에요.
    ① 친구와   ② 친구랑
    ③ 친구부터   ④ 친구한테서

31. 가: 애완동물을 키울 때 주의사항은 무엇입니까?
    나: 사람이 먹는 음식을 애완동물에게 주면 안 됩니다.
    ① 애완동물에   ② 애완동물한테
    ③ 애완동물하고   ④ 애완동물이랑

32. 가: 시험 범위가 어디예요?
    나: 45쪽에서 80쪽까지입니다.
    ① 45쪽에   ② 45쪽부터
    ③ 45쪽으로   ④ 45쪽에게서

33. 가: 혼자 여행을 다녀왔어요?
    나: 아니요, 친구와 같이 여행을 다녀왔어요.
    ① 친구랑   ② 친구의
    ③ 친구에게   ④ 친구한테서

34. 가: 영수 씨는 한자를 읽을 수 있어요?
    나: 아니요, 저는 한자를 <u>읽지 못해요</u>.
    ① 안 읽어요   ② 못 읽어요
    ③ 읽지 않아요   ④ 읽으면 안 돼요

35. 가: 가방을 들어줘서 고마워요. 무거웠죠?
    나: 아니에요. 그다지 <u>무겁지 않았어요</u>.
    ① 안 무거웠어요   ② 무거우면 안 돼요
    ③ 무거운 게 좋아요 ④ 무거운 적이 없어요

36. 가: 모든 운동을 좋아해요?
    나: 아니요, 농구는 <u>좋아하지만</u> 축구는 좋아하지 않아요.
    ① 좋아해서   ② 좋아하는데
    ③ 좋아하면서   ④ 좋아하려고

37. 가: 저랑 같이 식사하러 <u>가시지요</u>.
    나: 네, 그럽시다.
    ① 갈게요   ② 갑니다
    ③ 가십시다   ④ 가겠습니다

04 연습문제

※ 밑줄 친 부분이 틀린 것을 고르십시오.

1. ① 저는 매일 일기를 씁니다.
   ② 내일 비행기가 도착했습니다.
   ③ 지금부터 시험을 시작하겠습니다.
   ④ 다음 주에 친구가 한국에 올 겁니다. 〈34회 23번〉

2. ① 조금 전에 버스를 탔어요.
   ② 지금 숙제를 하고 있어요.
   ③ 내년에 결혼을 할 거예요.
   ④ 지난주에 고향에 돌아가요. 〈31회 23번〉

3. ① 내일은 등산을 해요.
   ② 어제 바람이 많이 불었어요.
   ③ 저는 주말에 테니스를 쳐요.
   ④ 일 년 전에 고향에 돌아오겠어요. 〈28회 23번〉

4. ① 저는 아침에 커피를 마셔요.
   ② 내년에 언니가 한국에 올 거예요.
   ③ 저는 오늘 아침에 편지를 부쳤어요.
   ④ 형은 한 시간 전에 잠을 자고 있어요. 〈25회 23번〉

5. ① 오후에는 집에서 청소를 합니다.
   ② 내년에 저는 대학교에 갈 겁니다.
   ③ 지금 아기가 잠을 자고 있습니다.
   ④ 내일 친구들하고 야구를 봤습니다. 〈23회 23번〉

6. ① 유미 씨는 지금 없습니다.
   ② 내일은 계속 비가 오고 있습니다.
   ③ 민수 씨는 오늘 농구를 할 겁니다.
   ④ 저는 지난주 월요일에 등산을 갔습니다. 〈21회 23번〉

7. ① 아기가 지금 자고 있어요.
   ② 어제 도서관에서 책을 읽어요.
   ③ 내일 친구하고 쇼핑을 할 거예요.
   ④ 이 김밥은 조금 전에 제가 만들었어요. 〈20회 23번〉

8. ① 저는 내일 축구를 할 거예요.
   ② 어제 형한테 선물을 받았어요.
   ③ 동생은 작년에 한국에 오겠어요.
   ④ 누나는 지금 피아노를 가르칩니다. 〈18회 23번〉

9. ① 아침에 주스를 마셔요.
   ② 어제는 날씨가 추웠어요.
   ③ 내일부터 운동을 하겠어요.
   ④ 지난주에 신발을 살 거예요. 〈16회 23번〉

10. ① 어제 테니스를 쳤어요.
    ② 내년에 여행을 가겠어요.
    ③ 이 년 전에 한국에 와요.
    ④ 내일 한복을 입을 거예요. 〈15회 23번〉

11. ① 1년 전에 한국에 왔어요.
    ② 오늘 친구와 시장에 가요.
    ③ 어제는 피곤해서 일찍 잤어요.
    ④ 지난 주말에 비가 많이 와요. 〈14회 23번〉

12. ① 형이 시계를 줬어요.
    ② 백화점은 물건이 비싸요.
    ③ 내일 친구 집에 가겠어요.
    ④ 지난 주말에 사진을 찍어요. 〈13회 23번〉

13. ① 어제부터 배가 아팠어요.
    ② 다음 주에 결혼할 거예요.
    ③ 1년 전에 그 집으로 이사해요.
    ④ 제 동생도 지금 대학교에 다녀요. 〈11회 23번〉

14. ① 어제 너무 많이 잔 것 같아요.
    ② 수미 씨는 지금 운동하는 것 같아요.
    ③ 두 사람이 내년쯤 결혼할 것 같아요.
    ④ 수미 씨는 오늘 기분이 좋은 것 같아요. 〈9회 2급 24번〉

15. ① 할머니 생신은 언제예요?
    ② 아버지는 지금 회사에 있으세요.
    ③ 어머니께서 저녁에 책을 읽으셨어요.
    ④ 민수 씨 할아버지는 연세가 많으세요? 〈34회 24번〉

16. ① 제가 아버지를 모시고 가겠습니다.
    ② 나는 어제 할아버지 댁에 갔습니다.
    ③ 동생은 침대에서 주무시고 있습니다.
    ④ 부모님께서는 한국 음식을 잘 드십니다. 〈32회 24번〉

17. ① 할머니께서는 방에서 자세요.
    ② 어머니는 영어를 가르치세요.
    ③ 아버지께 넥타이를 드렸어요.
    ④ 선생님이 교실에 들어오셨어요. 〈29회 23번〉

18. ① 할아버지께서 방에 계세요.
    ② 선생님께서 손을 씻으세요.
    ③ 아버지께서 과일을 먹으세요.
    ④ 할머니께서 저녁에 운동하세요. 〈26회 23번〉

19. ① 어머니께서 과자를 드세요.
    ② 아버지께서 방에서 자세요.
    ③ 할아버지께서 거실에 계세요.
    ④ 할머니께서 꽃을 좋아하세요. 〈22회 23번〉

20. ① 아버지께 선물을 드렸어요.
    ② 할머니께서 아직 주무세요.
    ③ 어머니께서 물을 마시세요.
    ④ 할아버지께서 전화를 하셨어요. 〈19회 23번〉

21. ① 어머니, 안녕히 주무세요.
    ② 선생님, 여기에 앉으세요.
    ③ 아버지께서는 집에 계세요.
    ④ 할아버지께 신문을 주세요. 〈17회 24번〉

22. ① 어머니, 안녕히 자세요.
    ② 아버지, 저녁 잡수세요.
    ③ 할아버지께 전화를 드렸어요.
    ④ 할머니께서 한국에 오셨어요. 〈16회 24번〉

23. ① 제 일을 좀 도와 드리세요.
    ② 할아버지도 지금 주무세요.
    ③ 아버지께서 저녁을 잡수세요.
    ④ 어머니는 그림을 가르치세요. 〈12회 24번〉

24. ① 아버지, 진지 잡수세요.
    ② 어머니께서는 아까부터 자세요.
    ③ 제가 할머니께 전화를 드렸어요.
    ④ 어머니는 시장에 가서 안 오셨어요.   〈11회 24번〉

25. ① 아버지께서 지금 주무세요.
    ② 어머니께 연락을 드릴게요.
    ③ 할머니, 영화를 좋아하세요?
    ④ 할아버지, 맛있게 먹으세요.   〈9회 2급 23번〉

26. ① 아버지께서 지금 주무십니다.
    ② 할아버지께서 밖에 나가실 겁니다.
    ③ 할머니께서 지금 방에 있으십니다.
    ④ 어른이 말씀하실 때는 잘 들어야 합니다.   〈8회 2급 24번〉

27. ① 할머니, 많이 잡수세요.
    ② 할아버지, 안녕히 자셨어요?
    ③ 아버지, 안경을 찾으셨어요?
    ④ 어머니, 오늘 오후에 어디에 가실 거예요?   〈7회 2급 24번〉

28. ① 아버지, 저녁을 잡수셨어요?
    ② 사장님께서는 퇴근하셨습니다.
    ③ 할머니께서는 한복을 자주 입으세요.
    ④ 저는 할아버지께 선물을 주셨습니다.   〈6회 2급 25번〉

29. ① 이번 시험이 매우 쉬웠습니다.
    ② 저는 그 친구의 전화번호를 압니다.
    ③ 이 문제는 선생님께 물어 보십시오.
    ④ 길을 잘 몰라서 시간이 오래 걸렸습니다.   〈33회 23번〉

30. ① 다음 주에는 안 바빠요.
    ② 누나가 창문을 열었어요.
    ③ 이 음식이 너무 뜨겁어요.
    ④ 친구와 운동장을 걸었어요.   〈31회 24번〉

31. ① 날씨가 추우면 감기에 잘 걸려요.
    ② 회사일이 바빠서 주말에도 못 쉬었어요.
    ③ 저는 언제나 음악을 들으면서 산책해요.
    ④ 저는 제주도에 사는데 정말 아름다워요.   〈28회 24번〉

32. ① 책은 제가 들게요.
　　② 민수 씨의 가방이 무거워요.
　　③ 공원에서 친구하고 걸었어요.
　　④ 미용실에서 머리를 자르었어요. 〈27회 24번〉

33. ① 저는 약속 장소를 압니다.
　　② 이 컵이 매우 뜨겁었습니다.
　　③ 어제 노래를 많이 불렀어요.
　　④ 회사 일 때문에 너무 바빠요. 〈26회 24번〉

34. ① 친구를 만나서 놀을래요.
　　② 미용실에서 머리를 잘랐어요.
　　③ 아까 먹은 음식은 정말 매웠어요.
　　④ 시끄러워서 음악을 들을 수 없어요. 〈25회 24번〉

35. ① 이제 매운 음식도 잘 먹어요.
　　② 운동화가 크어서 바꾸러 왔어요.
　　③ 지하철이 빠르니까 지하철로 가세요.
　　④ 저는 부산에 사는데 가끔 서울에 와요. 〈24회 24번〉

36. ① 집에서 가까운 거리는 걸어서 다녀요.
　　② 한국 음식 만드는 방법을 배우고 싶어요.
　　③ 마음에 드는 선물을 고러서 기분이 좋았어요.
　　④ 기분이 안 좋을 때는 음악을 듣는 것이 좋아요. 〈23회 24번〉

37. ① 여기에서 멀지 않으니까 걸어서 갈까요?
　　② 어제 옷을 얇게 입어서 감기에 걸렸어요.
　　③ 지하철 안에서 보통 음악을 들거나 책을 봐요.
　　④ 날씨가 좀 추운 것 같으니까 창문을 닫아 주세요. 〈22회 24번〉

38. ① 밖에 무슨 일이 있는지 좀 시끄러워요.
　　② 한국에 오기 전에는 이 배우를 몰랐어요.
　　③ 잠이 오지 않을 때 조용한 음악을 들어요.
　　④ 우리 어머니는 한국 음식을 잘 만드으세요. 〈21회 24번〉

39. ① 바지가 길어서 잘랐어요.
　　② 식사 후에 공원을 걸었어요.
　　③ 일이 끝나서 컴퓨터를 끄었어요.
　　④ 숙제를 못한 친구를 도와주었어요. 〈20회 24번〉

40. ① 겨울에는 날씨가 무척 추워요.
    ② 사람마다 생활 습관이 달라요.
    ③ 친구가 저에게 전화번호를 물어요.
    ④ 그 농구 선수는 키가 아주 컸어요. 〈19회 24번〉

41. ① 머리를 짧게 자르었어요.
    ② 매일 아침에 30분씩 걸어요.
    ③ 웃는 아이의 얼굴이 귀여워요.
    ④ 잠을 자려고 라디오를 껐어요. 〈18회 24번〉

42. ① 지금 음악을 들어요.
    ② 오늘은 아주 덥어요.
    ③ 제 동생은 키가 커요.
    ④ 저는 그 사람을 몰라요. 〈17회 23번〉

43. ① 배가 많이 고프었어요.
    ② 집이 여기서 가까워요.
    ③ 날씨가 좋아서 걸었어요.
    ④ 노래방에서 노래를 불렀어요. 〈14회 24번〉

44. ① 올해 여름은 정말 더웠어요.
    ② 김치가 매운 것을 모랐어요.
    ③ 어제는 일 때문에 바빴어요.
    ④ 오래간만에 고향 소식을 들었어요. 〈13회 24번〉

45. ① 날씨가 덥어요.
    ② 내일도 바빠요.
    ③ 바지가 길어요.
    ④ 한국말을 몰라요. 〈12회 23번〉

46. ① 서울에 살아요.
    ② 오늘은 좀 더워요.
    ③ 친구한테 편지를 쓰어요.
    ④ 지금 방에서 음악을 들어요. 〈10회 23번〉

47. ① 가방이 아주 가벼워요.
    ② 저는 서울에서 살아요.
    ③ 어제는 배가 아프었어요.
    ④ 동생하고 저는 성격이 달라요. 〈9회 2급 22번〉

연습문제/답안

48. ① 음악을 듣고 싶어요.
　　② 문을 열으면 추울 것 같아요.
　　③ 조카가 태어났을 때 기뻤어요.
　　④ 탁자가 무거워서 혼자 못 들어요. 〈8회 2급 22번〉

49. ① 우리는 함께 노래를 부를 겁니다.
　　② 그 사람은 저와 다른 회사에 다닙니다.
　　③ 단어를 모르어서 사전을 찾아봤습니다.
　　④ 이 시간에는 버스보다 지하철이 빠릅니다. 〈7회 2급 22번〉

50. ① 여행이 어땠어요?
　　② 음악을 들을까요?
　　③ 이 약을 먹으면 감기가 낫을 거예요.
　　④ 노래를 너무 많이 불러서 목이 아파요. 〈6회 2급 23번〉

51. ① 어디에 살으세요?
　　② 저는 신촌에 삽니다.
　　③ 한국에 살지만 한국말을 잘 못 합니다.
　　④ 저는 서울에 살고 동생은 부산에 있습니다. 〈5회 1급 24번〉

52. ① 어제 입은 옷이 정말 예뻤어요.
　　② 오늘 친구와 할 이야기가 많아요.
　　③ 지금 도서관에 앉을 자리가 없어요.
　　④ 아까 보는 사진을 한 번 더 보여 주세요. 〈33회 24번〉

53. ① 지금 시원한 바람이 불어요.
　　② 교실에 앉을 자리가 많아요.
　　③ 이 짧은 치마가 아주 예뻐요.
　　④ 저분이 어제 도와주는 사람이에요. 〈30회 24번〉

54. ① 이 작는 지갑이 좋아요.
　　② 제가 일하는 회사는 멀어요.
　　③ 어제 재미있는 영화를 봤어요.
　　④ 수미 씨의 웃는 얼굴이 예뻐요. 〈27회 23번〉

55. ① 지금 듣는 음악이 좋아요.
　　② 저는 더운 날짜를 싫어해요.
　　③ 어제 만난 친구가 친절해요.
　　④ 제가 사는 곳은 서울이에요. 〈15회 24번〉

56. ① 어제 <u>읽는</u> 책은 재미있었습니다.
    ② 저는 머리가 <u>긴</u> 사람을 좋아해요.
    ③ 지금 <u>이야기하는</u> 사람이 민정 씨입니다.
    ④ 이 빵은 조금 전에 수미 씨가 <u>만든</u> 것입니다. 〈10회 24번〉

57. ① 이 가방이 지난주에 <u>산</u> 거예요.
    ② 제가 요즘 <u>다니는</u> 학원은 시내에 있어요.
    ③ 이번 주말에 우리가 <u>갈</u> 여행지는 경주예요.
    ④ 저기에 <u>있은</u> 사람이 제 동생이에요. 〈8회 2급 23번〉

58. ① 이것은 제 신발이 <u>아니에요</u>.
    ② 이 방에는 <u>들어가지 마십시오</u>.
    ③ 오늘은 일이 많아서 <u>못</u> 공부해요.
    ④ 이번 방학에는 고향에 <u>안</u> 갈 거예요. 〈32회 23번〉

59. ① 저는 한국 사람이 <u>아니에요</u>.
    ② 오빠는 컴퓨터를 잘 <u>못해요</u>.
    ③ 책상 위에 연필이 <u>안</u> 있어요.
    ④ 추우니까 문을 <u>열지 마십시오</u>. 〈30회 23번〉

60. ① 이 옷을 한번 <u>입어 봤어요</u>.
    ② 수미 씨에게 꽃을 <u>선물해 주세요</u>.
    ③ 친구와 함께 텔레비전을 <u>봐 있어요</u>.
    ④ 다음 달부터 한국에서 <u>살게 됐어요</u>. 〈29회 24번〉

61. ① 저는 지금 <u>안</u> 일합니다.
    ② 이 의자는 <u>안</u> 좋습니다.
    ③ 오늘 날씨는 <u>안</u> 춥습니다.
    ④ 동생은 우유를 <u>안</u> 마십니다. 〈24회 23번〉

62. ① 좀 <u>크게</u> 말해 주세요.
    ② 그 사람은 언제나 <u>조용히</u> 사람이에요.
    ③ 친구와 오랜만에 <u>재미있게</u> 이야기했어요.
    ④ 시험을 잘 보려면 <u>열심히</u> 공부해야 해요. 〈7회 2급 23번〉

63. ① 그것은 저 사무실에 <u>가고</u> 물어 보세요.
    ② 조금 더 <u>가면</u> 왼쪽에 병원이 있을 거예요.
    ③ 어제 극장에 <u>갔지만</u> 영화를 볼 수 없었어요.
    ④ 휴가 때 여행을 <u>가려고</u> 비행기 표를 사 놓았습니다. 〈6회 2급 24번〉

01 연습문제 모범답안

1	가 돼요	2	이에요
3	이 아니에요	4	입니까
5	입니다	6	가
7	은	8	도
9	을	10	의
11	와	12	이나
13	까지	14	부터
15	보다	16	마다
17	만	18	으로
19	에	20	에
21	에	22	에서
23	하고	24	에게
25	에게서	26	랑, 이랑
27	서울에서 부산까지	28	9시부터 6시까지
29	후(에)	30	밖에
31	한테서	32	한테
33	처럼	34	읽으십니다
35	주무십니다	36	이십니다
37	들으세요	38	드십니다
39	편찮으셔서	40	하겠습니다
41	운전할 수 없어요	42	하기로 했어요
43	목욕하고 있었어요	44	먹고 싶어요
45	예쁘네요	46	좋아하는 것 같아요
47	만들게요	48	올 것 같아요
49	참석할 것입니다	50	간 적이 있어요
51	할 줄 알아요	52	쉬는 게 좋겠어요
53	만나려고요	54	들어오면 안 돼요
55	왔습니다	56	만납시다
57	입어 보세요	58	오십시오
59	마실래요	60	가르쳐 주세요
61	도와줬어요	62	내야 됩니다
63	써도 돼요	64	건강했으면 좋겠어요
65	도착해야 해요	66	먹어요
67	들어요	68	사러 가요
69	기다리세요	70	가려고 해요
71	말하지 마세요	72	먹지 못해요

73	먹지 않아요	74	바쁘지요
75	못 가요	76	안 아파요
77	예쁜 것 같아요	78	갔어요
79	주무시는데요	80	푹 쉬면 좋겠어요
81	날씬해졌어요	82	볼까요
83	좋아합니까	84	끝나요
85	멋있지요	86	포장해 드릴까요
87	여자 친구인 것 같아요	88	선물이에요
89	수다를 떨거나	90	착하고
91	밥 먹기 전(에)	92	이사 온 지
93	끝난 후(에)/뒤(에)	94	차가 밀리기 때문에
95	틀릴까 봐(서)	96	가지고 왔으니까
97	타고 오는 동안(에)	98	예쁜데
99	아플 때	100	가서
101	하려고	102	오면
103	식사하면서	104	맑아서
105	식사하는	106	힘들지만
107	크리스마스 때	108	화가인
109	삼 년 전(에)	110	칠 년 동안
111	수업 중(에)	112	과일 중(에서)
113	건강을 위해(서)	114	오는 (도)중(에)
115	음악 듣기	116	짧게
117	졸업하고 (나서)	118	바람
119	싸면서(도)	120	다른

연습문제 모범답안

	1	2	3	4	5	6	7	8	9	10
1번 ~ 10번	①	③	③	②	③	④	①	④	①	④
11번 ~ 20번	②	②	①	④	③	③	③	①	③	①
21번 ~ 30번	①	④	③	①	④	②	②	①	③	④
31번 ~ 40번	④	①	④	②	①	③	②	②	②	①
41번 ~ 50번	①	①	③	③	④	②	②	④	③	①
51번 ~ 60번	①	③	①	③	④	①	④	③	④	③
61번 ~ 70번	③	②	②	④	③	④	③	①	②	①
71번 ~ 80번	④	①	②	①	③	①	①	③	③	④
81번 ~ 84번	①	③	①	③						

03 연습문제 모범답안

	1	2	3	4	5	6	7	8	9	10
1번 ~ 10번	④	①	②	②	④	④	①	④	③	④
11번 ~ 20번	①	①	①	④	④	②	③	③	④	①
21번 ~ 30번	②	③	④	①	③	①	④	④	②	④
31번 ~ 37번	②	②	①	②	①	②	③			

04 연습문제 모범답안

	1	2	3	4	5	6	7	8	9	10
1번 ~ 10번	②	④	④	④	④	②	②	③	④	③
11번 ~ 20번	④	④	③	④	②	③	①	③	②	③
21번 ~ 30번	④	①	①	②	④	③	②	④	③	③
31번 ~ 40번	③	④	②	①	②	③	③	④	③	③
41번 ~ 50번	①	②	①	②	①	③	③	②	③	③
51번 ~ 60번	①	④	④	①	④	①	④	③	③	③
61번 ~ 63번	①	②	①							

LINK KOREAN 시리즈

이해하기 쉬운 한국어 초급 문형

1판1쇄 발행 2017년 2월 24일

지 은 이   김윤정·이현순·박윤정
펴 낸 이   김진수
펴 낸 곳   **한국문화사**
등   록   1991년 11월 9일 제2-1276호
주   소   서울특별시 성동구 광나루로 130 서울숲 IT캐슬 1310호
전   화   02-464-7708
팩   스   02-499-0846
이 메 일   hkm7708@hanmail.net
홈페이지   www.hankookmunhwasa.co.kr

책값은 뒤표지에 있습니다.

잘못된 책은 구매처에서 바꾸어 드립니다.
이 책의 내용은 저작권법에 따라 보호받고 있습니다.

ISBN 978-89-6817-466-7   13710